21世纪高等学校应用型经管规划教材

营销策划

（第4版）

Marketing Planning

张昊民　冼　静◎编著

電子工業出版社
Publishing House of Electronics Industry
北京·BEIJING

图书在版编目（CIP）数据

营销策划 / 张昊民，冼静编著. —4版. —北京：电子工业出版社，2021.1
21世纪高等学校应用型经管规划教材
ISBN 978-7-121-39820-9

Ⅰ. ①营… Ⅱ. ①张… ②冼… Ⅲ. ①营销策划－高等学校－教材 Ⅳ. ①F713.50

中国版本图书馆CIP数据核字(2020)第203199号

责任编辑：刘淑丽
印　　刷：涿州市般润文化传播有限公司
装　　订：涿州市般润文化传播有限公司
出版发行：电子工业出版社
　　　　　北京市海淀区万寿路173信箱　邮编100036
开　　本：787×1092　1/16　印张：15.75　字数：363.6千字
版　　次：2005年8月第1版
　　　　　2021年1月第4版
印　　次：2025年7月第4次印刷
定　　价：58.00元

凡所购买电子工业出版社图书有缺损问题，请向购买书店调换。若书店售缺，请与本社发行部联系，联系及邮购电话：（010）88254888，88258888。
质量投诉请发邮件至zlts@phei.com.cn，盗版侵权举报请发邮件至dbqq@phei.com.cn。
本书咨询联系方式：（010）88254199，sjb@phei.com.cn。

前言

几乎每个成功故事的背后都有一个精心的策划。起源于军事领域的策划，已渗透到当今社会的政治、经济、外交、文化等方方面面。随着其理论的不断完善和在实战中屡建奇功，策划正以其巨大的能量和独特的魅力，为世人所崇尚和青睐。

虽然不敢轻言我们所处的时代是一个完全依赖策划的时代，但毫无疑问，策划在我们的日常生活中扮演着越来越重要的角色，策划已无处不在，无时不有。

伴随着经济全球化和一体化趋势的日益强劲，特别是我国加入 WTO 以来，企业迎来了前所未有的良好发展机遇，但同样也必须面对更为严峻的全球竞争的挑战。不进则退的竞争游戏法则容不得我们的企业有任何懈怠和疏忽。市场经济的激烈竞争使企业的营销策划成为时代的宠儿。

成功的企业需要成功的营销，成功的营销需要成功的营销策划，这已成为现代企业发展壮大的普遍共识。

如何做好企业的营销策划工作？在理论上有没有基本的规律可以遵循？现实的实战案例能给我们怎样的启示？带着这样的疑问，本书站在当代营销策划发展的前沿，跟踪其发展动态，对当今营销策划理论体系进行了全方位的思考和创新，本着先夯实基础，再拓宽视野的宗旨，强化体系的新颖性、系统性和实用性，针对营销策划的过程，提出全新的营销策划理论体系架构。

本书主体分为两大部分：第 1 部分着重介绍策划和营销策划的基础知识（第 1~3 章），以及营销策划书的写作与方案营销（第 4~5 章），为读者提供营销策划书写作的框架纲要和写作技巧指导；第 2 部分着重介绍营销策划实务（第 6~10 章）。各章节充分考虑到初学者和实践者的需要，首先简要讲解基础理论知识，接着重点介绍策划的基本流程和策略方法，并以实战训练与综合案例加以辅助。这一体系的构建有助于我们比较系统、准确地学习与把握营销策划的全过程，循序渐进地导入营销策划的基本理论、实战技巧和方法。

结合在这一领域的长期教学和企业咨询实践，本人深刻地感悟到营销策划不仅是一门科学，更是一门“运筹帷幄，决胜千里”的艺术。营销策划是创造性的思维活动，需要有创造性的想象和灵感。对于如何在这一方面给学习者以系统的训练，本书主要做了以下安排。

（1）理论阐述，简明扼要。全书对营销策划涉及的理论知识都有较为扼要的阐述，并突出内容翔实、文辞精练、深入浅出的特点，便于读者理解、掌握。

（2）逻辑框架，清晰简洁。着重梳理内容的整体脉络，灵活运用标题体系和项目符号，避免长段落、大篇幅，穿插使用小案例、实用链接、实用工具和注意点等，以引起读者的注意和兴趣，使读者轻松、牢固地掌握营销策划的基础知识与技能。

（3）案例新颖，注重启发。书中集合了国内外各种典型案例，其中国内企业实例的广泛采用凸显了本土特色，具有极强的可读性和启发性。

（4）突出实战，紧贴时代。我们在每章后都附有相关的经典案例赏析、实训项目等，便于课堂授课或课后理解，更突出营销策划本身的实践性和操作性，有助于读者更好地掌握、运用各种策划技能。营销策划的理论和实践随着时代的发展不断前行，本书的编写也体现了与时俱进的指导方针，广泛吸取和借鉴了国内外同类教材的研究成果。

（5）便于教学，易于自学。从章节前的学习目标、关键词引出本章的重点内容和脉络，到章节末的练习题与实训项目、经典案例赏析，无不体现出本次修订方便课程教学和课后自学的指导思路。

综上所述，本书不拘泥于理论方面空洞的说教，而是把实践尽可能地融合于理论之中，让实践引出理论的描述，让理论指导实践的运作，从实战的角度力求给读者一种身临其境的感觉。广阔的视野、独到的眼光、敏锐的思维、灵活的构思、高超的策划技巧、完备的背景知识，加上丰富的版面设计，构成了本书修订的综合特色。

本书在写作过程中，学习、参考和借鉴了太多的资料，不少在营销策划领域潜心研究的学者给了我太多的启示，他们的精辟见解让我受益匪浅，书后虽然列出了长长的参考书目，但也不免疏漏，在此向他们表示深深的谢意！

在本书修订的过程中，周一笑、黄萱、刘芸、孟洪林、陈冉佳、巩玲、姜状、张乐、曹飞苑、潘丹、朱晓茜、张娟、张雪琳、黄湘妹、曹才子、张伟红等为本书的资料收集、校对做了大量的工作，付出了辛勤的劳动，本书的出版还得到电子工业出版社编辑的全力支持，在此一并向他们表示感谢！

尽管书中不少内容数易其稿，但难免仍有不尽如人意之处，恳请有关专家、学者和朋友多提宝贵意见。

张昊民

上海大学

目　录

CHAPTER 1

第1章 策划概述

“夫用兵之法，全国为上，破国次之……是故百战百胜，非善之善也；不战而屈人之兵，善之善者也。”

——《孙子兵法》

学习目标

- ☑ 定义策划工作
- ☑ 描述策划的方法
- ☑ 描述策划的种类
- ☑ 认识策划的误区

关键词：策划，策划目标，企业策划，政治、外交策划，社会经济策划，军事策划

1.1 从“古今典型案例”看策划

策划是一项复杂的系统工程，古今的策划人充分掌握现实条件，根据策划目标，因地制宜、因时制宜、因人制宜，通过严密的逻辑性思维和丰富的创造性思维活动，得出合理的策划方案，并通过不折不扣的实施，最终达到预期的目标。

1.1.1 从“三分天下”看策划

在三国的乱世中，诸葛亮运用其敏锐的洞察力对天下大势进行了分析，为刘备制定了成就霸业的具体策划：“将军欲成霸业，北让曹操占天时，南让孙权占地利，将军可占人和。先取荆州为家，后即取西川建基业，以成鼎足之势，然后可图中原也。”

最终，一整套“三分天下”的策划方案付诸实施了，后来的史实也印证了其远瞻性和正确性。

案例 1-1 “三分天下”成霸业

在诸葛亮为刘备所作的“隆中对”中，首先为刘备做了充分、全面的时局分析：“自董卓造逆以来，豪杰并起，跨州连郡者不可胜数。曹操比于袁绍，则名微而众寡，然操遂能克绍，以弱胜强者，非惟天时，抑亦人谋也。今操已拥百万之众，挟天子以令诸侯，此诚不可与之争锋。孙权据有江东，已历三世，国险而民附，贤能为之用，此可用为援，而不可图也。”

这便是当时总的政治环境。曹操占有天时，孙权占有地利，这二人经过多年的经营，都已有了相当的规模和实力，依当时刘备的实力状况，实在无法与之相提并论。

另外，诸葛亮又为刘备具体分析了荆州和益州的形势及自己具备的优势："荆州北据汉、沔，利尽南海，东连吴会，西通巴、蜀，此用武之国，而其主不能守；此殆天所以资将军，将军岂有意乎？益州险塞，沃野千里，天府之士，高祖因之以成帝业。刘璋暗弱，张鲁在北，民殷国富而不知存恤，智能之士思得明君。将军既帝室之胄，信义著于四海，总揽英雄，思贤如渴，若跨有荆、益，保其岩阻，西和诸戎，南抚彝越，外结孙权，内修政理；天下有变，则命一上将将荆州之军以向宛、洛，将军身率益州之众以出秦川，百姓孰敢不箪食壶浆以迎将军者乎？诚如是，则霸业可成，汉室可兴矣。"

评述 "三分天下"的策划最终能成功实施，其原因主要体现在以下几个方面。

（1）对当时政治形势的正确分析。由于对三国时期全国政治形势及各方力量对比的正确认识，同时对荆州、益州在军事、政治上的重要作用和占领的可能性等各方面因素的详尽分析，所以保证了整个策划方案的成功实施。如果没有这种正确的认识和分析，就不会有这样出色的策划方案，更不会成就蜀国的霸业。

（2）对策划方案步骤的详细制定。诸葛亮为刘备制定了具体详细的策划步骤：先取荆州为家，后取西川建基业，最终形成鼎足之势，然后可图中原。

由此可见，一个成功的策划离不开合理、详尽的实施步骤。因为只有分清事物发展的轻重缓急，安排好诸要素的时空顺序，抓住问题的关键所在，集中力量先行解决，这样才能趋利避害，顺理成章，以最小投入获得最大产出，以最低代价获得最优效果，从而使整体策划的实施达到事半功倍的效果。

（3）对策划方案的有效实施。这一策划方案既包含总的战略目标，即成霸业，兴汉室，同时也包含分阶段实施的具体目标。后来的史实证明，刘备正是依照这一方案，才最终成为三分天下的一方霸主。

1.1.2 从《中国有嘻哈》看策划

近几年，在电视娱乐功能和产业属性愈发凸显的同时，网络综艺节目也在迅速发展，如何在大量娱乐综艺节目中突出重围并获得观众的关注，营销策划对此起到了举足轻重的作用。从最开始《超级女声》的家喻户晓到近些年《中国好声音》的大获成功，再到一夜爆红的《中国有嘻哈》，各种营销策划手段的运用，可谓让节目锦上添花，尤其是微博、微信等营销渠道的广泛运用，使中国电视和网络告别了传统单一的营销模式，进入借助多方资源实现多方共赢的整合营销时代。

案例 1-2 《中国有嘻哈》

要说2017年夏天最火爆的综艺节目，无疑是《中国有嘻哈》。自2017年9月9日开播以来，节目的播放量超过了20亿，豆瓣评分7.2，超级话题阅读量55亿、讨论量两天达四百多万，高居微博网络综艺节目实时榜榜首，这一个个的数字和数据都证明着《中国有嘻哈》获得的成功。除了数据上获得的傲人成绩，节目中产生的段子、话题、争议，也带火了选手，更让大众了解了嘻哈音乐，带来了一波嘻哈热潮。

《中国有嘻哈》的成功，让大家开始琢磨和分析其在众多综艺节目中脱颖而出的因素和秘诀。其实，《中国有嘻哈》的题材并不是独创的，因为早在《中国有嘻哈》推出之前，就有类似的嘻哈类的选秀比赛和网络综艺推出，真正让《中国有嘻哈》获得关注和成功的，是其强大的策划团队进行的一系列营销策划。

评述　《中国有嘻哈》的策划最终能成功实施，其原因主要体现在以下几个方面。

（1）精良的幕后策划团队——精良的制作离不开强大的幕后策划团队。《中国有嘻哈》的幕后集结了中国综艺节目顶尖的配置，总制片人是爱奇艺的高级副总裁陈伟，编剧是有着丰富综艺编剧经验的岑俊义，视觉总监是制作了许多知名节目的导演宫鹏，还有以“音乐鬼才”著称的刘洲，以及有十多年节目制作经验的车澈。这五人集合在一起想出的方案为节目的策划和营销找准了定位，保证了策划案整体框架的正确性。

（2）宣推和运营与节目内容产生了联动——首先，参与宣传的神谷文化团队在节目播出前就组织了 Rapper 校园行活动，以及 Rapper 在全国五大城市的 livehouse 表演，旨在使 Rapper 圈认可节目的同时，也让大众了解和关注嘻哈文化。其次，节目组捕捉节目中可以宣推和运营的关键点，将节目中一个个散的话题串联起来，引领观众的关注点跟着节目剧情发展，从第一期中吴亦凡的“你有 Freestyle 吗”的微博段子，到接下来节目的走向，在吸引观众的同时，让他们了解到原来制作人们对嘻哈也是专业的。并且，宣传人员对于选手的歌曲也进行了深入的挖掘。工作人员在选手作品中提炼亮点和关键词，使《天干物燥》《Time》等歌曲成为节目中的爆款曲目和微博的热搜关键词，更好的推广了选手的形象和作品，增加了大众对于节目的关注度。

（3）多渠道、多维度的推广营销——除了利用微博热搜、微博投票、公众号和各类音乐应用推荐等方式，节目还利用明星效应进行宣传，制造舆论场。邀请许多大众所熟知的明星为节目选手“打 Call”，还利用微博大 V 及媒体评审团等资源为节目进行营销宣传，使节目影响力不断扩大。

1.2　为什么要进行策划

1.2.1　迎接策划时代的挑战

策划起源于军事领域，但随着理论上的不断完善和实际操作的成功，迅速走向政治、经济、外交、文化、体育、教育等领域，并呈现加速发展和渗透之势。观察人类社会的每一次进步，哪次不与策划活动密切相关?

在当今社会，策划更是以其巨大的能量和独特的魅力为世人所青睐。策划业正以前所未有的速度在世界范围内迅速崛起，蓬勃发展。各类策划纷繁复杂，所涉领域纵横交错，如商业策划、政治策划、新闻策划、营销策划等。可见，我们正处于一个策划的时代!

我国策划业起步虽晚，但其发展势头十分迅猛，涌现出了一大批优秀的策划人才。2000 年，由《人民日报》牵头，评选出了“中国十大策划专家”及部分“最佳策划人”，第一次在中国人民政治生活的圣殿——人民大会堂——为策划人举行了加冕颁奖仪式，第一次由时任全国人大副委员长程思远代表国家领导为获奖的策划人颁了奖。同年，文化部还举办了首届“中国策划艺术博览会”，时任国务院总理李鹏做了“促进策划事业的发展，努力做好人才的培养工作”的题词。到 2008 年，我国已成功举办 5 届策划专家评选活动，这在很大程度上推动了我国策划事业的发展。从 2009 到 2019 这 10 年间，互联网技术蓬勃发展，并且逐步与策划有机结合，涌现了小米手机的“饥饿营销”策划、“双 11”购物狂欢节等成功的策划案例，策划业在网络经济的加持下更添风采。

策划早已超出了“点子”的范畴，而是作为一个行业、一种行为、一种工作客观存在。无论在国家机关，还是在企业，策划都已经广泛地渗透进各个层面。

从专业性咨询策划业崛起的规模或速度来看，当首推以美国为首的西方国家。美国在 20 世纪 50 年代开始便有了专门从事创意、咨询策划的机构和专业人士。以“脑库”为基础的咨询策划机构遍及美国，咨询策划活动也相应地普及美国社会的各个领域。大至国家政策的产生、组织或集体的社会活动，小至个人的日常生活，都纳入了创意策划。

总之，这个世界离不开策划活动，策划已经无处不在，无时不有。

1.2.2 提升企业竞争力

当今企业发展已经进入大策划时代，优秀的策划对企业来说犹如画龙点睛。成功的企业需要成功的营销，成功的营销离不开成功的策划，而不成功的企业更加需要策划，只有正确的策划，才能使之起死回生。

几乎所有的企业都懂得利用天时、地利、人和这些条件来达到经营的目的。但由于缺少整体的策划，成功的经营要么是可望而不可即，要么是昙花一现，这对企业的长期发展都是不利的。因此，企业需要策划来提升竞争力。

市场经济的激烈竞争使策划迅速成为时代的宠儿。历史上任何一个时期都没有像现今一样重视策划，就连纵横家们纵横捭阖的战国时代也不能与今天相比。任何活动，只要与成功的策划相结合，其“1+1>2”的效果就会凸显出来。

企业一旦与策划有效结合，就能迅速产生新的生产力。例如，微信通过策划小程序给一些优质服务商提供另一个开放的平台，提高了自身平台活跃度，以及名创优品成功的产品定位策划等，这样的例子不胜枚举。

1.2.3 实现人生价值

成功的企业离不开策划，同样，成功的人生也需要精心策划。每个人都应该是自己人生的策划大师。只有合理策划人生，点亮心灯，你才能踏着一个又一个目标走向成功。

人生策划是运用策划理论对人生进行评价、预测、分析，并找到最佳的人生发展途径，使人的智慧潜力得到充分发挥，并以动态的方式对人生进行观察、分析，从而进一步调整发展状态，成就更加完美的人生。人生策划需要具有高瞻远瞩的气度，以非凡的智慧来策划自己的人生，这样才能成为时代的骄子。

历史上那些叱咤风云的人物和他们的丰功伟绩，从来没离开过成功的策划。嬴政、刘彻、朱元璋等人，个个都是策划高手，商业领域的骄子美国微软创始人比尔·盖茨、阿里巴巴创始人马云也是如此。

1.3 认识策划

1.3.1 策划的历史渊源

古人云："凡事预则立，不预则废。"预，就是要事先做好准备，并进行必要的策划。由此不难看出，人类的活动是一种有目的的实践活动，其策划思想及实践活动源远流长。

现代考古表明，早在原始群居生活及群猎活动中就遗留着人类有意识地策划的痕迹。由于当时技术条件和认识能力的限制，原始社会人类的生存资源奇缺，加之恶劣的自然条件更迫使人类不得不同自然灾害做殊死搏斗。为了自身的生存，各种各样改变人类生活的策划便应运而生。例如，在野兽经常出没的地方挖陷阱、设埋伏；有时获取的食物多了，就设法把食物储藏起来等。随着生产力的发展，人类个体的生产能力开始出现剩余，这为剥削创造了条件。早期杀戮战俘的做法逐渐被剥削战败部落成员劳动的做法所取代，奴隶由此产生。虽然剥削的出现基于生产力的发展，但是，最早提出利用战俘的人可以说就是一个早期的策划家。

随着社会的进步与发展，策划的应用日益广泛。特别是进入春秋战国时期之后，策划十分盛行。这一时期，上至君侯贵族、将相公卿，下至学者、谋士乃至平民百姓，都十分重视策划。此时的谋士，如张仪、苏秦等人，以所谓的"纵横家"名噪一时，为各诸侯所器重。和纵横家一样，当时的儒学家、道学家、法学家等，实际上也都是策划家。在战乱不断、竞争激烈的年代，这些策划家都千方百计地提出一套自己的治国方案，形成了百家争鸣、百花齐放的思想繁荣局面。百姓和文人学者重视策划研究，王侯将相更是如此。例如，齐桓公提出"尊王攘夷"的口号，称霸中原；勾践卧薪尝胆，用美人计打败吴王夫差，这些都是很典型的策划事例。

实用链接:《三十六计》的应用领域

《三十六计》是以《周易》为依据发展而来的，全书共有 36 条计策，其中有很多我们熟悉的计策，如瞒天过海、暗度陈仓、声东击西、反客为主等。此书集兵家谋略之精华，是各种竞争获胜奇术的汇编，被称为中国谋略学、策划学的渊源之一。目前，它的应用领域不断扩大，在军事、政治、外交、商贸、企业经营、人际关系、个人生活等各个方面，都已经达到了很好的效果。

此外，其他民族的许多具有卓越策划才能的杰出人物，也运用他们的超凡智慧，创造了世界上一个又一个奇迹。例如，被誉为世界七大奇迹之一的古埃及金字塔，建造工程之浩大，巨石之间叠砌的角度、线条等计算之周密，每项都需事先经过周密的策划安排。又如，法国的著名领袖拿破仑驰骋欧洲战场20余年，常常奇计迭出，以少胜多，多次战胜英国和欧洲其他国家组成的反法联盟。他在政治和军事上独特的策划思想，也给历史留下了一笔宝贵的遗产。

纵观人类文明史中策划思想和策划实践的发展，往往都集中于政治、军事及雄伟工程建设领域，还未扩展到其他领域。然而，随着时代的发展，策划也随之发展变化。现代社会中企业间的竞争日益激烈，为了能占据有利地位，求得企业自身的生存和发展，于是现代企业经营中出现了公共关系策划、广告策划、企业形象策划和企业经营策划等多种形式的策划活动，对企业的生产经营和发展起到了极为重要的作用。

世界上最早的公共关系策划实践活动是由著名的公共关系专家艾维·李开创的，他在美国开办了宣传顾问事务所，公开对外进行公共关系业务咨询。20世纪50年代，爱德华·伯纳斯将策划的概念全面引入公共关系领域，并得到了人们的普遍认可。随着公共关系事业的发展，公共关系活动领域大为拓展，已逐渐由个人需求扩展到企业应用，进而进入政治和外交领域，其表现形态也由促进和谐的低级形态逐渐向具有战略意义的系统形态转变。

作为商业经营的重要手段，广告虽然早已有之，但是将广告策划提高到战略地位加以重视的情况则出现得较晚。20世纪60年代，英国广告专家斯利·波利坦首先提出广告策划的思想，之后迅速得到了普及。时至今日，广告策划已经成为商业竞争不可或缺的手段，以至于许多国家都建立了以策划为主体、以创意为中心的广告管理体系。我国的广告策划自20世纪80年代出现以来，也很快得到了前所未有的发展与普及。2019年10月，在百度等知名搜索引擎上搜索，出现了约40 800 000项符合广告策划公司的查询结果。

CI又称CIS（Corporate Identity System，即企业形象识别系统），是20世纪初期社会进入工业化时代的产物。CI策划是通过一系列的形象设计，将企业的经营理念、行为规范和视觉识别有序地传达给社会公众，并被社会公众所认知、认同和内化的系统策略。作为当代工业社会“最时髦的竞争战略”，它产生于欧美市场经济，成熟于国际化的市场竞争环境，如IBM和可口可乐公司就曾花巨资导入CI并取得了令人瞩目的成绩。进入20世纪80年代后，由欧美经日本、韩国和中国台湾地区传来的CI热潮也开始在中国大陆涌现。最早引入CI的是广东太阳神集团，随后，伴随着中国经济的蓬勃发展，CI造就了联想电脑、中国石化、中国银行等一系列中国名牌产品和企业。

目前，策划已经成为人类工作、生活的必备工具，且受到前所未有的重视。策划活动随处可见，行行有策划，事事要策划；策划机构和组织也在不断壮大，并已成为一个独立的行业部门，且越来越凸显其特殊地位；策划已成为一门学科，并形成了一门有理论方法、有实践经验的成熟的专门学科。展望未来，策划、策划学及策划业都将成为人们日常工作、生活、经营等行动必不可少的一部分，策划的作用将越来越大，影响越来越明显，策划知识也将越来越普及，而策划业的前景更是越来越广阔。

1.3.2 策划的含义

我们先对策划的本义做一下理论上的探讨。

策，在《辞源》中有 8 个义项，如马鞭、杖、简、策书、一种文体、占卜用的蓍草等作名词用；“以鞭击马”作动词用；但其最重要、最常用且广泛流传下来的则是“谋略”的意思。

划，在《辞源》中的义项不多。其中，“忽然”这种义项已不多用了，而“割裂”“筹谋”等义项较为常用，但基本是把“策”和“划”联系起来，作筹谋、策略、谋略、计策、对策等意思解释。

在古代，策划的名词性较强，与现在的计划、计策、计谋、谋略、对策的意思比较接近。而在现代，策划的动词性增强，信息、创意、点子、谋略、目标等要素为其内核，其全面含义可以概括为：如何在全面谋略上指导操作者去圆满地实施对策、计策或计谋，从而达到办事的目的。

早在原始社会，人类就开始了策划活动。原始人围捕野兽就要事先策划确定围捕的目标、范围、人数、方式、工具等。人类这些早期的策划活动，加速了人类脱离动物界的过程，促进了人类文明的发展。

《孙子兵法》中有“多算胜，少算不胜”。《论语》中有“必也临事而惧，好谋而成者也”。《过秦论》中有“深谋远虑，行军用兵之道”。《汉书》中有“运筹帷幄之中，决胜千里之外。”《后汉书·隗嚣传》中有“是以功名终申，策画复得”，这里“画”同“划”。《淮南子·要略》中有“擘画人事之终始者也”，“擘画”即“策划”之意。如此众多的精辟论述确立了策划在中国历史上的理论和实践地位。

那么究竟什么是策划呢？关于策划的概念一直以来没有统一的看法。我们在使用“策划”一词时，有时只是单纯指实施某一件事时，其独特的想法或特殊的构想，有时则指的是达成某一可实现成果的实施计划。而各个学科的专家对策划也有不同的理解和不同的研究侧重点，其概念界定众说纷纭，可谓“仁者见仁，智者见智”。有关表述如下。

- 条条大路通罗马，但是最近的路只有一条，策划就是寻找这条路。
- 策划就是对某件事、某个项目有计划、有打算、用计谋，采取策略、谋划，综合实施运行。
- 策划是通过与生产、管理的紧密协调，对广告、营销、公关、新闻等的综合运用，从而使某件事、某个项目达到较好的效果。
- 策划是整合科学，通过全新的理念和思路，对生产力的各种要素、资源重新进行整合，使之产生“1+1 > 2”的效果，甚至产生原子裂变式的市场效应或经济效益。策划是全部生产力要素的综合，甚至是经济因素、政治因素、社会因素及其他多种因素的综合。
- 日本《策划学》作者高桥认为：策划是为达成一定目的，而组合一些要素以实行计划，是效率、智慧综合的结晶。

- 我国《企划案》作者郭太泽的观点为：策划学自20世纪80年代风行于日本和东南亚，当时翻译为“企划”，企划与计划不同，企划近似于英文的“strategy”（战略）和“plan”（计划）加在一起表示的意思。“战略”强调要有创意，“计划”则不一定有创意，可以只是做一个一般的计划。郭太泽认为策划比计划要更广泛，更有技术，层次更高，更有战略。
- 我国《策划学》作者陈放认为：策划的核心是“出谋划策”。即从现有的条件出发，根据已经掌握的资料，对未来可能发生的情况做出一定的假设和预期，制定一系列可行的或经过努力可以达到的目标，为实现这一目标而不断设计各种相关方案，并对这些方案进行比较、选择、修改、实施、反馈等一系列的过程。
- 美国哈佛大学《企业管理百科全书》的定义则认为：策划是一种程序，在本质上是一种运用智力的理性行为。基本上所有的策划都是关于未来事物的，也就是说，策划是针对未来要发生的事情做当前的决策。换言之，策划是找出事物的因果关系，衡度未来所采取的措施，作为目前决策之依据。即策划是事先决定做什么、何时做、如何做、谁来做。策划如同一座桥，它连接着我们目前之地和未来要经过之处。

综上所述，我们可以得出策划的定义：

策划就是策略、谋划，是为达到一定的目标，在调查、分析有关材料的基础上，遵循一定的程序，对未来某项工作或事件事先进行系统、全面的构思、谋划，制订和选择合理可行的执行方案，并根据目标要求和环境变化对方案进行修改、调整的一种创造性的社会活动过程。

1.3.3 策划的要素

策划由策划人、策划目标、策划资源和策划方案四大要素组成。

1. 策划人

策划人可以是个体，也可以是某个群体或组织。策划人的水平决定策划的水平，策划人素质的高低、知识的多寡、经验的多少，都直接影响策划成效的优劣。

2. 策划目标

策划目标是指策划人所希望达到的预期结果，是策划人把策划的意图具体化后形成的具体的行为目标。它既是策划的出发点和归宿，也是衡量和评价策划效果的标准。无论何种策划，都必须具有鲜明的目的性。没有目标的策划是一种空想、一种幻想，偏离目标的策划是最为糟糕的策划。

3. 策划资源

策划资源泛指策划人在策划时，可控制和使用的人力、物力和财力。任何策划活动都必须充分考虑和合理运用现有的资源。

4．策划方案

策划方案是策划人在策划目标的指导下，利用策划资源实施策划的结晶。倘若没有策划方案，策划则不过是转瞬即逝的过眼烟云。

1.4　策划的分类

在了解了策划的历史渊源和含义的基础上，需要进一步了解策划有哪些类型，这样有助于更深入地认识策划，而对不同类别策划的比较研究，也有助于做好策划工作。策划的划分标准很多，根据不同的标准，可以得出如下不同类别体系的策划。

- 按策划内容的不同，可分为活动策划、调研策划、广告策划、营销策划等。
- 按策划体系的不同，可分为总体策划、专项策划、具体操作策划等。
- 按策划主体的不同，可分为国家策划、企业策划、团队策划、个人策划等。

……

上述各划分方式间、各策划类型间并不是绝对泾渭分明的，而是存在一定的交叉、重叠关系。为了更清晰地认识策划，本节采用了比较常用的分类方式，即按不同行业对策划进行分类（见图 1-1）。

如图 1-1 中的各种策划，在现实生活中都可以见到实例，其中许多精彩的策划给我们留下了难以磨灭的印象，分别举例说明如下。

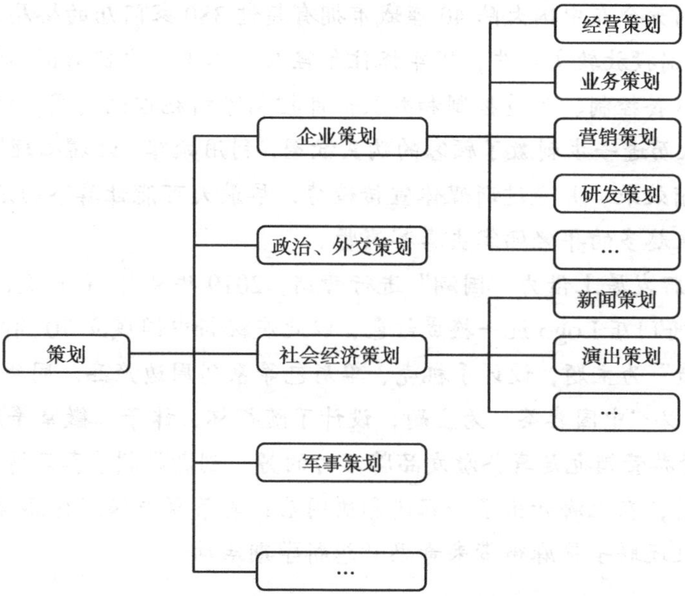

图 1-1　按不同行业对策划进行分类

1.4.1　企业策划

企业策划有时又称商业策划，简称企划，是对企业界进行的各种商业活动的策划，包括经营策划、业务策划、营销策划、研发策划等。

案例1-3 黑马喜茶的异军突起

2012年，喜茶的第一家门店在广东开业。喜茶专注于呈现来自世界各地的优质茶香，让茶饮这一古老文化焕发出新的生命力。自创立7年多来，喜茶走上了发展快车道，到2019年，喜茶全国门店数量已将近390家，甚至开到了海外新加坡地区。那么，喜茶是采用了怎样的企业策划让自己从竞争激烈的茶饮市场中脱颖而出的呢？

1. 产品创新和差异化让喜茶突破了行业的同质化，赢得了年轻消费者的青睐。在产品端，喜茶每月都会有新品，曾创造了单月10款新品的行业纪录。并且，为适应市场的发展变化，喜茶每个季度都会推出系列新品，以此来保持年轻人对喜茶的新鲜感。除了纵向创新，喜茶还会做一些横向尝试，如推出咖啡茶品、热麦面包、茶极客特调等产品。2019年3月29日，喜茶与宁波传统美食品牌“缸鸭狗”合作推出“汤圆包包”；4月20日，喜茶在南昌联手新赣菜美食代表“老三样”，推出灵感产品“麻辣吃藕包”等。喜茶强调“聚焦产品”，在产品研发方面，喜茶追求不断迭代的优化，以创造优质产品为己任。

2. 喜茶使用的是中端原料，定位为低敏价格。喜茶的产品价格跨度较大，从9~30元覆盖了不同消费人群，主力价位在20~30元，要显著高于普通奶茶店，但又低于星巴克等主流咖啡店的价格，很好地将自己与大众主流区别开来。

3. 喜茶采取品牌“从高往低”走的策略。2016年、2017年，喜茶主要打通了北上广深的品牌建立，到2018年，喜茶在重庆、武汉、西安等许多区域的重点或中心城市开店，经过7年就发展到如今在中国大陆40座城市拥有超过380家门店的格局。

4. 喜茶大范围投放软文广告，牢牢抓住年轻人“不喝一次就out”的心理。在一开始时喜茶通过采取取餐控制、限量控制和购买条件控制等措施控制购买，促成排队，营造供不应求的氛围，从而进一步刺激了顾客的购买欲望，利用顾客“炫耀心理”和“攀比心理”产生非常好的营销效果。并通过新媒体宣传造势，尽最大可能让喜茶的名字出现在大家的视线里，吸引越来越多的年轻顾客去喜茶消费。

5. 喜茶在品牌发展上借力“国潮”进行营销。2019年9月30日晚，喜茶在全国门店点亮“中国红”，将门店Logo统一换成红色，以此庆祝新中国成立70周年。喜茶还以“灵感之茶，中国制造”为主题，设计手机壳、单肩包等系列周边产品。同年10月，喜茶开展“国潮季”活动，以“中国喜茶”为主题，设计了随行杯、袜子、徽章等周边产品。

除此之外，跨界营销也是喜茶激发品牌活力的另一创新举措。喜茶携手潮牌Aape打造迷彩主题跨界活动，在上海开出了一家迷彩快闪店；喜茶联手保温杯品牌STANLEY打造环保随行杯，并且还联手芝麻街带来奇思妙想新学期活动。

评述 喜茶能在竞争激烈的茶饮市场中脱颖而出，除了聚焦产品，还离不开其精心的企业策划和营销策划。

1.4.2　政治、外交策划

政治、外交策划是有关政府机构的一些策划活动。例如，在“非典”时期政府部门所采取的一系列控制活动、国外总统的竞选活动等。在社会政治活动中，作为政治领袖，无论推行新政策还是发表演说，无不需要精心策划，只有经过深思熟虑的策划和周密的分析，才能取得预期的效果，达到预定的目标。

案例 1-4　建国 70 周年国庆活动策划

2019 年 10 月 1 日是我国国庆 70 周年，为了庆祝这一盛典，国家进行了精心的策划，安排了一系列的庆祝活动，还聘请了张艺谋导演作为联欢活动的总导演，以及各类知名的专业人士进行活动的筹备，庆祝活动主要包括十大项：

一、隆重举行庆祝大会、阅兵和群众游行

二、举办首都国庆联欢活动

三、颁授国家勋章和国家荣誉称号

四、举行向人民英雄敬献花篮仪式

五、举办国庆招待会

六、举办国庆文艺晚会

七、举办“庆祝中华人民共和国成立 70 周年”大型成就展

八、颁发“庆祝中华人民共和国成立 70 周年”纪念章

九、制作播出大型文献专题片

十、发行纪念邮票和纪念币

这十大活动无一不需要进行精心策划和筹备，才能给人民呈现出一场精彩的 70 周年庆典。

1.4.3　社会经济策划

社会经济策划是各事业单位所进行的一些策划活动，如赈灾义演、希望工程等，包括新闻策划、演出策划、展览策划等。

1.4.4　军事策划

在古今中外的战场上，流传着许许多多的战争故事。这一个个生动的战例都在某一方面有着不寻常之处。例如，我国比较著名的官渡之战、赤壁之战，以及辽沈、淮海、平津三大战役。在国外，也有如特洛伊战争、十字军东征、诺曼底登陆等流传于世的经典战例。在这些战争中，我们发现了一个共同的规律，即没有哪场战争的胜利是侥幸取得的，都是在统帅的领导下，战前通过充分考虑天时、地利、人和的因素进行策划，抓住战争中的关键环节，从而以小的代价换取了大的胜利。

1.5 策划的基本方法

策划无固定的方法。构想、创意、运筹、博弈等，都可视为策划的环节，也可视为策划中的基本方法。

1.5.1 构想法

构想法的种类很多，其中有一些具有代表性的，如“拍脑袋”法、点子法、计谋法等。在实践中，大家可以按各自策划的目的，选取适当的方法。

1．“拍脑袋”，拍出大市场

在科学不发达的时候，人们的生活、工作均无所谓方法与技巧，“拍脑袋”成为处理日常事务的一般习惯。即使在今天，“拍脑袋”仍不失为一种好的创意与策划的捷径。

案例 1-5 可口可乐“无意”成功

1885年，美国亚特兰大市业余药剂师彭伯顿，通过无数次试验之后，用柯树叶和柯拉树粒制成了一种有强兴奋作用的健脑药汁，这就是可口可乐的雏形。刚开始时销售量太低，这让彭伯顿大为头疼。一天，一名头痛病人请求当场用药，雇员配药时误将苏打水当作自来水注入瓶中，不想病人却立刻好了。潘伯顿受到启发，立即将苏打水作为可口可乐的成分，并在广告中添上“芳醇可口、益气壮神”的宣传语。从此，可口可乐由药剂变为风行世界的饮料，销量与日俱增。

评述 可口可乐是世界上最知名的品牌饮料之一，它就是在这次无意的“事故”后，才崛起成为全球超级大品牌，并且成为美国文化的象征。

2．点子，点石成金

什么叫“点子”？通常所说的出个主意，想个办法，说点想法，搞个发明、设计等，都是点子。中国有个成语：点石成金。在策划中，这可以成为现实。人们习以为常的东西、不足为道的事物，在点子思维的指导下，都可能变成价值连城的财富——垃圾变宝，点石成金，关键在于要有恰到好处的点子。

案例 1-6 自行车轮胎的发明

世界上第一辆自行车在1817年前后诞生时，外形粗劣，而且车架和轮子都是木头的，没有轮胎，骑着它十分费劲，还颠簸得十分厉害。人们讥讽这种自行车是“震骨器”。

1887年，苏格兰有个名叫邓禄普的医生在花园里用橡胶水管浇花的时候，偶然间发现橡胶管具有弹性。他心中一动：“把这灌满水的橡胶管安到自行车轮子上，这样便使自行车轮有了弹性，不就可以减轻自行车行驶时的颠簸了吗？”

于是，他放下浇花的水管，把自行车推到花园，拆下轮子，量好尺寸，配上橡胶管，灌足水。经过一遍又一遍地试验，他终于成功了！就这样，邓禄普用橡胶水管制成了世界上第一个轮胎，后来又用充气代替了灌水。

“邓禄普轮胎”一下子风靡全球，成了畅销产品。

评述　许多新产品、新项目都是出自偶然的质点碰撞。

1.5.2　创意方法

创意与点子不同，“点子”一般是解决“某一事件”的一个具体的注意“点”，而创意可以是一个点、一条线、一个面、一个体、一个局甚至一连串局，并且包括文艺创作、科学发现与幻想等所有的智力活动领域。因此，创意方法是“策划”的起点、前提、核心、精髓。

在人类历史上，的确留下过许多伟大的创意：埃及人建造了金字塔、秦始皇指挥修建了万里长城、爱因斯坦创立了相对论、爱迪生发明了电灯……他们都可称为创意大师，他们是掌握了创意方法的成功者。

许多人认为，创意带有一种神秘特质。事实上，揭开创意神秘的面纱，简单地说，“创意=条件+方法”。任何创意的产生都有一个必不可少的前提，这个前提在创意的产生过程中是第一位的。同样，任何创意的产生，都要在联想、假设的基础上，用大脑去进行分析、归纳、总结等，只有这样经过反复论证才能产生新的创意，这个过程是智能放大的过程。智能放大在创意的产生与实施过程中是不可缺少的，同时也是关键所在。而创意方法的应用，在社会各方面将会产生许多伟大的策划。千万种新事物的出现、千万种新产品的开发、千万个活动的策划成功、千万倍效益的产生……无不体现了创意的巨大能量。

案例 1-7　“集美貌与才华”的创意营销

“我是 Papi 酱，一个集美貌与才华于一身的女子”，这句话相信对于大多数千禧一代及互联网新一代的人来说都不陌生。在如今这个网络科技不断进步发展的时代，网红经济所带来的创意营销不断刷新着人们的认知。Papi 酱，一个典型的网红代表，毕业于中央戏剧学院导演系，在 2016 年被誉为“2016 年第一网红”，2017 年接了 155 个品牌广告，之后更是进军娱乐圈，2019 参与了《明星大侦探》《女儿们的恋爱》等综艺节目的录制。Papi 酱的爆红背后，靠的是怎样的创意营销策划呢？

首先，为使自己显得与众不同，Papi 酱利用了变声器来制造出加快语速的效果，这样她就能在很短的时间内为网友提供大量的信息，加上“台湾腔说东北话”和“上海话+英语”这两个系列视频，更让网友对她产生了深刻的印象，为她自己打造了成功的营销方案。

其次，在网络上要想火起来，要么是貌若天仙，要么就是幽默到底。Papi 酱之所以能红起来，是因为她善于自嘲和“吐槽”生活现象，幽默的语气加上不错的长相让她的视频成功吸引了许多的粉丝。

最后，科班出身的她善于发现贴近生活的创意视频主题，精心的策划、精彩的剧本，都让她的视频显得更为出彩。

评述 现在是“眼球经济”“注意力经济”的时代，谁个性，谁有特色，谁能吸引大家的目光，谁就能挣得比别人多。简单的现象背后其实都蕴藏着深刻的道理！

1.5.3 运筹方法

古往今来，商战、兵战、政战中的策划，都有运筹学的应用。规划论（包括线性规划、非线性规划、整数规划和动态规划）、图论、决策论、对策论、排队论、存储论、可靠性理论是运筹学的具体内容。

在运筹学中，还有另外一种方法，叫结构重组和区位组合方法。

拿破仑在战争中就知道：3个法国骑兵不是1个马木留克骑兵的对手，但是按阵法组合后的1 500个法国骑兵，却可以打败1 500个马木留克骑兵。这是排队重组产生的奇效。

科技上，结构重组会产生新事物、新商品；销售上，换个地盘或在价码后面添个“0”，都有可能会让滞销的商品立即抢手。

案例1-8 田忌赛马

战国时期，有个著名的“田忌赛马”的故事：齐国大将军田忌经常与齐威王赛马，每次比赛都输，因为齐威王的一等马比田忌的一等马强，齐威王的二等马比田忌的二等马强，齐威王的三等马比田忌的三等马强。因此，一对一比赛，每次都是齐威王赢田忌输。孙膑闻知后献上一策，让田忌用三等马对齐威王的一等马，用一等马对齐威王的二等马，用二等马对齐威王的三等马。结果，田忌先输第一场，却赢了后两场，终于以2∶1反败为胜。齐威王于是拜孙膑为军师。

评述 田忌赛马是运筹学方法的经典运用。出马是点子，组阵是谋略，概率与组合是战略方法，一不胜而再胜、三胜是关键。以少胜多，以弱胜强，是运筹学发挥的效果。可见，运用现代数学与经济学研究中的运筹学，不失为策划中的一个奇招。

1.5.4 博弈论方法

博弈论方法又称“决策论”，是研究策略博弈的数学理论。它以组合论、概率论和统计学等数学方法分析竞争，使动态系统在复杂的情况下，选择最佳的行为方式。由于竞争双方都在进行策略博弈，所以这种竞争的结果不仅依赖自己的机会和抉择，也依赖参加竞争的所有人的行为。合理地根据那些相互依存的因素进行战略策划，是博弈论方法的主题。

案例 1-9　“双十一”电商大战的博弈之道

博弈论方法中囚徒困境理论被作为经典案例用以分析研究具有斗争或竞争性质现象的数学理论和方法。该案例为，两个嫌疑犯关在不同房间受警察审讯，并得知，若两人均坦白，则各判五年；若均拒绝坦白，则均以妨碍公务罪判刑一年；若其中一人坦白另一人拒绝坦白，则坦白者直接释放，拒绝坦白者判刑十年。该案例将两个囚徒陷入到一个选择困境当中，可知案例中两人无论作何抉择，个人最优选为坦白，是经典的纳什均衡。

从囚徒困境角度来看，“双十一”电商大战即电商平台商家为追求自身利益最大化而采取的价格竞争手段。面对广大的市场份额，按照相对统一水平的价格经营能够获得相对均等的利益，而商家要么受利益驱使主动出击进行商品降价，要么受其他商家的影响而被动选择参与到价格竞争当中。

资料来源：王锦华.从囚徒困境理论角度解析“双十一”电商大战[J].经济研究导刊，2016（29）:104.

评述　生活中的博弈论方法无处不在，若在商业中恰当运用博弈论方法，将会取得很好的营销策划效果。

1.6　走出策划误区

1. 策划不是“包治百病”的良方

随着市场竞争的日益激烈，企业在经营与管理中遇到的难题越来越多，一些管理者就把解决问题的希望几乎完全寄托在某些策划人的策划上，这是极其错误和危险的。

事实上，企业自身“练功”才是最重要的。把希望寄托在策划上不是解决企业长期发展问题的根本之道。对任何一个在市场中竞争的企业来说，首要任务都是“苦练内功”。企业自身的综合素质和领导者的综合素质是决定企业成败的关键。因此，作为企业，应该首先关注如何提高自身整体素质，如何加强企业的市场应变能力与核心竞争能力。

2. 策划不是点子、创意

很多初涉该领域的人认为策划就是点子，甚至一些专家也这样认为。其实，关于“点子”的说法，内涵实在太不规范。策划，包含“出点子”的含义，但绝不仅限于此（见表 1-1）。

表 1-1　策划与点子的对比

策　划	点　子
包含点子、面或体	仅仅是一个点子
动词	名词
一系列的过程	一个出发点
结果	中间体

策划离不开点子，点子是创造性思维的结晶，是思维者的灵感火花。然而，策划不仅

要有点子，还应有具体的实施方案，在某种意义上，后者更重要。一个好点子从产生到获得成功，这中间需要系统地策划。好的点子是策划必不可少的基础与核心，一个杰出的策划往往就包含一个好的点子。正是通过围绕点子进行系统、完整、全面地策划，运用各种手段、方式、方法、计谋，点子才得以实施成功。

3．策划不是越复杂越好

说到策划，很多人便会想到“策划一定需要复杂的构想”。其实不然，就像演员挑选剧本，然后向观众演出，策划最重要的是要站在受众的立场上，“演出”简单、易懂、有趣的“戏剧”。

相反，如果策划以过于专业的经济、商业或法律为着眼点来进行构思，或者像专业书籍或论文那样晦涩难懂，而不考虑受众的心理和接受能力，那么就注定不会成功。

4．策划不是计划

人们常常将策划与计划混为一谈，其实两者存在着很大的差异，策划近似英文 strategy 加 plan，侧重于“策”，它是在外部环境存在竞争的情况下，为了取得绝对性的胜利而出谋划策。而且，策划的重点是要有创新，一个没有创意的策划不能称之为策划，仅仅是人云亦云而已。

计划侧重于“划”，是一种“安排”的意思，也有“打算”的含义。任何一件事情都可以拟订一个计划去执行，按部就班去完成。一个计划可以用多次，但未必有创意，它是一个静态的设计过程。

策划与计划的差异到底有多大，现对比如下（见表 1-2）。

表 1-2　策划与计划对比

策　划	计　划
必须有创意	无须创意
范围不确定，没有固定步骤	范围一定，按部就班
掌握原则与方向	处理程序与细节
做什么	怎么去做
灵活多变	一成不变
开创性	保守性
挑战性大	挑战性小
经过长期训练才能提高策划能力	通过短期训练可具备计划能力
侧重于“策”	侧重于“划”

由此可见，策划包括计划。一个成功的策划必须有一个合适的计划来执行，而计划的制订未必需要做一番策划。

5．策划不是决策、战略

策划不同于决策。决策是对既有的策略和方案进行选择和确定。通过决策，确定策划方案，然后实施策划。决策之前需要策划的支持，决策之后也需要策划的引导和协调。

策划不同于计谋与战略。计谋是为战胜竞争对手或实现某种特定的目标而设计出来的行动策略，如兵法上的三十六计，就是计谋。计谋是策划的手段，策划包括计谋。计谋是教条式的，即便计谋被灵活加以应用，也只是解决问题的变通办法而已。计谋是一个名词，策划更多地属于动词，计谋需要出谋人，其主体是谋士，策划则更侧重于“出”这一动作。战略是指对全局起决定作用的计划和策略，现代意义上的战略指决定全局的策略，它一般用来研究具有长远意义的问题。策划、决策、战略之间的差异如表 1-3 所示。

表 1-3 策划、决策、战略之间的差异

	策　划	决　策	战　略
预谋性	一定有	不一定有	一定有
创新性	基本有	不一定有	不一定有
研究的问题	不受限制	不受限制	具有长远意义的问题
最主要的研究内容	方案	选择方案	方案
思维方法	强调直觉思维、形象思维与辩证思维	强调逻辑思维	强调逻辑思维与形象思维

6．策划不是天马行空

有些人认为策划就是天马行空、随意发挥。实际上，这样的策划不是遭到“枪毙”，就是在执行过程中遭遇“滑铁卢”。

从策划的特性可以知道，策划的本质是刻意创新、灵活多变，不受固定模式的约束。在策划的某些环节，尤其是创意阶段，的确可以任意发挥，采用许多方法寻求“点子”，直至产生思想的火花。似乎可以认为此时的策划就是在“天马行空”。然而仅仅这样是完全不够的，策划还必须结合实际情况，脚踏实地地进行分析，这样才能使策划方案具备实用价值。除此之外，策划方案出台后还必须按部就班地实施，有力地执行各个环节。只有这样，才能保证整个策划的成功。

本章要点

- 策划就是为达到一定的目标，在调查、分析有关材料的基础上，遵循一定的程序，对未来某项工作或事件事先进行系统、全面的构思、谋划，制订和选择合理可行的执行方案，并根据目标要求和环境变化对方案进行修改、调整的一种创造性的社会活动过程。
- 策划无定式，但可遵循基本方法，如点子方法、创意方法、运筹方法等。
- 明确策划的性质：有创意、有可行性又具有一定的超前性。
- 不要踏进策划误区，策划的本质是创意，但要超越创意。

练习题

（1）试列举你知道的成功策划案例，并思考策划的重要性。

（2）策划只对营利组织具有重要意义吗？非营利组织是否存在策划？

（3）可口可乐的发明来自生活中的偶然发现，经过策划成长为享誉世界的名牌而被人们津津乐道。根据本章内容分析这一现象并思考你在生活中是否遇到过相似的经历，你又是如何处理的？

（4）在平时人们的谈论中，对策划有着种种认识与评价，但其中有一些误解，你发现周围人们对策划的误解主要集中在哪几个方面？结合本章内容，分析比较与教材上的是否一致。

实训项目：策划与评价

【实训目标】

（1）培养学生的创意性思维能力；

（2）培养学生对策划的整体理解；

（3）培养学生的分析评价能力；

（4）培养学生的沟通能力。

【实训内容与方法】

在一个班级中挑选出10名同学分成A、B两组，剩余的同学当大众评委。

（1）A、B两组相对而坐，围成圆圈。

（2）由A组同学列举政治、军事、商业中比较著名的策划案例，B组同学对此策划案例进行复述（把整体策划情况讲清楚）和评价。

（3）全班剩余同学对B组同学的表现进行举手表决，以举手人数作为其分数并对其不足之处进行补充。每人大约8分钟，依次往下轮流。

（4）A、B两组轮换角色，规则如上。

（5）统计两组分数进行比较，全班同学写下通过这节实训课对策划的认识与理解。

CHAPTER 2

第2章 营销策划的基础

"策划——塑造的艺术。"

——佚名

学习目标

☑ 探讨和列举人们对营销策划定义的相同点和不同点

☑ 理解营销策划的基本程序并学会运用它

☑ 简述营销策划的内容

☑ 描述营销策划的特点和作用

☑ 描述营销策划应遵循的原则

关键词：营销策划、策划程序、营销定位策划、营销组合策划、服务营销策划、企业形象策划、网络营销策划

2.1 营销策划概述

在现代社会众多的策划活动中，营销策划扮演着越来越重要的角色。它不仅是企划活动的主要组成部分，而且是商业活动的重要内容。营销策划是一种具有创意性的专业实践，它通过人们主观的理念加工，以一种新颖的形式将营销理论演变为具有针对性的操作程序。

2.1.1 营销策划的定义

营销策划的定义有广义和狭义之分。

广义的营销策划是指现代营销策划思想，即"4P+2P+1S+1C"。其立足点已经从企业本身扩大到社会的各种组织团体。

狭义的营销策划则属于传统策划思想，即传统的"4P"。它是以营销策略策划为核心的营销组合策划，即"产品+价格+渠道+促销"。

综上所述，我们给出企业营销策划的定义：

企业营销策划是指为整个企业、企业的某一商品或企业的某一次营销活动做出的计策谋划和计划安排，是对企业将要发生的营销行为进行的超前计划和决策。

营销策略策划是营销策划的核心内容。其功能是挖掘各种产品的发展潜力，促成企业产品的最佳组合，主要包括产品策划、价格策划、渠道策划和促销策划。

要准确地理解营销策划的定义，必须掌握营销策划的几个要点。

- 营销策划是一种超前计划和决策。
- 营销策划集策略性和技巧性为一体。

- 营销策划是解决营销过程的创意思维。
- 营销策划是“杰出的创意×实现的可能性=最大的预期效果”。

企业营销策划是企业对将来要发生的营销行为进行的超前计划和决策，是一套有关企业营销的未来方案。因此，它首先必须以未来的市场趋势为前提，然后才能提出适合未来的操作计划。

营销策划是一种超前计划和决策，不可能详尽地预测未来的一切因素，因此必然会出现方案与现实脱节的情况。事实上，任何策划方案都是不完善的，都需要在实施过程中根据实际情况加以补充和完善。于是，营销策划就必须包括超前设计与未来完善两部分内容，只有将两部分合二为一，营销策划才会达到预期的效果。

2.1.2 营销策划的特点

1. 主观性

我们知道，营销策划自始至终都是人脑在参与。它建立在人脑对未来预测的基础上，是客体作用于主体后所形成的主观产物，这就决定了营销策划的主观性。虽然，营销策划所依据的信息都是客观的、现实的，但经过人们主观的理念加工，就有了主观的烙印，表现为以下几点。

- 不同个体对同一信息的认识是有差异的。
- 不同个体对同一信息的处理也不同。
- 在不同的情景下，同一主体对同一事物有不同的看法。
- 同一个体对同一信息的处理在不同的情景下也会不同。

2. 超前性

营销策划的超前性主要表现在以下几点。

（1）**营销策划是对未来环境进行判断并对未来做出安排的一种超前行为。**

（2）**营销策划是一种决策。**收集现实世界的各种资料，进行抽象思维，并通过一定的逻辑推理和创意，对未来的营销行为做出决策。

（3）**营销策划也是一种安排，就是“计划”的意思。**营销人员要通过一定的方式将判断付诸行动，形成有针对性的操作程序，使创意这一闪光的火花在安排和计划中发出耀眼的光芒。

案例 2-1 “故宫文创”

2013 年之前，故宫博物院给大众的印象是既神秘又严肃的，各类宣传也以传递知识、实时信息为主，显得死板、沉重，又缺乏趣味。

2014 年 8 月，一篇名为《雍正：感觉自己萌萌哒》的文章在“故宫淘宝”微信公众号发布，阅读量突破 10 万次，文章将《雍正行乐图》中的濯足图做成了一张动态洗脚图，还配有“朕脚痒……”的文字，向大众展示了一个幽默的雍正帝形象。文章的封面图“卖萌剪刀手皇帝”也迅速红遍网络。由此开始，故宫博物院一改严肃庄重的“人设”，走上了“反差萌”的道路。

评述 “故宫文创”在故宫博物院的发展进入瓶颈期之际，以超前的眼光和独特的视角重新进行产品定位，最终打开市场，获得商机。

3．复杂性

营销策划是一项系统工程，是一项非常复杂的智力工作。这主要表现在以下 3 个方面。

（1）**营销策划需要大量的理论和间接经验。**一项优秀的营销策划方案，是大量的经济学、管理学、市场学、商品学、心理学、社会学、文化学、策划学和营销学等多学科知识的综合运用和融会贯通，并且要求这些知识能够非常灵活地与策划知识结合起来，这对营销策划人来说，是一个复杂的过程。它至少包括下列两层含义。

① 作为一名优秀的营销策划人，必须具有丰富的知识储备，需要对策划和营销知识有深刻的了解和领悟，其中关键一点是要有创造性思维。

② 策划人必须能够把这些知识和创造性思维转化为营销活动。仅有知识是不够的，只有把这些知识消化并灵活地运用到实际的策划活动中，才能策划出一流方案。

（2）**营销策划需要大量的当前知识和直接经验。**营销策划过程是一个动态的过程，需要与当前的形势和环境紧密结合，而非纸上谈兵。其原因可概括为如下几点。

① 以前的知识和间接经验具有一定的滞后性。

② 优秀的营销策划创意来源于现实，是对现实大量信息的占有、分析和提炼。

③ 营销策划是对未来的规划。因此，要求营销策划人具有大量的直接营销经验，需要他们对当今的市场状况有具体、全面、系统的认识和理解。

（3）**营销策划是一个庞杂的信息处理过程。**

① 在着手准备时，要积极主动地收集信息，如政治信息、经济信息、法律信息、文化信息、市场信息、商品信息、消费信息、价格信息等。这些信息既可以是当前的直接信息，也可以是过去的间接信息。然后对这些信息进行筛选，并对有价值的信息进行加工处理。

② 在收集信息的过程中，要注意如何收集信息、收集什么样的信息、筛选什么样的信息、用何种标准筛选信息、选出的信息怎样处理等一些问题，最后还要检验信息处理的结果。这一切都是十分复杂的劳动。

总而言之，营销策划是一项复杂的高智慧脑力劳动。营销策划人不仅要分析和处理大量的营销信息，还要进行策划创意，做出新颖且行之有效的方案来。

4．创造性

策划是创造性的思维活动。创造性思维是一个复杂的辩证思维过程，它具有不同于其他思维的特征。这主要体现在以下几个方面。

（1）**积极的求异性。**创造性思维往往表现为对常见的现象和权威理论持怀疑、分析的态度，而不是盲从和轻信。

（2）**敏锐的洞察力**。在观察过程中，分析事物的相似与相异，发掘事物之间的必然联系，从而得到新的发现和发明。

（3）**创造性的想象**。这是创造性思维的重要环节，它不断创造着新表象，赋予抽象思维以独特的形式。

（4）**独特的知识结构**。这是创造性思维的基础。

（5）**活跃的灵感**。这是创造性思维突破的关键，可以产生意想不到的效果。

其实，策划的过程就是创造性思维发挥的过程，或者说是创造性思维与策划活动的结合过程。创造性思维是策划生命力的源泉，贯穿于策划活动的方方面面和策划过程的始终。

案例 2-2 淘宝创造节日促销

通常被大众接受的商场集体打折以提高交易量的时间节点，大多集中在圣诞、元旦、春节等大众节日中，但淘宝反其道行之，自己创造了一个节日——“双十一”全民购物狂欢节。通过促销的形式可以在一天或几天内大幅度提高交易量。电商们十分重视“双十一”这个节日，都希望通过极高的流量冲击提升订单量。有些卖家甚至提前几个月甚至半年的时间就开始备货。不得不说这是淘宝所做的一个非常成功且具有创造性的营销策略。

资料来源：http://www.semtime.com/blog/post/450.html

评述 淘宝打破固定的大众节日的时间局限，以“购物狂欢”的名义造出一个能让大众接受的节日，满足消费者和卖家的双方需求。这个促销创意有积极的求异性，显示出策划人敏锐的市场洞察力和活跃且不拘一格的创造性思维。

2.1.3 营销策划的作用

1. 营销策划能使企业正确实施营销策略从而战胜危机

任何一家企业在市场活动中，都需要面对种种竞争和挑战，难免会在某些时候处于劣势，处于竞争中的不利位置。这时就需要一个完整、系统的营销策划，使企业化劣势为优势，绝处逢生。

案例 2-3 苹果手机的“反守为攻”

近年来，苹果手机在市场中的口碑一直有下滑的趋势，销售量也在减少，尤其是在产品外观设计上，如“刘海屏”、突出的摄像头等，饱受消费者诟病。

2019年，苹果在新品发布前夕改变了营销策略，预先“泄露”出来的苹果手机外形都非常丑，但手机发售之后，消费者意外发现：新手机看起来还不错，不像照片显示的那么丑！这种降低期望值的方式，赢得了很多人的好感，很多授权店均出现了排队或断货的情况。

资料来源：https://mp.weixin.qq.com/s/gBV-XrYRruhqx6Gu8xGq8w

评述 苹果手机的真机比照片好看，这就是在打“预设牌”，产品发布之后还打出密集的广告推广，各种媒体、软文轮番上阵，可见，苹果采用的就是一种反守为攻的策略。

2. 营销策划能使企业更好地进行市场定位

营销观念发展至今，已进入了大营销时代。在今天，企业首先要做的是细分市场，找准自己在市场中的位置，并做好市场定位，然后借助各种营销组合和营销策略去占领市场。

在这个过程中，企业需要营销策划。对于现代的营销策划，其基本任务是找到市场的空当，为企业确立一个生存和发展的空间，并根据市场定位开展相应的营销活动。有时候，优秀的营销策划能发掘新的市场需求，开发新的市场，这在当今的营销活动中已屡见不鲜。

案例 2-4 万宝路“牛仔”狂飙的奇迹

在万宝路香烟创业早期，其定位是女士香烟，但由于女士们抱怨香烟的白色烟嘴会染上口红很不雅观等一系列原因，销量一直不乐观。万宝路进行了几次产品改造，但这一切都没能挽回万宝路女士香烟的命运。

1954 年，万宝路决定对其产品及形象进行改变，把原来定位为“女士香烟”的万宝路重新定位为“男子汉香烟”。万宝路成功地向目标群体——男性烟民，塑造了一个充满魅力的、值得其他男性模仿的偶像男性：万宝路牛仔男人。一个目光深沉、皮肤粗糙、浑身散发着粗犷、原始、野性、有着豪迈英雄气概的男人，跨着一匹雄壮的高头大马驰骋在辽阔的美国西部大草原。

在广告推出后，万宝路香烟的销售额飞速上涨，而这一则广告也被人们模仿和记忆，一个香烟的传奇也由此诞生了。

资料来源：https://mp.weixin.qq.com/s/llxqhuz9FhcyHBEou-QzVw

评述 恰当的市场定位有助于品牌的提升与推广。

3. 营销策划能使企业提高营销活动的计划性

营销策划有一定的计划性，中间包含有一定的计划方案。一旦确定了未来营销活动的计划方案，企业的营销活动就变得井然有序，未来营销操作也就有计划可依，从而使整个营销活动有条不紊地进行。

案例 2-5 丰田汽车：缺一场调研，被挡在美国外五年

1959 年丰田进军美国市场，一年只卖了不到 300 辆车，战况何等惨烈。

当时的日本，无论是地理位置、经济发展水平还是社会生活，都跟美国有很大的差别：由于设计理念的差异，所以丰田车内部空间比较小，但是美国人普遍人高马大，坐在里面不舒服；日本地形复杂道路曲折，但美国都以大平原为主，当丰田车加速到每小时 100 千米以上时，发动机经常熄火；在当时的日本，汽车还属于高档消费品，但美国人家里有两

辆甚至三辆均属正常现象。美国人选择汽车，更注重交通工具的本质，强调的是实用、舒适、便利。

丰田的失败源于没有对美国市场做调研，做了个“愣头青”，最后被判了“死刑”。

资料来源：https://mp.weixin.qq.com/s/FLEN6s6OCyPZtj9GrNuG_Q

评述 丰田在进入美国市场时没有做充分的准备工作，依然照搬在日本的营销策略，浪费了大量的资金和时间，并且收效甚微。

4. 营销策划能在一定程度上降低营销费用

任何一次营销活动都需要投入大量的营销费用，而如果进行营销策划，则能够对费用的支出做最优化的组合安排，从而能够避免盲目进行营销活动所造成的巨额浪费。据美国布朗市场调查事务所统计，有系统营销策划的企业比无系统营销策划的企业，在营销费用上要节省40%~50%。

案例2-6 普拉特公司的事件策划

有一年，一架美国赛斯纳公司生产的“奖状”号飞机在下降时遇到一只叼着兔子的老鹰。老鹰见到飞机很害怕，丢下兔子飞走了。非常凑巧，掉下的兔子恰好被吸入飞机发动机。飞机在飞行时别说撞上一只兔子，就算撞上一只麻雀也会受到重大损伤。如果发动机被损坏，就会发生机毁人亡的惨剧。但是，奇迹发生了，兔子被吸入发动机后，飞机只是抖动了片刻。原来，只是螺旋桨受了点损伤，飞机平安地降落地面了。

这件偶然的事本没有什么，别的公司都把这件事当作万幸，或者是茶余饭后的奇闻趣谈，谈谈就过去了。但是，加拿大普拉特·惠特民公司立即看出这里面含有的巨大经济价值。因为这架“奖状”号飞机安装的PT6发动机正是普拉特公司生产的。于是，公司策划人员就此事件精心策划了一次宣传活动，大力宣传PT6发动机是世界上唯一经受过“兔撞试验”的发动机。确实，世界上也没有哪家公司的飞机发动机用“兔撞”做实验，事实上也不敢做。普拉特公司借此机会在航空工业界赢得了很高的声誉，许多航空公司都开始向普拉特公司订货，普拉特公司的飞机发动机成了该行业质量的标杆。

评述 普拉特公司以营销人特有的眼光，深入挖掘这一事件的经济价值，不仅取得了良好的宣传效果，还节约了大笔的营销费用。

2.1.4 营销策划的内容

营销策划的内容十分广泛，按照不同的分类标准可以分为不同的类别，但其内容主要包括营销组合策划、营销定位策划、服务营销策划、企业形象策划、网络营销策划等，如图2-1所示。在本书后面几章，我们将对其进行详细的论述。

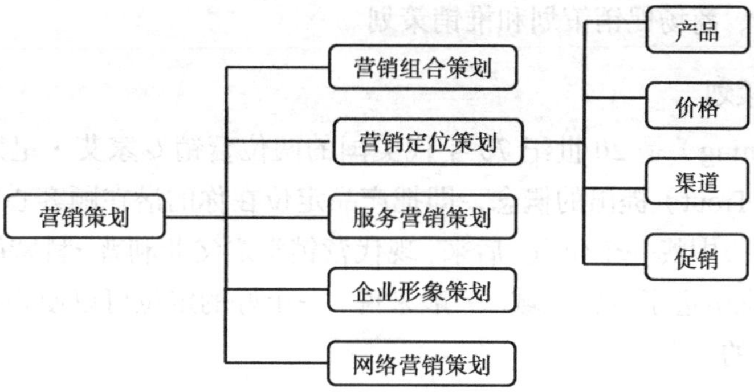

图 2-1　营销策划的内容

1. 营销组合策划

营销组合策划是指传统的 4P 及其策略策划，具体内容分述如下。

（1）**产品策划**。作为营销组合第一位的产品因素，其策划对企业的成败有着决定性作用。产品策划主要解决企业能否推出满足消费者需求的产品的问题，包括产品的开发、设计、品牌、包装、商标、管理等一系列的策划。企业如果拥有完善、系统的产品策划，就等于成功了一半。

案例 2-7　可口可乐秋冬热饮策划

进入秋冬，碳酸饮料的销量逐渐下滑，市场进入“趋热避冷”的冷饮淡季。

可口可乐在冷饮方面已经获得了足够的市场份额，但在热饮领域的市场份额还很低，不足 1%。结合季节性，可口可乐涉足热饮市场，推出了四款热饮新品，包括奶茶、拿铁、香蜜柚子和普洱消茶。

考虑到饮料可以被放置于暖柜中作为热饮售卖，新产品采用了 268ml/瓶的“小瓶装”；考虑到暖柜环境，可口可乐在包装上对瓶身做了加厚及安全性处理，大大提升了瓶身的耐热性和稳定性；考虑到中国消费者的需求，奶茶和香蜜柚子是专门针对中国消费者开发的产品。

可口可乐还计划采取时下年轻人喜欢的策略，与网红 IP 合作，定制与热饮相关的周边素材和漫画，设计更多的消费场景并开拓更多的渠道。

评述　可口可乐公司推出热饮，不仅满足了消费者在秋冬对热饮的需求，还有针对性地满足了中国市场的需求，在健康消费的趋势下找到了新的增长点。

（2）**价格策划**。价格是企业和消费者比较敏感的话题，成功的价格策划能激发消费者的购买欲望，为企业带来可观的利润。

（3）**渠道策划**。产品从生产者到消费者的过程是通过分销渠道实现的。成功的分销渠道策划可能会给企业带来滚滚财源。

（4）**促销策划**。促销是营销组合之一，合理利用促销可以极大地促进销售，它包括公关策划、广告策划、商场促销策划和推销策划。

2．营销定位策划

定位（Positioning）是20世纪70年代美国的两位营销专家艾·里斯（Al Rise）和杰克·特劳特（Jack Trout）提出的概念，即把产品定位在你的潜在顾客心中，或者利用广告为产品在消费者的心中找一个位置。后来，现代营销学之父菲利普·科特勒（Philop Kotler）把“定位”这一概念引进了营销领域。一般来说，一个好的定位可以使企业形象深入人心，达到快速传播的目的。

案例2-8 “水中贵族”百岁山

2007年，百岁山矿泉水正式进入市场，凭借差异化战略，一炮打响“水中贵族”名号，迅速走红市场。2009年开始，“百岁山天然矿泉水”已连续9年保持天然矿泉水全国产销量、市场占有率第一，也成为中国出口量第一的天然矿泉水品牌。2017年8月，据尼尔森最新调研数据显示，百岁山以9.6%的市场份额跃居瓶装水市场“三甲”。

其实，百岁山瓶装水3元每瓶的价格并不低，除了其优质的水源和加工工艺，“水中贵族”的定位也被看作其高价的原因之一。这样的定位并没有使消费者望而却步，而是获得了大批消费者的追捧。

资料来源：https://mp.weixin.qq.com/s/_ftVQV5tJ2S5Hw2DLpNlaQ

评述 百岁山的成功，在很大程度上是由于其独特的市场定位。

3．服务营销策划

科特勒曾经指出，服务营销将是未来营销管理和市场营销学研究的重要领域之一。目前，随着经济全球化的发展和知识经济时代的到来，服务业已成为全球第一大产业。在发达国家，服务业所创造的价值已占国内生产总值的61%，在美国更是占到了75%，而服务营销及其策划也伴随着服务业的发展日益受到重视。

案例2-9 索菲亚服务营销

随着人们生活水平的提高，传统衣柜的功能已不能满足需求，而在物流和仓储上，传统成品衣柜又存在成本较高的问题，定制家具呼之欲出。

2003年索菲亚成立，提出了定制衣柜的理念，打破了传统手工“打柜子”和买单个衣柜的局面。2013年索菲亚提出“定制家”的理念，发布全新广告语“定制家·索菲亚”。2016年索菲亚提出“全屋定制”理念，并打出“懂空间，会生活”的广告语。

定制这两个字在早些年只有高端人群才享受得起。索菲亚在完成自己的布局和规划后，不按常理出牌，将一直居高不下的定制衣柜价格一下拉到799元/m²，定制衣柜从此向普通大众普及。

最好的营销就是让用户说话。索菲亚的员工和粉丝团队，每天都在微信群里和用户互动，用户便不断地把他们的案例分享出来，然后通过“有美家”微信小程序，将做过的案例、装饰过的家，一张张实景照片汇编成图文，供消费者欣赏。公司还邀请了网络大咖王自如前去工厂探访，让年轻人群了解到未来家居生产应该有的模样。

索菲亚上市七年，净利润增长约七倍，市值超过三百亿。想要将家居产品打造为一个超级品牌，都要通过最后一道大关——服务。索菲亚一路“变装”，完成了从“女生”到“女神”的升级，变的是品牌格局，不变的是为用户创造美好生活的初心。

资料来源：https://mp.weixin.qq.com/s/w5kHT1I7NuLdbrPy46O1-g

评述　产品是根茎树干，服务是枝叶花果，参天大树要给人们荫凉硕果，必须靠服务才能做到。索菲亚的成功，得益于它时刻为用户着想的服务理念。

4．企业形象策划

CI 有两层含义，一是指企业形象（Corporate Image），二是指企业识别（Corporate Identity）。一般情况下，我们较多地将其理解为前一种。优良的企业形象是企业追求的目标，而企业识别则是建立并传达企业形象的手段。这正是一看到字母 m，我们就会想起麦当劳；一看到字母 a 和笑脸，我们就会想起阿里巴巴集团的缘故。

案例 2-10　阿里巴巴的徽标释义

这是一个英文字母 a，寓意从 a 开始，做到 A；

这是一张笑脸，寓意阿里的文化就是微笑文化；

这是一个满意的笑容，寓意努力让客户满意，让员工满意，让股东满意。

评述　企业强大的整体实力、完善的管理机制、优质的产品和服务，都被涵盖于徽标中，通过不断地刺激和反复刻画，深深地留在受众心中。

5．网络营销策划

随着信息技术的进步和网络的发展，作为电子商务内容之一的网络营销异军突起，已成为营销学研究的重要内容之一。在网络化的今天，一个良好的网络营销策划可以成就一个企业，因此，网络营销及其策划已是众多企业家研究的热门话题之一。

2.2 营销策划的基本程序

世界上没有两片完全相同的树叶，也没有完全一样的企业，因此，也就没有完全一样的策划方案，所以，营销策划原则上不应有完全固定的步骤、完全规范的程序与不变的框架。但是，营销策划的规律还是可以掌握的，一般可以分为以下几个步骤，如图 2-2 所示。

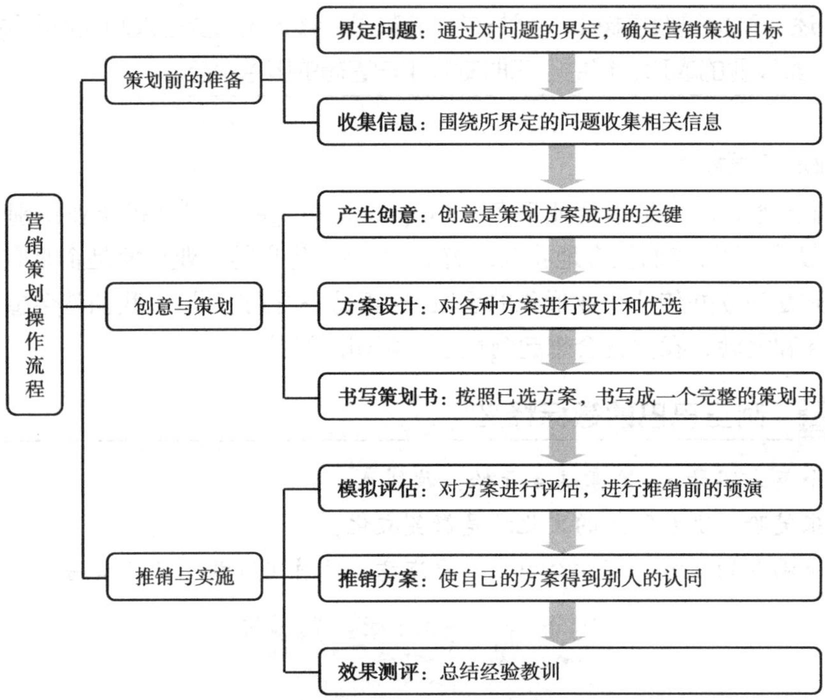

图 2-2　营销策划流程

2.2.1 界定问题

所谓营销策划问题的界定，是指将企业发展中的问题按照简单化、明确化、重要化的原则加以界定和提炼，最终提出真正需要加以解决的问题。

企业要处理的问题很多，必须深入考虑，多提类似“为什么要这样”的问题。只有逐层深入、切入重点，才能最终找到问题所在。通过界定真正的问题，从而确定策划的主题。

案例 2-11　营销问题的界定

某公司是一家成立于 20 世纪 30 年代的著名企业，从事生产、加工、销售一条龙经营。其主要商品有七成左右采用在大商场直接销售的形式，除此之外还通过小批发商经销。为了加快新产品开发，取得竞争优势，公司召开了一次主题为“商品开发”的会议。由于这次会议还要解决其他的次要问题，所以必须首先界定一个真正的问题，即为什么要开发新产品。对于该问题可以有以下几种回答方式：

- 要拥有新顾客群
- 要打破垄断，开发出能在商场打开销路的产品
- 要获得新的利益
- 要进一步提升公司形象
- 要改变获利结构
- 要发掘公司的潜能
- 要根据形势发展调整产品结构
- 要发掘、培养公司后备力量

评述 通过对这些答案进行筛选，企业所要界定的问题也就明确了。

2.2.2 收集信息

在问题界定清楚之后，下一步就要围绕策划主题收集相关的资料。根据资料来源，营销策划所需的资料可分为市场调研资料和现成资料。

注意点

- 必须重视信息情报。
- 信息情报是否有达成其目标的作用。
- 信息情况（对象）尽可能集中突出。
- 自行收集信息。
- 收集程序尽可能简化，省去不必要的手续和时间。
- 必须审核信息情报的来源及内容。
- 在科学分析的基础上对信息材料进行取舍。

市场调研资料，是通过对购买者、竞争对手、经销（分销）商及原料供应商进行调查而得到的，因此又称为一手资料或原始资料。

现成资料的来源主要是已出版发行的图书、报刊、杂志、网上资料及现成的调查报告，这些资料都是间接取得的，因此又称二手资料。

资料在收集后只有经过整理、分析和研究才能为我所用，才能成为拟订策划方案时重要的参考依据，因此必须对资料进行科学分析。

2.2.3 产生创意

所谓创意，就是具有创新性的想法或建议。创意是策划中必不可少的要素，是否有创意也是策划与计划的区别所在，一个没有创意的方案只能称作计划而不是策划。提出创意的能力并不是先天形成的，而是通过后天培养训练形成的。

创意通常是由灵感产生的，我们称这种灵感为创意的启示。要使创意的灵感萌芽，成长，成熟并最终形成策划中可能实现的构想，首先要了解创意的产生过程。

创意的产生过程实际上是一个信息的收集、整理、加工、组合的过程，包括产生灵感的（线索）启示、产生灵感、产生创意构想 3 个阶段。每个阶段信息的收集、整理、加工、

组合方法的优劣决定最终创意乃至最终策划的优劣。所以说，作为一个策划人，训练自己灵活地收集、整理、加工、组合信息的能力是提高策划能力的关键。

总之，创意的目的就是要使“现实状态”向“理想状态”发展。从“界定问题”出发，充分发挥想象力，创造性地利用一切可利用的资源、条件与机会来解决问题。提出创意的过程，其实就是形成“总体”或“方向”上的概念，是提供解决问题手段的过程。

2.2.4 方案设计

有了好的创意之后，还需要有一个规范可行的营销策划方案，即所谓“可行的方案”，可从下面3点理解。

（1）**方案切实可行。**每个策划方案均受相关资源（如人力、财力、时间等）的限制。因此，该策划是否可行就很重要了。所以，在选择方案时，一定要以现有资源为前提，“可行的”创意往往比“最好的”创意还要理想。

（2）**高层主管的信任与支持。**由于策划部门是参谋部门，它的影响是间接的，策划方案还要靠职能部门来执行，所以策划方案要得到高层主管的信任与支持。因为策划方案的实施需要投入巨额资金，而且策划的效果不一定能立竿见影。所以如果高层主管对策划方案的信任度和支持度不够，那么策划方案就难免“流产”。

（3）**其他职能部门的全力配合。**通常情况下，要使策划方案能顺利推行，除了高层主管的全力支持，还必须获得财务、生产、业务、人事、总务等有关部门的配合。因此，在拟订方案之前必须与其他有关部门多进行沟通。最好的方法是，召开由各职能部门主管参与的会议，讨论拟订策划方案。经过大家讨论所得出来的策划方案，不只是策划部门的方案，而且是大家所认可、参与的方案。这样，就会得到各部门的全力配合，策划方案就能很顺利地得以实施。

2.2.5 书写策划书

这一步骤，实际上相当于系统分析中的“可行方案”和“建立模型”两步。经过创意，一般可形成多种概要性方案的框架，在此基础上制作方案，编写策划书的概要和重点，同时再进行“演技设计”。关于编写策划书，我们将在后面系统介绍，这里仅就几个重点问题加以论述。策划书中不可缺少以下几项内容。

（1）**方案名称。**策划书的名称必须简单明确、立意新颖、富有魅力。“起名”通常是国外咨询公司的一项重要业务，要尽量避免一般化，同时尽量切合实际。

（2）**单位人员。**说明负责策划的单位和主要策划实施人的概况。策划单位的信息、名气和策划人的“明星效应”是十分重要的。

（3）**策划目标。**目标的表达要求突出创新性、确切性，应尽量采用标准、规范的专用名词，避免概念含混不清。能数字化的，要尽量数字化。

（4）**策划内容。**这是策划方案的文本部分，主要包括策划起因、基本宗旨、问题与机会点、创意关键等。其主要观点一定要简单明确。

（5）**费用分析**。最好列表说明实施本策划方案所需费用的细目及其依据，并排出预算进度时间表。根据可能提供不同数额的资金、人力、物力等约束条件和不同的时间进度要求，运用科学方法，进行优化分析。对于不能量化的因素，如对生态影响的因素、事先估计不到的潜在问题等，也应充分予以考虑，以提高策划方案的适应性、应用性、集约性、可信性。

（6）**参考资料**。列出本策划方案的主要参考文献，如报刊、政府机构或企业内部的统计资料等，以表示策划人的负责态度，同时还可提高策划的可信度。但在必要时，也需要用秘而不宣的手法来突出策划人在获取情报方面的独特能力。

（7）**注意事项**。列出策划方案顺利推行应具备的条件。如果条件过于苛刻，会使委托人感到无法实施而将之否决；但如果条件过于宽松，则容易导致策划方案因考虑不周半途而废，以至于影响策划人的信誉。所以，列出的条件一定要张弛适度。

除制订方案外，还要对方案进行"演技设计"。策划就像一场富有戏剧性的演出。如果仅有好的剧本（策划方案），而演员的演技差、舞台设计不当，那么也会影响演出效果。演技设计主要应考虑背景环境、道具选择、演员选择和后备方案 4 个方面。只有进行想象或模拟预演后，才能做到心中有数，策划的初期至此也告一段落。

2.2.6　模拟评估

所谓策划方案的模拟，就是在策划方案实施之前的预演，类似于文艺晚会的彩排。这时，策划人必须根据已经拟妥的预算表与日程进度表并充分运用图像思考法，模拟出策划方案的布局与进度。

所谓图像思考法，就是运用人的图像思考（不同于传统的只用语言思考的方法）的本能，把未来可能发生的事件，一幕幕仔细地在脑海中呈现出来。这时候，人的大脑就像一部放映机一样，把策划方案的布局与进度事先在脑中播放一次。这样，不但可以预测未来策划方案的发展进程，而且可以修正缺陷，还可以预测策划方案实施后的效果。

在策划方案推行结束之后，必须对其进行评估，以作为拟订新策划方案的参考依据。评估的具体项目有如下几个方面。

（1）**预算**。预算准确吗？太多或太少？原因何在？

（2）**进度**。整个策划是否按照预定的进度完成？提前还是延后？

（3）**成果**。实际的成果与预测相符吗？是否达到了策划的目标？

（4）**协调**。各部门间的协调顺畅吗？是否有互相抵触或排斥的情形？

（5）**情报**。情报判断准确吗？

（6）**因素**。倘若创意成功了，成功的关键何在？倘若创意失败了，失败的因素又有哪些？

2.2.7　推销方案

策划书在拟订完成之后，要得到别人的认同。也就是说首先要向策划方案的评审部门或指派你做策划方案的上司提交策划方案。在这里，对策划方案的推销与实施工作只做简单的概述，我们将在以后的章节里进行详细的论述。

1．推销策划方案时应注意的要点

（1）推销前的准备工作

① 作为策划人，一定要充分地认识到策划方案使用与否的关键在于“人”。换句话说，策划方案是针对人的一项提案，因此，事前准备工作的最终目标应放在 “人”上。

② 在进行模拟演练的时候，演练的内容必须和策划书的内容一致，且做到重点突出。推销提案所需的一切工具应提前准备好。

（2）现场表现

① 现场汇报时，在对策划方案做概要介绍的基础上，要突出策划方案的卖点，力求做到重点突出。

② 要利用投影仪或视频信息来强化汇报的主题内容。

③ 要用肯定的语气回答评审委员会的提问。

④ 要使自己的讲解能引起评审委员们的共鸣。

2．策划方案的实施

通常情况下，策划人不直接参与策划方案的实施。但在策划方案的实施过程中，策划人要充分运用自己的组织、协调与说服能力，使各部门的分工明确且有良好的协作。要认识到任何策划的实施都会随时随地发生变化，营销策划也不例外，要缓解并消除员工对变化的抵触情绪。

2.2.8 效果测评

我们须清楚，策划人员不一定是执行人，若策划在执行过程中“走样”，那么考虑再周全的策划方案也只能停留在头脑中，难以在实际中见到成效。另外，策划方案设计与执行时的客观环境、约束条件等随时都可能发生变化。因此，对于策划方案的实施，从构思到行动，每个环节都应不断地检查与总结，逐步落到实处，从可操作性与收益风险的角度不断发现问题，再进行深入研究与改良。效果测评流程如图 2-3 所示。

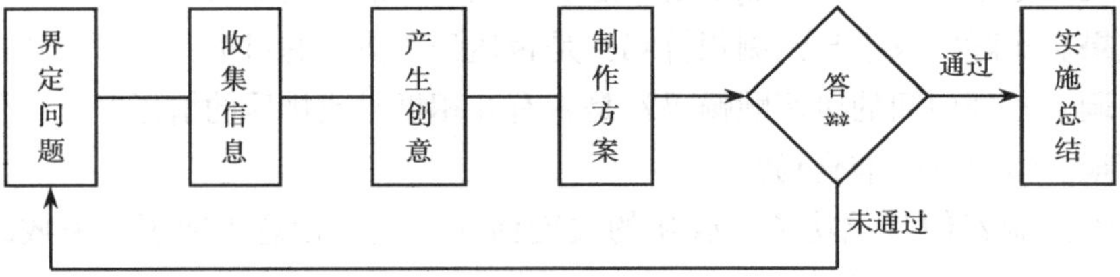

图 2-3 效果测评流程

实施总结是策划的最后一个阶段。严格地说，一个具体的策划，其内容与形式都很复杂，不会严格按照以上几个流程进行，流程只是人为总结出来的基本框架，而在实际的操作过程中，要灵活地加以运用。例如，企业策划的具体业务可分为：技术开发、产品生产、财务投资、人才培养、市场调研与营销、公关广告、新闻策划、名牌战略、企业形象识别、CI 战略、企业发展等各个方面，要考虑的方面也是彼此联系的。介绍基本流程的目的，不是让读者按照这个流程去套，而是使读者做到心中有数，在策划时可以起到指导的作用。

2.3　营销策划的基本原则

企业在决策过程中，不管提出什么样的营销方案，都必须科学地运用策划，使其能够有效地实施。营销策划已经具备了自己独特、完整的体系、方法论和原则。

2.3.1　创新出奇原则

创新出奇是人类赖以生存和发展的主要手段，没有创新就没有人类社会的发展与进步。创新，适用于人类的一切自觉活动，不能创新出奇便缺乏生机，缺乏魅力，如死水一潭。

创新出奇可谓营销策划的第一大原理，出奇方能制胜。在激烈的商战中，没有新意的营销策划只会使企业销声匿迹，只有独辟蹊径，创新出奇才能使企业取得成功。

另外，创新出奇的营销策划方案必须具有可操作性，否则只是一种妄想。曾经有一家公司出奇招准备在珠穆朗玛峰顶上立一块广告牌，它认为这可是世界上最高的广告牌，必然会引起轰动效应，取得出乎意料的广告宣传效果。为此，该公司进行了精心策划，拿出了全套方案。可万事俱备的时候问题出来了：这样的广告牌如何立上珠穆朗玛峰呢？最终该公司只能放弃这一不切实际的“策划”。

案例 2-12　保时捷纯电动跑车的创新营销策划

2019 年 6 月 30 日晚，英国伦敦眼突然传出有节奏的“滴滴”电码声，同时伴随着蓝光闪烁。7 月 10 日，上海白玉兰广场，大楼主体上的 LED 画面突然开始卡顿扭曲。紧接着，一群神秘的黑衣“特工”用激光光束“占领”了美国胡佛大坝。

这些视频很快就被人上传到网络，一时间引起多方关注，有人说这是地球被外星人控制了，也有人说这些设施肯定被黑客黑了！

这一切匪夷所思事件的真相如下。伦敦眼的“滴滴”声和蓝光，就是摩斯密码，翻译过来就是：“嗨，保时捷，带我到路上去吧——爱你的电。”而上海白玉兰广场当晚出现的文字是：“电，谢谢你点亮每个夜晚。准备好一起开启新的旅程吧——保时捷。” 胡佛大坝的激光束文字是：“嗨电，大坝后面的那些水是否已让你感到麻木？准备好开启新的旅程吧——保时捷。”

事件还没结束，保时捷官网也应景地被“电”给黑了，官网黑屏并配文：“嗨，保时捷，我借用了你的网站——爱你的电。”

保时捷这波横穿地球的完整操作像一阵飓风袭来，洗刷了观众的眼球。如此别出心裁的方式，不禁让人对保时捷在电动车领域的新产品 Taycan 产生了十足的期待。

资料来源：https://mp.weixin.qq.com/s/L2381br2rl07wMQqFfsm1g

https://mp.weixin.qq.com/s/5Y0y5Nlv_CMrQOPdCP1vYA

评述 保时捷的营销策划可谓出奇制胜。这一营销创意新奇、大胆，是过人之举。

2.3.2 时效原则

所谓时效，指的是时机和效果及两者间的关系。在策划中，决策方案的价值将随着时间的推移和条件的改变而发生变化。时效原则要求在策划过程中把握好时机，重视整体效果，尤其要处理好时机和效果的关系。现代社会，各种情况的变化非常迅速，利益竞争变得十分激烈，时机往往转瞬即逝。而时机和效果又具有紧密的联系，失去时机必然会严重影响效果，甚至完全没有效果。因此，在策划过程中，要尽可能缩短从策划到实施的周期，力图使决策发挥效用的时间更长，效果更好。

当然，重视时机也不是说策划活动及从策划到决策的实施越快越好。一方面，策划的周密性与时间的长短有关；另一方面，策划方案的实施效果还与客观条件是否成熟有关。只有当客观条件成熟时，实施周密的策划方案才能取得预期的效果。

案例 2-13 向微信官方要国旗

2019 年国庆前夕，“请给我一面国旗@微信官方”这段文字迅速刷爆朋友圈。

这是腾讯历时 2 个月策划的表达爱国情绪的事件，预期规模不超过千万人次，结果发酵之后的效果让所有人都始料未及，仅 10 小时后，活动参与人员便暴涨至 3 亿人次的规模，甚至一度造成微信朋友圈页面崩溃，需要紧急扩容。随后，很多品牌及自媒体人都进行了二次创作去跟进热点，甚至有公司直接注册“给我一面国旗吧”公众号及小程序。

70 年大庆与爱国情怀相互发酵，简单的操作加上自发的跟风行为，让这次成功不可复制。

资料来源：https://mp.weixin.qq.com/s/qqyXBlRvEr56DRJKSJpiLg

评述 微信营销团队的做法并不新鲜，但抓住了国庆节举国欢庆的时机，这是许多企业策划需借鉴的。

2.3.3 切实可行原则

营销策划是企业在市场调研的基础上通过科学分析各种信息，为实现企业战略目标而制定的一种整体策略和谋划，它在实际工作中必须具有可操作性。

（1）**可操作性原则首先是指营销策划方案能够操作实施。**无法在实际中操作执行的策划方案，其创意再新奇也毫无价值可言。

（2）**营销策划方案必须易于操作。**企业的人力、物力和财力资源都是有限的，操作过程中若出现一系列难以解决甚至无法解决的问题，就必然会耗费大量的人力、物力和财力，使企业的投入大于收益或难以承受，这样的策划方案必然会被终止。

案例 2-14　华为的定价策略

2019 年 9 月，华为召开 Mate30 系列新品发布会之后，很多消费者都表示："本来要买苹果的 iPhone11，现在要考虑一下了。"这其实和华为巧妙的市场定价策略有很大的关系。

早在 8 月份，华为发布了它的首款 5G 手机华为 Mate 20 X，起售价 6 199 元。这个价格并不低。其实，华为是想利用 5G 新技术完成一次价格区间的跨越，利用一部分消费者的求新心理来获取高额利润，等到 5G 普及以后，再降低价格适应普通大众的需求。

一些用户本来会选择 iPhone11，但是华为不仅推出了 5G 版本，而且价格比 iPhone11 还便宜，这样一来，那些并不是非要用 iOS 系统的用户，可能就去买"更划算"的华为了。另外，Mate 系列是华为高端机型，当华为把价格定到 3 999 元时，相当于把小米、OPPO、vivo 将价格往上突破 4 000 元的路给堵死了。用户会想，我花 4 000 元就能买到华为旗舰机，为什么还要去买小米、OPPO、vivo 呢？

Mate30 系列开售之后，在华为商城，新品系列 1 分钟的销售额就突破了 5 亿元。

资料来源：https://mp.weixin.qq.com/s/OsJORwXQqiZ2ue18FrDHLA

评述　华为巧妙运用了撇脂定价策略，在保证公司盈利的前提下，将价格做到适应大多数人的消费水平，切实可行的价格策略提高了手机的销量。

2.3.4　信息原则

营销策划，是对信息的充分利用，缺乏信息的营销策划是危险的策划。

当今社会已进入信息时代。对信息的收集、处理和管理能力已成为世界各国政治、经济、军事、文化竞争中克敌制胜的法宝。美国每年在信息方面投入的费用高达数百亿美元。目前，美国拥有 4 000 多家信息服务公司，上百万名从业人员。仅美国战略空军司令部，平均每月就要处理各种情报 813 000 多份，即平均每天要处理 26 000 份。英、法、日、德等国在世界各地也都有庞大的情报网络，它们之所以不惜花巨资来收集各种信息，就是因为信息已经变成了资源，变成了财富，变成了竞争力。

以信息为操作中心的营销策划，当然更离不开信息的指导作用。

案例 2-15　欧米茄手表的登月策划

在美国人即将实施"阿波罗登月计划"时，瑞士欧米茄手表公司打听到三位宇航员中有一位戴的是欧米茄手表。厂家认为这是一次绝好的营销机会。于是，欧米茄公司立即派人去美国商谈赞助，条件是买断手表指定权，由于美国宇航局获得了这笔意料之外的赞助费，所以同意指定欧米茄手表为太空人手表，让另两位宇航员也戴上了欧米茄手表。在登月的当天，报纸上刊出了"世界第一块登月手表欧米茄，谨向美国阿波罗登月计划的英雄致敬"的整版广告，并说明太空人手表欧米茄在太空严重失重、气压巨大变化、震动剧烈的条件下仍能正常工作的情况。伴随着登月计划的完成，欧米茄手表的销量立即大涨。

评述 这个案例的成功之处就在于策划人抓住了千载难逢的机会，在人类第一次登月之时向人们展示了欧米茄手表的上乘质量。利用自己产品质量上乘的特征，策划人策划了这个方案，既达到了策划计划如期进行的目标，又实现了宣传企业形象的目的。

2.3.5 经济性原则

市场营销策划必须以最小的投入使企业获取最大的收益，因为企业制订营销策划方案的目的归根结底就是要取得经济效益，否则就有违企业制订营销策划方案的初衷，任何企业都不愿意赔本赚吆喝。那么，如何才能遵循经济性原则呢？

首先，营销策划方案中必须有详尽的预算。有预算才能使资金的投入最少化，效果达到最优化。换言之，投入营销活动的每分钱都要发挥其最大作用，这样的营销投入才是最经济的。

其次，经济性原则要求节约，即减少不必要开支，而不是降低必要开支。必要开支不足会严重影响营销效果，这恰恰是一种浪费。

最后，经济性原则要求市场营销策划必须产生预期的经济效益，达到企业要求的发展目标。

案例 2-16　途牛：心中有沙，哪里都是马尔代夫

2015 年 7 月 30 日傍晚，成都沙湾路十字路口，一名男子光着上身穿着大裤衩，手拿饮料躺在马路边的沙地上，摆出一副在马尔代夫享受阳光的表情。这一异于常人的行为，很快引发大众的关注，“只要心中有沙，哪里都是马尔代夫”“只要心中有沙，昨天马路，今天马代。”等话题迅速走红，“马路沙滩哥”一夜成名。

这么接地气和“伪潮流”的做法获得了广大网友的关注，引发了病毒式的传播。事件营销需得有始有终，就在人们为这位“沙滩哥”疯狂的时候，2015 年 8 月 11 日，行为艺术家何利平在微博爆出途牛旅游网赞助始末，并晒出途牛赞助他去马尔代夫度假的照片。随后该事件视频版爆出，再次聚焦大众眼球，总播放量超过 1 000 万。

之后，途牛官方趁热推出活动：模仿“马路沙滩哥”拍出你享受梦中目的地的惬意照片，发微博带上该话题，有可能像“马路沙滩哥”一样，帮你实现“从马路躺到马代”式的艺术梦想。

在这一成功的事件营销中，途牛花费的成本只有给何利平的赞助费，这与事件带给它的利益来说简直九牛一毛，此次营销直接推动途牛旅游网成为中国人去马尔代夫旅游的头号在线旅游预定平台。

资料来源：https://mp.weixin.qq.com/s/7vUHbFewzZ4elloftIDrhg

评述 途牛旅游网的整个策划的核心是接地气，用别出心裁的方式、最少的成本，迅速引起了社会大众的共鸣和广泛讨论、参与，成为人们茶余饭后的谈资，引起轰动。

2.3.6　灵活机动原则

所谓机动性就是随机应变，是指在策划过程中及时准确地掌握策划的目标、对象及其环境变化的信息，以发展的调研预测为依据，调整策划目标并修正策划方案。实践证明，策划不能一成不变，要有灵活性。古人讲的“时移则势异，势异则情变，情变则法不同”就是这个道理。灵活机动原则是完善策划的重要保证，它有以下几点要求。

- 强调动态意识和随机应变能力。
- 掌握目标对象变化的信息。
- 预测目标对象的变化，掌握随机应变的主动性。
- 依据变化了的情况适时地调整策划目标，修正策划方案。
- 要正确把握随机应变的限度。

案例 2-17　总统讨厌的书

一位美国出版商有一批滞销的书，他给总统送去一本并几次三番征求总统意见，忙于政务的总统随口说了一句：“这本书不错！”出版商喜出望外，大肆宣传：“现有总统喜欢的书出售。”于是，书被一抢而空。

不久，这位出版商又有书滞销，又送给总统一本。总统自知上了一回当，便说：“这本书糟透了！”出版商听后大喜并打出广告：“现有总统讨厌的书出售。”结果，不少人出于好奇竞相购买，书再次脱销。

当出版商第三次将书送给总统的时候，总统选择沉默，出版商却大做广告：“现有总统难以评述的书出售！”居然又一次大赚其利。

评述　面对糟糕的市场状况，这位出版商转变思维，化不利为有利，从而促成成功。

2.3.7　整体规划原则

整体规划原则就是要求营销策划要有全局观念，这就要求局部服从全局，以全局带动局部。这一原则还要求具有层次性和长期性的观念。所谓层次性，是强调策划的全局范围有大小之分。任何一个系统都可以被看作一个全局。而系统是有层次的，有大系统和小系统、母系统和子系统，对不同层次的系统，就应有不同层次的策划。所谓长期性，是指策划整体性原则的着眼点不是当前，而是未来，要以长远的眼光来看待策划。

案例 2-18　中央电视台黄金段位广告时间整体规划

面对许多地方电视台和其他媒体的挑战，中央电视台在 2004 年对黄金段位的广告时间整体规划进行了大刀阔斧的改革。

（1）中央电视台节目大调整。收视率最高的中央一套汇集了全国 40 个名牌栏目中的 29 个，其他几套节目则走专业频道的路线。

（2）采取栏目末位淘汰制，将众多曾经的名牌栏目淘汰。这一制度推行后，中央电视台的频道、栏目整体收视率普遍有所上升。

（3）开播新闻频道。2004年开播了新闻频道后，中央电视台的频道数量达到14个。

（4）提高新闻联播内容的含金量，使新闻数量增加，质量提高。该方案实行后，收视率出现明显上扬。

（5）打造名牌主持人，加快精品栏目的建设，通过重奖"十佳"主持人来促成主持人的品牌化。

2004年，中央电视台黄金段位的广告招标总额达44.115 7亿元，创下10年招标历史的新高，比2003年的33.146 5亿元增长10.969 2亿元，增长幅度达到33.3%。

评述 中央电视台在面临激烈竞争的市场形势下，通过整体规划、优化组合资源，不仅增强了自身的竞争力，还吸引了更多企业的目光，既提升了自身的品牌地位，又获取了更多的市场份额。

2.3.8 慎重筹谋原则

"不打无准备之仗，不打无把握之仗，每战都应力求有准备，力求在敌我条件对比上有胜利的把握"。这是我军在解放战争中的十大军事原则之一。实践证明，这也是一条普遍规律。凡事都要有周密的计划和准备，绝不可鲁莽草率。

营销策划同样如此，其原则之一就是慎重筹谋原则。任何事都需要策略，用策必求制胜。同时，以策制胜，必须慎之又慎。这就要求我们把握住主要矛盾，不要眉毛胡子一把抓，而要着力把握住决定事物发展方向的关键点。这个关键点，有时看起来是个很大的问题，有时看上去却又微不足道。这就要求我们去粗取精，去伪存真，分清主次，把握重心。

"慎重"这一原则不仅体现在营销策划中，在国家政治、外交营销中也是如此。

本章要点

- 企业营销策划是指为整个企业、企业的某一商品或企业的某次营销活动做出的计策谋划和计划安排，是对企业将要发生的营销行为进行的超前决策。
- 营销策划的特点主要表现为主观性、超前性、复杂性和创造性4个方面。
- 企业营销策划一般遵循如下程序：界定问题、收集信息、产生创意、方案设计、书写策划书、模拟评估、推销方案和效果测评等。
- 营销策划的主要原则包括：创新出奇原则、时效原则、切实可行原则、信息原则、经济性原则、灵活机动原则、整体规划原则、慎重筹谋原则等。

练习题

（1）营销策划是怎样定义的？具有什么样的特点？

（2）收集蒙牛公司创业时的比附营销策划，以及后来的“申奥”“非典”“神舟五号”“超级女声”等事件营销策划，结合教材内容分析营销策划的作用。

（3）以上题的“神舟五号”事件营销策划为例，说明营销策划的基本程序。

（4）营销策划应遵循什么样的基本原则？

实训项目：营销策划的内容和程序

【实训目标】

（1）培养学生收集信息的能力；

（2）加深学生对营销策划内容和程序的理解。

【实训内容与方法】

娃哈哈集团在 2009 年年初高调上市了一款新产品娃哈哈“Hello C 柠檬”，我们知道，新产品上市要经过一定的营销策划。全班 5 人为一团队，以团队为单位收集此款产品上市的相关资料及策划，回答下列问题。

（1）该款产品营销策划的内容有哪些？试比较与教材上的有什么异同点。

（2）分析其营销策划遵循了什么样的程序，是否与教材上的一致。

（3）假如你是营销总监，结合市场状况，对此策划你认为有什么需要改进的地方，试说明你的想法。

经典案例赏析

聪明的印度涂料商

立邦漆产品遍布世界各地，口号就是“处处放光彩”。支持其“处处放光彩”的基础就是它拥有种类繁多的产品，共有 100 多种。立邦漆按档次又分了几种，其中每种漆又分为亚光、半光、全光等几种。这就是立邦漆的优势所在。其产品色彩、品种齐全，只要有需求，就能满足你，这就是它所营造的品牌形象。形象的成功塑造使它成为家庭装饰涂料方面的第一品牌。

立邦漆广告做得非常好，可以把大楼、汽车变个颜色，色彩缤纷，很好看。其广告语言平和，信息也非常明确，不像有些企业那样“称王称霸”。

许多中国企业认为自己的产品比较便宜，想分走立邦漆一块市场蛋糕，但直到今天都没有一家企业能与立邦漆平起平坐。

印度的一家企业也生产涂料，当它看到立邦漆在印度稳坐头把交椅时，就想："有什么办法能把立邦漆拉下马，从而与它平起平坐呢？"于是，该企业针对这一目标采取了下列措施：先走访立邦漆的代理商和购买立邦漆的客户，问他们对立邦漆不满意的3个方面，然后采访从商店里走出来的不是立邦漆的客户，问他们为什么不买立邦漆，也说出3条理由。这样，总结下来，有以下几种说法。

有人说名牌太贵。

也有人觉得立邦漆并不比别的漆好，刷在墙上，也显不出来立邦漆的标志，没有什么品牌效应，它不像衣服和手表什么的，能看出牌子，可以炫耀，你就是带人看自家的房子，也不会说："看，我们家用的全是立邦漆。"这些东西，只要内在一样，刷在墙上的效果也是一样的。

还有一些代理商说立邦漆的优点是品种多，但代理它的门槛太高：你要想体现"处处放光彩"，肯定每个品种都要有，立邦漆共100多个品种，每种就算只进5桶货也要500多桶，一般代理商没有地方存放，再说也没有资金，所以对其也只能望洋兴叹。

还有一种说法是立邦漆有几种产品很赚钱，但也有几种产品基本上卖不出去，也就是说赚钱的赚了很多，但赔钱的也赔得不少，这样一来，到年底结账，赔赚相抵，忙活一年下来也没赚多少钱，把不赚钱的产品扔掉又不行，因为立邦漆强调的是"处处放光彩"的特点，这样做的话就体现不出这个特点了。

还有一点是它的整体成本比较高，资金回笼慢，代理商的资金周转速度比较慢。

掌握了这个市场机会，这家印度企业确定了其战略目标。

（1）经过市场调查，找出了立邦漆比较畅销的5种产品，只做这5种，产品走单一化路线。

（2）在价格上比立邦漆便宜1/3，打造自身的价格优势。

（3）在宣传策略上，该企业宣称：如果你要买这5种产品当中的一种，你就没有理由买立邦漆（我的最好）；如果你要买这5种产品以外的漆，那请你继续买立邦漆。

接下来就是与消费者沟通。又便宜又好的东西有吗？毕竟大家认定的是"一分价钱一分货"。针对这一点，该企业是这样解释的：

（1）我的产品单一。我就5种产品，而立邦漆有100种，这100种产品需要100条生产线，卖得好的产品生产线利用率还可以，但是卖得不好的产品生产线呢？有时候一个星期也不用一次，生产线基本闲置，这样的话，生产成本就比较高。而我就只有5条生产线，市场需求量又比较大，所以生产线的利用率比较高，相应地也就降低了产品的生产成本。

（2）中间环节费用低。假如一个代理商代理5种产品，即便一种进5桶货，一共才25桶，占用资金比较少。

（3）我的5种产品全是畅销产品。走得快，来钱快，折扣即便低一点，代理商数量也会增加，成本也就拉下来了。

经过这一番解释，大家都明白了：这是让利销售，把利润让给了经销商。那么，厂家还赚什么钱呢？没有利润厂家怎么活？实际上，在市场经济竞争比较激烈的环境中，对厂家来讲，钱一分没少赚，但它是在成本这一环节赚的，不是在利润方面赚的。

这家企业在一切准备完毕后，发起了全面“进攻”，取得了辉煌的成就。

? 思考讨论题

（1）请概括出聪明的印度涂料商出奇制胜的营销策划的基本程序。

（2）本案例中反映的营销策划特点主要是什么？

（3）本案例所反映的营销策划原则给你的启示是什么？

CHAPTER 3

第3章 营销策划的准备

“凡事预则立，不预则废。”

——《礼记·中庸》

学习目标

☑ 描述如何界定问题
☑ 列举收集信息的方法和技巧
☑ 解释为什么要进行问题界定
☑ 描述进行信息收集时，应注意的几个方面

关键词：界定问题、营销目标、策划主题、访问法、观察法、实验法

3.1 营销策划问题的界定

营销策划是一种目的性很强的活动。任何一个策划的产生，都是针对组织的某个问题或某个特定的目标。因此，营销策划的首要任务是明确策划目标。只有目标明确，才能有的放矢。而目标的确定，往往以问题为出发点，只有把问题界定清楚之后，才能设定出准确的营销目标。所以，界定问题是整个营销策划活动的第一步。

3.1.1 界定问题

界定问题是解决问题的基础。著名思想家杜威说得好：“一个界定良好的问题，已经被解决了一半。”所谓界定问题，就是回答“问题到底是什么”，要回答这个问题，一般需要两个步骤。

1. 问题的发现

只有正确寻找和发现问题，才能正确地界定问题。它是营销策划的开端，是营销策划的首要任务。只有首先正确发现和提出问题，才能进行有针对性的思考和策划，从而提高营销策划效率。

所谓问题，是指社会实践活动的预期效果或理想效果，或者指应有效果与实际效果之间的差距。有差距就有问题。例如，人们在进行某一社会活动时的实际状况与原来的设想或要求不相符，这个“不相符”就是问题。也就是说，问题就是社会活动主体的期望与现实的差距所形成的客观矛盾。

注意点

在这一步骤中首先应弄清是什么问题，要正确认识问题对营销策划而言到底有什么意义或作用，以及怎样才能正确地认识和发现问题、提出问题。只有这样，我们才有可能正确地认识和发现问题，这是营销策划成功的第一步。

矛盾是普遍存在的，因而问题也就普遍存在。发现并找到营销策划问题是一项十分复杂而艰难的工作。它不仅需要策划人员具备敏锐的观察力和发现力，而且需要准确无误地收集和分析与客观事物相关的信息，并能通过思维活动把信息转换为对客观事物的正确认识。

（1）**确立问题意识**。所谓问题意识就是要在思想中确立“有问题”的思想或保持“有问题”的意念。确立问题意识是发现问题的思想基础和先导。人们只有确立了问题意识，才能在实践中很敏锐地发现问题。如果缺乏问题意识或问题意识淡薄，则难以发现问题，即使很明确的问题也很可能被忽视。无论对待任何客观事物或社会活动，首先必须在思想中保持“有问题”的意念。要想到问题是普遍存在的，没有无问题的客观事物和社会活动，即使再好的情况也可能存在某种问题。

问题意识可以从客观和主观两个方面来确立，即确立客观问题存在意识和主观问题存在意识。

① 确立客观问题存在意识，就是要看到客观问题存在的普遍性、经常性和必然性。客观问题不依人们是否认识它而存在，它的存在是客观的，是不以人们的意志为转移的，人们只有在主观思想符合客观实际时才能感受到问题的存在。

② 主观问题存在意识是人们在主观思想上保持的“问题”，如人们对现实的不满、某种追求和愿望产生的不满足感、危机感等思想上的自我压力造成的主观问题意识。具有这种问题意识的人就会在问题探索中争取主动权，从而高效地发现问题。而主客观问题存在意识的综合，能促使我们有效地去探索，更能及时准确地发现问题。

（2）**调查分析**。调查分析是一个对客观情况进行分析研究的过程。它是通过对客观事物所发出的各种信息的收集、分析而转化为特定认识的过程。调查分析包括两个方面：一是调查，二是分析。只有在调查的基础上进行科学的分析，才有可能正确地发现和认识问题。

① 调查问题。调查是分析的起点和依据，也是发现问题的基础。因而调查阶段的情况将直接影响情况分析的正确性，也就直接影响能否正确地发现问题和认识问题。

② 分析问题。调查和收集信息资料的过程，也是分析和研究的过程。如果只是简单地罗列数据资料，不对其做正确而深刻的分析，那么仍然不能发现问题。只有通过深入调查和科学分析，才能发现那些看不见、摸不着而又实际存在的问题，才能明确策划的任务和目的。

2. 问题的界定

（1）**什么是界定问题**。界定问题就是通过问题分析和识别来判明问题，即对问题做出正确的分析判断和把握，为准确预见和解决问题奠定基础。这包括揭示问题实质、搞清问题内容、摸清问题的来龙去脉及形成原因等。也就是说，要弄清问题究竟是什么，问题的核心是什么，问题的要害是什么，问题的影响程度、重要程度有多大等。

案例 3-1 吉列剃须刀

在吉列开发出安全剃须刀之前，剃须刀的刀身和刀柄是连接在一起的，剃须刀解决的问题仅仅是能刮胡须，但是这种剃须刀用起来费时费力，还容易刮破皮肤。“吉列之父”金吉列在外地推销产品时成功开发了一种新型剃须刀，首次实现了剃刀和刀片的分离，他在界定产品的时候关心的是如何让研发出的剃须刀省时省力而且舒适无比，从而更好地满足消费者需求。

吉列开发的新型剃须刀与传统剃须刀相比大大提高了安全性能和用户体验，因而更受消费者喜爱。

评述 由此可见，只有更明确、实际地界定问题，才能更好地解决问题。

（2）**如何界定问题。**“磨刀不误砍柴工”，只有在把问题做了明确界定的基础之上，才能更好地去解决问题。这就需要我们用恰当的技巧和方法把问题搞清楚。

① 专注于重要的问题。如果你认为每件事都重要，那么结果会变成没有一件事是重要的。专注于重要的问题就好比射击要瞄准枪的准星一样，失之毫厘，差之千里。

② 细分问题。发明家凯特琳曾说：“研究就是要把问题细分，从而可以发现其中许多已知的问题，再去专心解决那些未知的问题。”这段话对细分问题的重要性做了最好的说明。任何问题都可以细分。实践主义大师杜威说：“一个界定良好的问题，已经被解决了一半。”以“如何防止小偷”为例，可细分为：社区的警察局、门锁、警铃、机动警察巡逻等。下面这个案例就很好地说明了细分问题的作用。

案例 3-2 华为的细分市场策略

华为创业成功的经验通常被总结为“以农村包围城市”，而这正是华为早期的细分市场策略。华为进入通信市场的时候，中国的通信市场非常广阔，用户的需求也十分多样，但竞争也比较激烈。华为作为市场的后入者和挑战者，选择将对手的薄弱环节——农话市场作为突破口。这时，华为细分市场的依据是“地理差异”和“需求差异”。

随着华为实力的增强，华为以接入网为切入口进入市话市场，面对竞争对手的远端接入模块，它将“标准差异”作为细分市场的依据，强调“v5接口有利于建立灵活而相对独立于各制造厂商的接入网体系”，从而满足了崇拜这一技术的用户需求。

当华为以接入服务器为切入口进入数据通信产品市场时，“需求差异”就成了它的细分依据，即根据自身对中国电信网络的了解，满足国内运营商对适合国情的接入服务器的需求。

当华为提出“宽带城域网”概念时，它细分市场的依据则为“地理差异”“需求差异”

“心理差异”综合考虑的结果。宽带城域网能顺应城市信息化的发展趋势，能满足运营商网络改造的需求，能迎合国内运营商因担心国外运营商竞争而“先下手为强”的防御心理。

评述 华为的业务（产品和营销）策略，始终是在细分的基础上进行的。

③ 改变原来的问题。改变问题可以使问题更明确、更清楚。著名经济学家弗里德曼碰到别人问他问题时，总喜欢改一下别人的问题。问题经他改变后，答案自然就浮现出来了。

案例 3-3 脸书与谷歌的危机公关

2018 年，随着剑桥分析丑闻事件的爆发和持续，脸书面临着自 2004 年成立以来的最大舆论风暴。

据 3 月 17 日报道，剑桥分析公司利用大量的用户数据影响美国大选，引起了爆炸性舆论反应，致使 Facebook 面临着巨大的公众危机。在纳斯达克市场，脸书的股价从 16 日的每股 185.09 美元跌落至 27 日的 125.22 美元，脸书因此蒸发的市值达到 500 亿美元。

在漫长的 4 天后，脸书终于打破沉默。扎克伯格发布脸书：“我们有责任保护您的数据，如果我们不能，那么我们不应该为您服务。我一直在努力了解发生了什么事情，以及如何确保这不再发生。”但英国金融时报 3 月 22 日撰文称，扎克伯格的回应虽然承认了错误，但并不足以平息民众的愤怒。因为他的态度不够积极，也并没有说“sorry”。扎克伯格虽然做了详细的说明，但是没有回应为何在早期没能采取措施，缺乏诚意。

与之形成鲜明对比的是谷歌的危机公关。

2017 年 8 月 4 日，谷歌前工程师达默尔泄漏了一份广为争议的备忘录，这份内部留言直指谷歌言论自由和性别多样性问题，在互联网行业引起了轩然大波，让谷歌一时陷入舆论困境。达默尔指责，女性在谷歌的科技部门和管理层没有受到同等的重视，相比之下，男性具有更高的地位，同时他还指责谷歌是“意识形态回音室”，即一个“政治上认可单一正确的左派。”

在周五泄露事件发生后，谷歌首席执行官 Sundar Pichai 迅速提前结束了自己的家庭假期，返回了公司总部。周一晚上 Sundar Pichai 就发布了声明，他表示谷歌支持员工表达自己的权利，但是他也表示达默尔的内容是在工作场所推行有害的性别刻板印象，“这已经严重影响了我们的员工。”针对“政治倾向偏见”的指责，Sundar Pichai 则表示认可，并在回应中表示，会采取更多措施包容不同的观点。

对来自公司内部员工对企业文化的指责，谷歌采取了“以子之矛，攻子之盾”的策略，通过公开媒体和社交媒体，向外界传达内部其他员工的意见和看法。

评述 “事情的发生必能为我所用”，在出现问题时，不能只局限于原问题，而应该换个角度，改变原问题，这样有利于化解危机，转危为安，甚至可能有“山重水复疑无路，柳暗花明又一村”的收获。

④ 用“为什么”来界定问题。多以“如果、为何、如何”发问，将使问题明确化、浅显化、重要化。

（3）**界定问题时的注意点。**

① 问题的相对性。问题的相对性是指问题的重要程度、影响力都是相对的，同一问题在不同的场合和条件下，其重要程度和影响力是不一样的，其作用力度的大小也是不一样的。问题之所以有相对性，是因为问题具有变化性。问题的变化性是指问题的性质和作用都是在不断变化的，在一些场合是关键、主要的问题，在另外一些场合则有可能是次要、一般的问题。在一定场合是很次要的问题，在另一场合则可能是很关键的问题。这就要求我们根据不同时间、地点、条件来分析和认识问题，这样才能真正地把握问题。

② 问题的准确性。界定问题时要选准需要策划的问题，即选准作为策划对象的问题，以明确策划需要而且能够解决的问题。策划目标必须是明白无误的，否则就会导致策划失误。如果选择了在现有条件和能力及主观努力下解决不了的问题，那就必然会前功尽弃。如果确定要解决的问题轻而易举，就又失去了策划的意义。因此，策划必须正确确定需要解决的问题，即在对策划问题识别的基础上，合理选择最有意义而又有能力解决的问题作为策划所要解决的问题。

3.1.2 设定营销目标

1. 什么是营销目标

营销目标旨在说明要达成什么目的，以及企业最终所要实现的目标。其特征体现在以下几个方面。

- 具体。目标必须针对一个单一目的。
- 可加以评估。结果必须能予以量化评估。
- 有一个特定期间。如1年或1年以上、未来6个月，甚至1年中的哪几个月。
- 可指出影响目标市场的行为。如鼓励购买、试用产品、反复购买产品、大量购买、经常购买等。

营销的目的在于影响市场行为，因此营销目标通常定于两种目标市场之中的一种，即现有使用者或新使用者。

（1）**保持现有使用者。**营销目标通常是保持现有顾客的人数及购买量。这种目标相对来说比较消极，具有防御性。公司若在过去一两年内曾失去顾客，就必须扭转此趋势。营销人员必须先了解销售为何衰退，然后才能设法稳定顾客基础。

（2）**增加现有购买者的购买量。**顾客基础如果相当稳定，则目标可以更积极些，以各种策略增加现有顾客的购买量。达成此目标的方法如下。

① 不定期地打折，搞优惠促销活动，增加顾客的购买次数。

② 每天推出一种特价产品，增加顾客的购买量。

③ 当顾客的购买金额达到一定限度时可以附赠样品，以此刺激消费者的购买欲。

（3）**试用公司的产品或服务。**对零售业者来说，提供试用可以吸引更多人流到店。大多数零售业者都拥有相当一致的购买率（消费者到店购买与不购买次数的百分比），也就是说零售业者可以通过增加人流来显著增加其销售量。

（4）**初次试用后，获得反复使用。**公司拥有很多的初次试用人数还不够，更重要的是设法维持顾客忠诚度。常见的情况是试用人数很多，但是购买率非常低。如果是这样的话，设定提高反复购买率及产品忠实度目标就非常必要。即使反复购买率很高，也需要设法来予以维持。因为保持现有顾客比争取新顾客所花的费用少，获利相对而言却丰厚得多。

2. 确定营销目标的步骤

在拟订营销目标前，先要检讨营销计划中的销售目标、目标市场，以及分析问题点与机会点。在拟订可行的营销目标时，这些项目都可起到指引的作用。

（1）**检讨销售目标。**销售目标是确定营销目标的要件。通常在研究经营评估所汇集的营销资料之后，才设定销售目标，因此，销售目标能直接反映公司在下一年度达成预测销量的能力。

要检讨销售目标并了解销售目标设定低、中、高水准的理由。公司的销售目标若设定在低水准到中水准之间，可能表示近年来失去许多顾客及市场占有率，原因要么是销售区域内的竞争活动增多，要么是竞争者投入了更可观的广告费用。这些理由都会直接影响营销目标的拟订，同时也有助于了解营销目标具体该如何设定，即是否需要争取新使用者、现有顾客或中间顾客。

注意点

- 拟订营销目标时，销售目标可提供指导原则，因为拟订营销目标的目的是达到销售目标。
- 所有的营销目标都要用数字表示，而且都能够加以评估。
- 营销目标中所使用的数字量值，必须不小于可成功的营销目标。

（2）**检讨目标市场。**目标市场是达成销售目标所需要的源流。销售不是来自现有顾客，就是来自新顾客。因此，目标市场检讨的内容主要是目标市场的大小和现有顾客基础的大小。

当检讨经营评估中的目标市场及营销计划之后，营销人员即可界定如下两方面问题

① 目标市场的大小。了解目标市场的大小，重点了解主要及次要目标市场的大小。

② 现有顾客基础的大小。了解现有顾客基础，从每个目标市场特征中了解现有顾客数及富有潜力的顾客数。

目标市场的资讯是不可或缺的，每个营销目标最终都会影响目标市场的行为。营销人员必须知道所要影响的顾客人数，否则就无法预测营销目标的最终销售结果。

在检讨销售目标及市场的大小后，营销人员即可算出营销目标的总数，同时也能知道营销计划是否合理可行，是否有助于达到销售目标。

（3）**分析问题点与机会点。**分析问题点与机会点，可以了解营销目标的内容和每个问题点、机会点与目标市场行为之间的关系。营销目标的基础就是要解决这些问题或指出这

些机会。

（4）**列出理由**。最后一个步骤是列出理由，说明为什么要选择这一营销目标，并对其做简单的陈述。

3.1.3 确定策划主题

在界定问题并设定营销目标之后，就要解决如何才能达到这一营销目标的具体工作，即实现目标的途径和方法，也就是通常所说的策划主题的确定。

1. 过滤策划主题

策划是为了能尽量有效地利用企业拥有的有限资源。因此，比较客观的做法是，尽可能在多数策划对象中，选出主要对象并将有限的智慧和实践专注地投入其中。

策划可以视为运用智慧，以有效的新情报为新行动提供依据。尤其对于重要主题，更有必要注入智慧和能力。因为对所有的企业来说，这种智慧和能力在质量上都受到相当的限制，因此唯有针对有限的策划对象，将智慧和能力集中投入，才能产生好的策划。

从策划人的心理方面来考虑，如果从事无聊的策划或令人不感兴趣的课题，自然也无法激发智慧的火花，产生特别的策划方案。因此，要得到好的策划，企业方面也要精选策划对象，把力量凝聚于必要的主题上。除了策划人对这方面要有充分的理解，企业方面也要培养判断能力，不是什么样的主题都是值得策划的。

当然，企业的主管也可能对自认为策划能力不太强的部下，分配不太重要的主题让他策划，试试他的能力。而对自己能力没有自信的策划人，也会避免接下困难的策划主题，以免给公司或上级带来很大的麻烦。公司要决定策划对象，可能有很多方法，一般来说大致可分为：由上级判断，然后再指示下级做的主题；在部门会议、公司的策划会议中讨论决定的主题；部门凭自己的判断所选出的主题。

2. 过滤策划对象

为了选出重要的策划对象，有必要在策划会议等场合，设定简单、明了的过滤筛子。

经过以上流程所过滤的策划对象，即“公认”的主题，可以视为已经明确知道为什么是由上面命令下来的。策划人对该主题的重要性、期待和意义，都能有相当的了解。而且上级也对该负责策划的下级做了充分的说明，或者经过商量和讨论来说服下级。

注意点

在过滤对象时，要有一个客观的判断标准。各企业可以根据自身特点考虑适合自己的标准。如果规定太细，可能实施上会非常困难。但如果没有任何判断标准，则策划可能又被权力或声音大的部门所独占，造成人员、预算使用的偏差。

3. 明确策划主题

在经过某种标准过滤之后，选出策划对象，设定策划主题，并尽可能让策划主题“明确化”。

明确化是指对问题的具体细节有着非常明确的限定。例如，企业要想制定提高营业额的策划主题，可用以下步骤来加以明确，如图 3-1 所示。

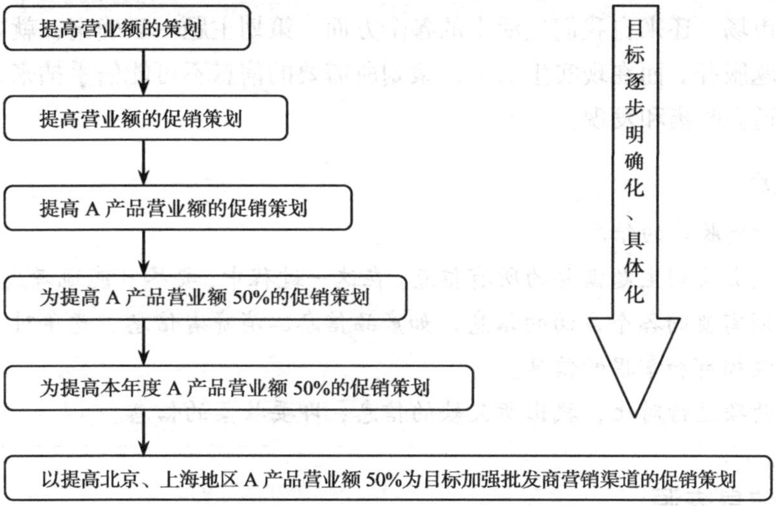

图 3-1　策划主题明确化步骤

在着手策划前，最好先与决定策划对象、策划主题的人好好沟通，直到毫无疑问之后，再进入制作。对一个策划人来说，工作过于超前也许会事倍功半。

3.2　收集信息

中国有句古话“巧妇难为无米之炊”，策划也是如此。因此，在确定策划主题之后，就要围绕这一主题展开相关的信息收集工作，就要去找“米”。否则，策划人再聪明，分析力再强，如果没有信息，也只能是“无米的巧妇”，那么就这一策划主题来说也难以提出什么杰出的策划方案来。因此，信息收集工作是策划成功的关键，信息收集能力也是策划人必须具备的基本素质，收集信息的流程如图 3-2 所示。

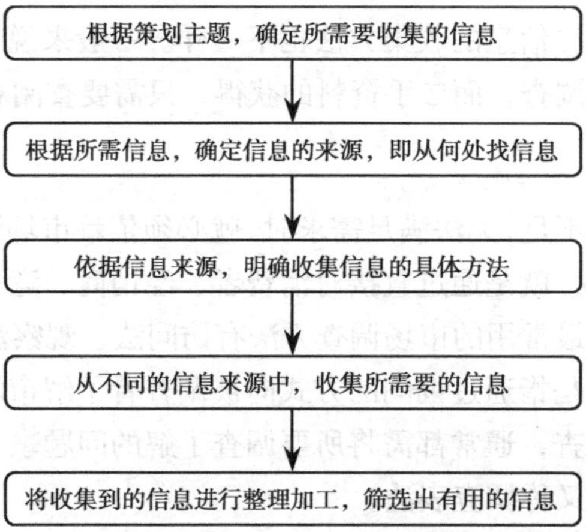

图 3-2　收集信息的流程

3.2.1 确定所要收集的信息

知己知彼，百战不殆。一个策划方案的成功，往往需要大量的信息作为支柱。这些信息不仅仅来自市场，还来自我们生活中的各个方面。策划主题一旦确定，就要收集各方面的信息来为主题服务。而在现实生活中，策划所需要的信息不可能信手拈来，而要靠策划人通过各种渠道去收集和发现。

知识点

如何确定所要收集的信息？

- 列出要完成策划主题需要的所有信息。在这一过程中，要尽可能地考虑详细、周到。列出策划需要的各个方面的信息，如产品信息、消费者信息、竞争对手信息等。
- 列出已经拥有和掌握的信息。
- 把上面两项进行对比，找出所欠缺的信息，即要收集的信息。

3.2.2 确定信息来源

信息依据其来源，可分为现有资料信息与市场调查资料信息两大类。

（1）**现有资料信息。**现有资料信息的来源，均是现成的书籍与报纸杂志、现成的企业内部资料、政府出版的普查与统计资料、现成的登记资料、现成的调查报告等。由于这些资料信息都是间接获得的，所以又称第二手资料信息或次级资料信息。

（2）**市场调查资料信息。**这些信息均来自对消费者、经销商、竞争同行、原料供应厂商所做的调查。由于这些资料都是直接调查获得的，所以又称第一手资料信息或初级资料信息。

现有资料与市场调查资料两者的不同之处就在于取得的方式不同，前者现成取得，后者实地调查取得。下面我们将详细介绍各种资料信息的收集方法。

3.2.3 明确信息收集的具体方法

根据信息来源的不同，信息的收集方法也不一样。一般来说，一手资料的获得，需要策划人亲自到现场去走访调查；而二手资料的获得，只需要查阅相关的资料即可。

1. 一手资料的收集

当所收集的现成资料不足，无法满足需求时，就必须依赖市场调查来获得所需的资料。市场调查资料，顾名思义，就是通过直接对消费者、经销商、竞争同行、原料供应厂商等进行调查而得来的资料。最常用的市场调查方法有访问法、观察法和实验法3种。

（1）**访问法。**访问法是指通过询问的方式向被调查者了解市场资料的一种非常重要的方法。采用访问法进行调查，通常都需将所要调查了解的问题事先陈列在调查表中，按照调查表的要求询问，所以又称调查表法。

访问既可在备有正式问卷的情况下进行，也可在没有正式问卷的情况下进行。正式的问卷调查，结构严谨，逻辑性强。而在没有问卷的情况下，调查者可根据实际情况随机发挥。问卷调查是访问法的主要工具之一。

实用工具

问卷调查

调查者在调查之前设计一份结构严谨的问卷，在访问过程中严格遵循问卷预设问题的顺序提问，这样可以方便今后的资料处理。一份问卷通常由前言、主体内容和结束语三部分组成。

问卷前言主要是对调查目的、意义及填表要求等的说明，包括问卷标题、调查说明及填表要求。前言部分的文字须简明易懂，能激发被调查者的兴趣。

问卷主体内容是市场调查所要收集的主要信息，它由一个个问题及相应的选择项目组成。通过主体部分问题的设计和被调查者的现场答复，市场调查者可以对被调查者的个人基本情况和对某一特定事物的态度、意见倾向及行为有较充分的了解。

问卷结束语主要表示对被调查者合作的感谢，记录下调查人员的姓名、调查时间、调查地点等。结束语要简短明了，有的问卷也可以省略。

问卷调查的有关程序、设计技术和样表见本章附录。

根据调查者与被调查者接触方式的不同，访问调查的方法可分为面谈访问法、邮寄调查法、电话调查法、留置调查法和网上访问法。

① 面谈访问法，即调查人员通过与被调查者直接面谈来询问有关问题的方法。面谈调查的交谈方式，可以采取个人访问，也可以采取集体座谈；可以安排一次面谈，也可以进行多次面谈。具体的交谈方式，应根据市场调查的目的和要求而定。面谈调查具有直接和灵活的特点，能够根据被调查者的具体情况进行深入的询问，从而获得较多的第一手资料。面谈访问法的不足之处在于调查费用比较高、花费时间较长，容易受到调查人员等因素的影响。

② 邮寄调查法，即将事先拟订好的调查问卷邮寄给被调查者，由被调查者根据要求填写后寄回的一种调查方法。邮寄调查的优点很多，如其调查的地域范围广，可以不受调查者所在位置的限制，只要是通邮的地方，都可以选定为调查范围；它使用的样本数目较多，而费用支出较少；被调查者有充裕的时间来考虑和回答问题；同时还可以避免面谈中受到的调查人员倾向性意见的影响。邮寄调查的主要缺点是回收率低，因而容易影响样本的代表性，并且需要花费较长的时间才能取得调查的结果。采用邮寄调查法，要特别注意调查问卷的设计。

③ 电话调查法，即调查人员借助电话工具向被调查者询问、了解意见和看法的一种方法。在电话调查中，调查人员可以电话簿为基础，进行随机抽样。采用电话调查法取得市场调查的第一手资料，其主要优点是可以节省调查时间，取得调查结果的时间也短，并可节省费用支出。当然，在收集需要的电话号码时，会遇到来自各方面的阻力，这又是调查

人员面临的一道难题。

④ 留置调查法，即由调查人员将调查问卷当面交给被调查者，说明填写要求，然后留下问卷，让被调查者自行填写，再由调查人员定期收回的一种市场调查方法。留置调查法的优点是，调查问卷的回收率高，被调查者可以当面了解填写问卷的要求，避免由于误解调查内容而产生误差。而且采用留置调查法，被调查者的意见可以不受调查人员意见的影响，填写问卷的时间较充裕，便于思考回忆。其主要缺点是，调查的地域范围有限，调查费用相对较高，同时也不利于对调查人员的活动进行有效的监督。

⑤ 网上访问法，即随着网络事业的发展而兴起的一种最新访问方式。目前，这一访问方式正以前所未有的速度发展。许多供应特殊调研软件的公司都在加紧设计和开发网络调研的标准模块，这一行动最终将使网上访问拥有一种标准技术。网上访问的方式很多，其中最普通的一种访问方式是由市场调查者将需要调查的问题系统地制作成问卷，然后通过E-mail或网址传给被调查者，由被调查者自己填好后发回。这种访问方式可以看作邮寄访问的一种电子形式，但是具有传统邮寄访问不可能具备的诸多优势，如图解说明、图示、声音等，而这在传统的邮寄访问中是不可想象的。

注意点

- 电话调查的通话时间不宜过长。
- 在询问时最好采用两项选择法向被调查者进行询问。
- 在电话调查时，注意语言的表达和语气的表述。
- 在访问之前要做好充分准备，注重对调查对象的甄选。

（2）**观察法**。观察法是通过观察被调查者的活动而取得第一手资料的一种调查方法。

运用观察法收集资料，调查人员同被调查者不发生接触，而由调查人员直接或借助仪器把被调查者的活动按实际情况记录下来。在此种情况下，被调查者的活动可以不受外在因素的影响，处于自然的活动状态。被调查者不愿意用语言表达的情感或实际感觉，可以通过观察其实际行为而获得，因而取得的资料会更加接近实际。

但是，现场观察所记录的往往只限于表面的东西，难以了解被调查者内在的思想活动，如人们的动机、态度等是无法通过观察获悉的。而且，在有些情况下，当被调查者意识到自己正在被观察时，可能出现不正常的表现，从而导致观察结果失真。在对一些不常发生的行为或持续时间较长的事物进行观察时，花费的时间较长，成本也很高。另外，由于调查人员是身临其境地观察，这就要求观察人员有良好的记忆力、判断能力和敏锐的观察力，同时应具备丰富的经验，把握观察法的要领。实践中，观察法运用得比较广泛，主要有商品资源观察法、营业现场观察法和商品库存观察法。

（3）**实验法**。实验法是指在市场调查中，通过实验对比来取得市场情况的第一手资料的调查方法。它是由市场调查人员在给定的条件下，对市场经济活动的某些内容及其变化加以实际验证，以此衡量其影响效果的方法。

实验法是把自然科学中的实验求证理论移植到市场调查中来，但是对市场上的各种发展因素进行实验，不可能像自然科学中的试验那样准确。这是因为市场上的实验对象要受到多种不可控因素的影响。

注意点

在市场调查过程中，为了充分发挥各种调查方法的作用，就需要熟悉各种方法的优缺点，正确处理不同方法之间的联系。要认识到，各种方法的优缺点是相对的，是一种调查方法与另一种调查方法相比较而言的，所以选择调查方法时必须在不同方法之间进行比较，以便选定最适宜的市场调查法。各种方法的对比通常是依据调查目的进行的，先确定基本要求或评定标准，如调查方法的适用范围、调查内容的繁简、费用支出的多少、调查时间的长短等，然后按不同的要求进行主观对比后评分而定。

2．二手资料的收集

（1）**书籍与报纸杂志**。针对所要了解的主题，从书籍、报纸、杂志、商业刊物、专业性期刊中去收集信息。

书籍方面，除了到各大书店查找，也可参阅哈佛企管顾问公司编印的《企业管理资料总录》，它是一本策划图书目录。此外还可到一些图书馆或各大学图书馆查阅。

报纸方面，一些大学的社会资料中心收藏有各大报纸的完整资料，各类报纸依年按月装订，查阅起来非常方便。

至于期刊论文方面，可以参考图书馆编著较全面的类似《期刊论文索引》的文献，那会是一条省时可靠的路线。

（2）**现成的企业内部资料**。企业的活动频繁，所产生的资料散落在各部门，倘若妥善整理，就会变成今后拟订策划方案的宝贵参考资料。

一般来说，客户资料包括客户名称、地址、订货日期、订货项目、订货数量、价格等。从上述客户资料中即可整理出客户的营销状况、区域的营销状况、产品的营销状况。而这些资料在拟订行销策划方案、CI 策划方案甚至新产品开发策划方案时，都是重要的参考情报。

从企业的制造部门，可获得作业流程、生产力、产品检测、机器设备使用率等情况，这些都是撰写拟订质量管理策划方案时的重要参考资料。

其他如财务、人事、总务部门的薪金资料，以及资产负债表、损益表、获利率、人员流动率等资料，也都是拟订策划方案时的宝贵依据。

（3）**政府部门的资料**。政府每年所出版的普查与统计资料种类繁多，相对来说都比较有参考价值。如政府的统计年鉴、各部委的出版资料、各政策研究部门的报告、政府的年度报告等。

（4）**登记资料**。政府除了出版的普查与统计资料，还有若干登记资料颇具参考价值。例如，人口出生与死亡登记、新公司的工商注册登记、交通局的机动车辆登记、特种营业登记等。

（5）**现成的调查报告**。若干大公司如中国粮食进出口总公司等商业机构经常举办各种各样的市场调查，它们都有现成的调查报告，可向这些单位索取或洽购。

（6）**网络资料**。随着信息技术的发展，各大企业和政府实施的上网工程、各大门户网站的建立及网络化企业的成立，使网络上存有大量的有用信息。目前，网络已经成为一种重要的信息检索途径。在网络上检索信息，主要是通过搜索引擎、门户网站和专业数据库来进行的。

对于大量免费资料的收集，应用较多的是通过搜索引擎来检索。除此之外，还可以登录各级政府的网站，搜索相关信息。目前，较常用的主要有国研网和国家统计局网站。

实用工具

（1）最大的中文搜索引擎 Baidu（www.baidu.com）：百度于1999年年底成立于美国硅谷，它的创建者为资深信息检索技术专家、超链分析专利的唯一持有人——百度总裁李彦宏及其好友——在硅谷有多年商界成功经验的百度执行副总裁徐勇博士。2000年，百度回国发展超链分析技术，这是新一代搜索引擎的关键技术，现已被世界各大搜索引擎普遍采用。

（2）门户网站搜索引擎：门户网站的搜索引擎也是我们日常进行信息收集的主要工具。目前最常用的主要有：

- Sohu 搜索引擎“一搜”，主页为 www.sohu.com。

（3）政府部门网站：我们还可以通过政府部门网站上发布的信息查找相关资料，当前最常用的有：

- 国务院发展研究中心信息网，主页为 www.drc.gov.cn；
- 中国国家统计局网，主页为 http://www.stats.gov.cn。

从以营利为目的的网站上索取信息是要花费一定的费用的，这些网站主要有数字图书馆、各大行业的研究报告和一些咨询机构的资料。

实用链接：以营利为目的的网站示例

- CNKI 数字图书馆，主页为 www.cnki.net；
- 维普资讯网，主页为 www.tydata.com；
- 中国经济信息网，主页为 newibe.cei.gov.cn；
- 超星数字图书馆，主页为 http://www.ssreader.com；
- 中国市场研究网，主页为 www.cmrn.com.cn；
- 中国行业分析报告，主页为 http://report.cei.gov.cn；
- 外文数据库，如 Academic Search Premier(ASP)，ABI，ACM，OUP 等。

3.2.4 信息收集

根据上一步确定的方法进行资料收集。在收集资料的过程中，既要注意多种方法的相互补充，又要注重信息收集方法的搭配组合。

3.2.5 信息整理

在信息收集完之后，要对其进行加工整理，在这个过程中，以下两点值得注意。

1. 活用信息

有了明确的目标，还要带着“有没有可以当作策划暗示的信息”的心态去做收集信息的工作，这样才能很容易地收集信息。但是，不管收集多少信息，信息本身不会产生价值，只有懂得活用信息于策划上，才能使其产生价值。

为了使所收集的信息在必要时加以活用，平时就要善于整理并保管信息。信息有很多种，其中有能马上产生与策划关联的宝贵信息，但大部分是为了供日后的运用，所以，在信息活用的过程中，可以找到足可当作策划暗示的必要资料。

为了能在日后使用时立刻取出必要资料，最好能确定一个资料整理日。至于日期的确定，可根据所收集的信息而有所不同。从一个策划人的信息收集量来考虑，一个月安排一次即可。资料堆积太多会显得凌乱不堪，所以必须尽早进行整理。整理资料的要领是依据需要做大致分类，不必分得太细，否则容易造成整理上的困扰，无法继续资料整理工作。

除了设定资料整理日，还应设定信息扫除日。信息如同新鲜商品一样，新鲜度就是它的生命，过时的信息如同一张废纸，保管这些过时资料不仅耗时费力，而且还占了相当大的空间。就像每个家庭会在年末来个大扫除一样，确定一个信息扫除日，将那些过时的资料逐一丢弃，只保管对将来有益的信息。当然，如何筛选运用存储的信息是非常重要的。

2. 资料必须自己处理

对忙碌的营销人员来说，从信息收集到整理都是费时费力的工作，但是信息的整理必须靠自己亲自动手，这是一个不变的原则。

当然，这样做的理由是资料收集者必须正确地整理资料，而且在整理资料的过程中，可重新检查一遍所收集的资料，因此，对信息的感觉便会愈加敏锐，往往会产生意想不到的策划创意。单独处理一条信息不会有任何感觉，但是集中处理好几条信息，在各种资料的冲击及联想的作用下，会产生独到的创意。整理资料既然有这种优点，如果让他人代劳就等于白白放弃产生创意的机会。在收集信息方面，剪贴报纸或在重点内容上做记号都可以请别人帮忙，唯独整理信息，不管自己多么忙，也不应让他人代劳。

3.2.6 收集信息时要注意的要点

1. 迅速处理最新的信息

当欲推出一个畅销商品的策划时，策划的构想力占着极为重要的地位，而迅速地选择最新的材料（信息）也是不可缺少的前提条件。在别人尚未发觉时，只有靠着敏锐的感觉领先掌握信息，才能尽快与策划结合，继而推出畅销商品的策划。

2．要有较高的信息感知度

收集新信息最重要的方法是要具有“信息精神”。不仅在工作时间内，在日常生活中也是如此。

信息跟时间一样，给所有人均等的机会，有“信息精神”的人能尽快掌握有利的信息，将其活用于策划而得到成功。但是，不具有“信息精神”的人就不易发觉那些有利的信息，让机会白白溜走，这种差别往往会带给策划力很大的影响。

3．带有目标地收集信息

除了具有“信息精神”，还必须确立明确的目标。信息收集的目标一旦确定下来，就等于在目标的特定范围内装上了感应度灵敏的“天线”，而此时宝贵的机会便会很有趣地显现出来。

4．从小信息中产生畅销商品与服务的创意

策划人一旦确立目标，就必须用敏锐的感觉去关心工作与日常生活中的一切小信息，去寻找“能当作策划暗示的信息”。要知道有价值的信息并不是每个地方都有，只有随时随地做一个有心人，才可掌握有利的信息。过去那些畅销的商品或服务，皆因策划人具有强烈的“信息精神”，能巧妙地掌握细微的信息，并将其活用于策划上才产生的。

案例 3-4　小新闻，大启示

“电商巨头”刘强东经历了一段艰难的创业岁月。1998 年，刘强东在中关村租了一个小柜台，售卖刻录机和光碟。柜台名叫“京东多媒体”，这便是“京东商城”的前身。到了 2001 年，京东商城已成为当时中国最大的光磁产品代理商，这时候，他把京东商城定位为传统渠道商，打算经营 IT 连锁店。就在他兴致勃勃准备扩张的时候，2003 年 SARS 来袭，刘强东的生意一落千丈。考虑到员工的安全问题，他暂时关闭了所有门店。但一次偶然的机会，刘强东听说有人在互联网上卖东西，如此道听途说的信息却使他觉察到了互联网的潜力，于是他就开始四处打听，想要参与进来。虽然当时他连 BBS 是什么意思都不懂，但为了推销自己的网上商铺，他到处在论坛发“广告帖”。2004 年 1 月 1 日，京东多媒体网站正式上线，此后，京东的发展如日中天。

评述　信息虽小，但暗含的机会很大，只有对信息有着敏锐洞察力的人，才能变信息为财富。时至今日，很多人对道听途说的信息仍然不屑一顾，而信息精神强烈的刘强东注意到了互联网的潜质，成功创造了电商业的辉煌。

5．掌握有价值的信息

具有信息精神，确定明确的目标来进行信息收集，就可以收集很多的信息。然而，信息的质量也是一个不容忽视的问题，虽然能收集很多，可是一些毫无价值的信息却不足以用作策划立案的资料。所以，要注意的是应该掌握有价值的信息。那么，如何才能发现有价值的信息呢？

（1）**追踪使你产生悸动的信息。**当你看到某些现象或听到某段谈话时，其中会让你心中产生悸动的信息最为重要。具体而言，也就是下面所说的现象或信息。

① 以前不曾有过的新现象或新信息。

② 跟以前不一样的现象或信息。

③ 以前不曾发生过的有趣的现象或信息。

这些现象或信息都有令人悸动的原因，对策划来说，这是非常重要的。因此，对于那些会使心情强烈悸动的现象或信息，应该特别深入地观察，分析其中的原因，并活用于策划上，才能开发出使消费者的心情产生悸动的商品或服务。要想开发能够鼓动消费者产生购买欲的魅力商品，策划人在信息收集及构思阶段，就必须注意那些令人兴奋的要素。

案例 3-5　日本录像带畅销市场

某报纸广告曾登载一则记事，某电器公司为宣传新品，仅以每盒 400 日元的低价散发了 3 000 盒宣传录像带。看到这则记事的山中搏彦社先生在惊讶之余，由于心理受到冲击与鼓动而想到了超低价录像带的策划。若以低于 1 000 日元的售价倾销，自然使消费者的购买意愿提高。

那么，如何才能制造出低价格的录像带呢？经过策划开发，有效的方法有以下两点：

- 减少录像带的制作成本。公司提供低价位的卡通录像带给“有梦的孩子”。著作权法规定，作品完成后，经过 50 年著作权将不被认定，录像带制作着眼于此来降低成本。
- 减少录像带的材料成本。公司采用低价的录像带匣，制作了作品时长约 12 分钟、售价仅 980 日元的录像带，这种“录像带书册”用 9 个月时间达到了 100 万盒的销售量。

评述　受到畅销的低价位录像带刺激，其他公司也相继销售同类型商品，进而促使录像带业的成长。因此，使心情受到强烈悸动且富有冲击力的现象是最重要的信息。

（2）**在负面信息中也蕴藏着有利于策划的暗示。**有价值的第二类信息是来自市场的负面信息。有时候市场中有以各种形式对商品或服务提出的抗议。书面抗议对企业而言是不受欢迎的信息，但是负面信息对策划是很珍贵的。

消费者会提出抗议正是因为商品不能使消费者满意，若置之不理而让这种状况继续下去，商品可能出现滞销的现象。因此，为了使商品畅销，就得尽早处理消费者提出的抗议，抗议一旦解除，让大家满意的商品就能卖得更好。现在，有些企业鼓励销售人员不仅要收集正面信息，更要主动接受负面信息，将难以入耳的抗议视为谏言，以便随时修正商品的缺陷，提供让消费者满意的商品。所以，当业务员在工作时，不要避开负面信息，而要以谦虚、积极的态度去收集这些信息。

案例 3-6　小米公司积极利用负面信息

小米手机作为国产手机品牌，能够在短短几年内异军突起，赢得广大消费者的青睐，与小米公司积极收集并利用用户的抗议这一举措息息相关。

在小米手机的研发过程中小米公司会认真听取小米“发烧友”的意见，从一开始小米公司就倾听用户呼声，提供了自由刷机功能，之后针对用户想法，更换搜狗输入法，到后来用户提出不放置任何输入法的意见，小米干脆不装任何输入法。小米公司的一系列举措都是围绕小米手机的负面信息积极做出回应，不断改进自己的产品，从而能够成功跻身国内一线手机品牌行列。

评述　企业要想发展创新，必须学会倾听市场信息，并不断想办法满足市场需求。

本章要点

- 营销策划是一种目的性很强的活动，而营销目标的确定，往往以问题为出发点，只有把问题界定清楚之后，才能设定出准确的营销目标。界定问题是整个营销策划活动的第一步。
- 界定问题就是要明确是什么样的问题，问题的实质和内容、时空和范围，以及问题的层次等。在界定问题时应注意把握问题的相对性和准确性。
- 在界定问题，设定营销目标之后，就要解决怎样才能达到这一营销目标的具体工作，即实现目标的途径和方法，也即策划主题的确定。
- 在确定策划主题之后，就要围绕这一主题展开相关的信息收集工作。在现实生活中，策划所需要的信息不可能应有尽有，因此需要策划人员通过各种渠道，借助各种方法和技巧去收集和发现。

练习题

（1）什么是营销策划的主题？营销策划主题的设定应遵循什么程序？

（2）举例说明二手资料的来源有哪些。如何评估二手资料的准确性？

（3）访问法大概可以分为哪些类型？各自具有哪些独特优势？

（4）在收集信息时应注意哪些要点？

实训项目：信息收集

【实训目标】

（1）培养学生信息收集的能力；

（2）培养学生实践能力。

【实训内容与方法】

某银行想推出针对在校大学生的借记银行卡，需要对在校大学生进行信息收集。全班同学每 5 人组成一个团队，以团队为单位完成以下内容：

（1）思考应采用哪种信息收集方法？

（2）讨论不同的信息收集方法有什么样的特点？试对比其优缺点。

（3）完成一份调查问卷的设计。

（4）全班同学进行交流。

经典案例赏析

“野马”驰骋市场

1964 年，著名的汽车大王李·艾柯卡为福特汽车公司推出的新产品“野马”跑车，取得了轰动一时的成功，两年内为福特公司创造了 11 亿美元的纯利润。当时，购买“野马”跑车的人数打破了美国的历史纪录。为什么“野马”跑车如此受人欢迎？这与李·艾柯卡独特周密的营销策划是分不开的。李·艾柯卡在仔细分析了市场状况之后，制定了一整套推出“野马”跑车的营销策略，令人瞩目的销售业绩使他获得了“野马之父”的称号。

1．选择适当的目标市场

1962 年，李·艾柯卡就任福特汽车公司分部总经理后，便开始策划生产一种受顾客欢迎的新车，这一念头是在他对整个汽车市场营销环境做了充分调查研究之后产生的。

（1）福特公司的市场研究人员调查得知：今后 10 年购买汽车的人口平均年龄要急剧下降，20～24 岁年龄组要增长 50%，购买新车的消费者群体中，18～34 岁的年轻人有望占到一半。根据这一信息，艾柯卡预见到今后 10 年的汽车销售量将会大幅度增长，而消费对象就是年轻人。

（2）随着人们受教育程度的提高，消费模式也在改变。女性和单身顾客的数量增加，拥有两辆汽车的家庭也越来越多，人们愿意把更多的钱花在娱乐上，他们正在追求一种样式新颖的轻型豪华车。

（3）艾柯卡在欧洲了解福特汽车公司生产的“红雀”牌汽车的销售情况时，发现“红雀”太小了，没有行李箱，虽很省油，但外形不漂亮。如不尽快推出一种新型车，公司就可能被竞争对手击败。

于是，艾柯卡根据上述信息提出了一个目标市场，适合这个市场的汽车应当是：车型要独树一帜，容易辨认；为了便于女性和新学驾驶汽车的人购买，要容易操纵；为了便于外出旅行，要有行李箱；为吸引年轻人，外形要像跑车，而且要胜过跑车。

2．追求完美的产品设计

有了新车的设计思路，福特的设计专家们便开始行动。李·艾柯卡指出这种新车一定要兼具式样好、性能强、价格低三大特色。样车经过一再改进，最后的形状定为：方顶，流线型；前长后短，低矮大方；整车显得既潇洒又矫健。

艾柯卡把新车的命名也看作产品设计的一部分。在早期设计阶段，新车被叫作“猎鹰特号”，后来又有人想叫它“美洲豹”“雷鸟II型”等，艾柯卡认为均不理想，于是委托广告公司代理人去底特律公共图书馆找目录。此人从A到Z列出上千种动物，最后筛出一个——“野马”，这是一个激动人心的地道的美国名字。美国人对第二次世界大战中野马式战斗机的名字印象极为深刻，用“野马”作为新型车的名字，不仅能显示车的性能和速度，而且很符合美国人放荡不羁的个性。

接下来的工作是为“野马”跑车制定合理的价格。新车试制小组在底特律选定了52对中等收入的青年夫妇，请他们到福特展厅来品评新车。白领夫妇对新车造型表示满意，蓝领夫妇则把野马看作他们所追求的地位和权势的象征。艾柯卡请他们为新车估价，几乎所有人都估计约10 000美元，并表示家中已有车，将不再购买这种车。当艾柯卡宣布车价在2 500美元以内时，他们十分惊讶，都表示将购买这种能显示身份和地位的新车。在研究了消费者心理之后，艾柯卡把车价定在2 368美元，并开始设计下一步的营销策略，为打开“野马”跑车的销路做精心的策划。

3．声势浩大的促销活动

福特公司在正式推出“野马”跑车之时，采用了多种具有轰动效应的促销手段，真可谓奇招迭出，一鸣惊人。

“野马”跑车正式投放市场的前4天，公司邀请了报界100多名新闻记者参加从纽约到迪尔本的70辆“野马”跑车大赛，这些车飞驰700英里，无一发生故障，充分证实了“野马”跑车的可靠性。于是，上百家报纸都在显著的位置热情地刊出了关于“野马”跑车的大量文章和照片。表面上看，这只是一次赛车活动，实际上是一次告知性广告，使“野马”跑车成为新闻界的热门话题。

在“野马”跑车投放市场的当天，福特在2 600种报纸上登了全页广告，并在数家电视台播出广告短片。新车照片同时出现在《时代》和《新闻周刊》的封面上，关于这两大杂志的惊人宣传效果，艾柯卡后来回忆说：“《时代》和《新闻周刊》本身就使我们多卖出10万辆!”

福特公司还在全国15个最繁忙的机场和从东海岸到西海岸的200家假日饭店的门厅里陈列了“野马”跑车。公司选择最显眼的停车场，竖起巨型的广告牌，上书“野马栏”以引起消费者的注意，激发人们的购买欲望。同时，福特公司向全国的小汽车用户直接寄发几百万封推销信，既达到了促销的目的，也表示了公司忠诚为顾客服务的态度和决心。此外，公司大量上市“野马”墨镜、“野马”钥匙链、“野马”帽子、“野马”玩具车，甚至在面包铺的橱窗里贴上广告：“我们的烤饼卖得像‘野马’一样快。”

由于从选定目标市场、产品设计到销售“野马”跑车的各个环节，福特公司均做了一系列精心的策划，最终使“野马”跑车获得了汽车销售史上的巨大成功。

思考讨论题

（1）该公司是如何进行策划问题选择和目标市场定位的？

（2）该公司营销策划的主题是什么？

附录 A 问卷调查

A.1 问卷设计的程序

问卷设计是由一系列相关的工作过程构成的。为使问卷具有科学性、规范性和可行性，一般可以参照以下程序进行设计。

- 确定调研目的、来源和局限
- 确定数据收集方法
- 确定问题回答形式
- 决定问题的措辞
- 确定问卷的流程和编排
- 评价问卷和编排
- 获得各相关方面的认可
- 预先测试和修订
- 准备最后的问卷
- 实施

（1）**确定调研目的、来源和局限**。调研过程经常是在市场部经理、品牌经理或新产品开发专家做决策的过程中感到所需信息不足时发起的。在一些公司中，评价全部二手资料以确认所需信息是否收集齐全是经理的责任。在另外一些公司中，经理将所有的市场调研活动，包括一手资料和二手资料的收集交由市场研究部门去做。

尽管可能是品牌经理发起了市场研究，但受这个项目影响的每个人，如品牌经理助理、产品经理，甚至生产营销经理都应当一起讨论究竟需要哪些数据。询问的目标应当尽可能精确、清楚，如果这一步做得好，下面的步骤会更顺利、更有效。

（2）**确定数据收集方法**。获得询问数据可以有多种方法，主要有人员访问、电话调查、邮寄调查与自我管理访问。每种方法对问卷设计都有影响。事实上，在街上进行拦截访问比入户访问有更多的限制，街上拦截访问有时间上的限制；自我管理访问则要求问卷设计要非常清楚，而且问题相对较短，因为访问人员不在场，没有澄清问题的机会；电话调查经常需要丰富的词汇来描述一种概念以确定应答者理解了正在讨论的问题。对比而言，在个人访谈中访问员则可以给应答者出示图片以解释或证明概念。

（3）**确定问题回答形式**。问题的回答形式主要有以下几种类型。

① 开放式问题。这是一种应答者可以自由地用自己的语言来回答和解释有关想法的问题类型。也就是说，调研人员没有对应答者的选择进行任何限制。

② 封闭式问题。这是一种需要应答者从一系列备选项中做出选择的问题。

③ 量表应答式问题。这是以量表形式设置的问题。

（4）**决定问题的措辞**。

- 用词必须清楚。
- 避免诱导性用语。
- 考虑应答者回答问题的能力。
- 考虑应答者回答问题的意愿。

（5）**确定问卷的流程和编排**。问卷不能任意编排，问卷每部分的位置安排都应具有一定的逻辑性。有经验的市场研究人员很清楚问卷制作是获得访谈双方联系的关键。联系越紧密，访问者越可能得到完整彻底的访谈。同时，应答者的答案思考得越仔细，回答得也越仔细。

（6）**评价问卷和编排**。问卷草稿设计好后，问卷设计人员应再做一些批评性评估。如果每个问题都是经过深思熟虑的，那么这一阶段似乎是多余的。但是，考虑到问卷所起的关键作用，这一步还是必不可少的。在问卷评估过程中，应当考虑下面一些原则。

- 问题是否必要。
- 问卷是否太长。
- 问卷是否回答了调研目标所需的信息。
- 邮寄及自填问卷的外观设计。
- 开放试题是否留足了空间。
- 问卷说明是否用了区别性字体等。

（7）**获得各相关方面的认可。**问卷设计进行到这一步，问卷的草稿已经完成。草稿的复印件应当分发到直接有权管理这一项目的各部门。实际上，营销经理在问卷设计过程中可能多次加进新的信息、要求或关注。不管经理什么时候提出新要求，经常的修改是必需的。草稿获得各方面的认可是十分重要的。

经理的认可表明了经理想通过具体的问卷来获得信息。如果问题没有列选，数据将收集不到。因此，问卷的认可再次确认了决策所需要的信息及它将如何获得。例如，假设新产品的问卷询问了形状、材料及最终用途和包装，那么问题一旦得到认可，就意味着新产品开发经理已经知道“什么颜色用在产品上”或“这次决定用什么颜色”并不重要。

（8）**预先测试和修订。**在问卷已经获得管理层的最终认可后，还必须进行预先测试。在没有进行预先测试的情况下，不应当进行正式的询问调查。通过预先测试寻找问卷中存在的错误解释、不连贯的地方、不正确的跳跃模型。为封闭式问题寻找额外的选项及应答者的一般反应。预先测试也应当以最终访问的相同形式进行。如果访问方式是入户调查，预先测试也应当采取入户的方式。

在预先测试完成后，任何需要改变的地方都应当切实修改。在进行实地调研前应当再一次获得各方的认同。如果预先测试导致问卷产生较大的改动，则应进行第二次测试。

（9）**准备最后的问卷。**精确的打印指导、空间、数字、预先编码必须安排好，监督并校对，问卷可能进行特殊的折叠和装订。

（10）**实施。**问卷填写完后，就为从市场获得所需的决策信息提供了基础。可以根据不同的数据收集方法并配合一系列的形式和过程以确保数据可正确地、高效地、以合理的费用收集。这些过程包括管理者说明、访问员说明、过滤性问题、记录纸和可视辅助材料。

A.2 问卷设计技术

问卷设计是一项十分细致的工作，一份好的问卷应做到：内容简明扼要，信息包含全面；问卷的问题安排合理、合乎逻辑、通俗易懂；便于对资料分析处理。问卷设计必须注意的问题是问卷中问题的提问是否合理，排列是否科学。

（1）**文字要表达准确，不应使填卷人有模糊认识。**如调查商品消费情况，使用“您通常喜欢选购什么样的鞋？”就是用词不准确，因为对“通常”“什么样”的具体含义，不同的人有不同的理解，回答各异，不能取得准确的信息。如改为具体的问题：“您外出旅游时，会选购什么品牌的旅游鞋？”这样表达就很准确，不会产生歧义。

（2）**问卷要避免使用引导性的语句。**如设计问卷时，问“××牌的旅游鞋质优价廉，您是否准备选购？”这样的问题将容易使填表人由引导得出肯定性的结论或对问题反感，想当然地得出结论，这样不能反映消费者对商品的真实态度和真正的购买意愿，所以产生的结论会缺乏客观性，可信度低。

（3）**问卷问句设计要有艺术性，避免对填卷人产生刺激而不能很好地合作。**对比下面两个问题。

A. 您至今未买计算机的原因是什么？

（a）买不起　　（b）没有用　　（c）不懂　　（d）软件少

B. 您至今未购买计算机的主要原因是什么？

（a）价格高　　（b）用途较少　　（c）性能不了解　（d）其他

显然 B 组问句更有艺术性，能使被调查者愉快地合作。而 A 组问句较易引起填卷人的反感、不愿合作，导致调查结果不准确。

（4）**问卷不要提不易回答的问题。**这里可能有两种情况。一种是涉及填卷人的心理、习惯和个人生活隐私而不愿回答的问题，即使将其列入问卷也不易得到真实结果。遇有这类问题时，如果实在回避不了，可列出档次区间或用间接的方法提问。例如，在调查个人收入时，如果直接询问，则不易得到准确结果，而划分出不同的档次区间供其选择，效果就会比较好。另一种是时间久、回忆不起来或回忆不准确的问题。

A.3　调查表样例

新产品上市调查表

尊敬的顾客朋友：您好！

适逢新春佳节之际，北京环宇公司祝您新春愉快，万事如意！为了更好地为您服务，我公司正在开发系列新产品，我们十分想听听您对新产品的意见，请您在百忙中予以合作，谢谢您的支持！

填写说明：请在选项上划勾。

1．您认为自己工作或生活的室内空气质量状况：________

① 很好　② 较好　③ 一般　④ 较差　⑤ 很差

2．您认为影响室内空气质量的主要原因有：________

① 尘埃　② 烟味　③ 臭味、异味　④ 细菌、病毒　⑤ 缺氧

3．您希望采取下列哪种方法改善室内空气质量？________

① 开窗　② 空气清新机　③ 换气扇　④换气机　⑤ 空气清新机、净化片

4．您对空气清新机这类产品：________

① 使用过　② 大致了解　③ 仅听说过　④ 一无所知

5．您对换气机这种产品：________

① 非常了解　② 大致了解　③ 仅听说过　④ 一无所知

6．关于空气清新机和换气机，您认为是：________

① 同种产品，两种名称　② 同种功能，两种产品　③ 不同产品，不同功能

④ 不同产品，功能相似

下列特征，您认为属于清新机的有：________；属于换气机的有：________。

① 向室内输送新鲜空气，排出污浊空气 ② 使室内空气反复循环、过滤，保持空气清洁 ③ 使用一段时间后效果降低 ④ 窗上安装不方便 ⑤ 防治空调病

7. 对空气清新机这类产品，您是否愿意购买？________

① 愿意 ② 不愿意

您愿意购买的主要原因是：________

① 改善、净化室内空气 ② 预防呼吸道疾病 ③ 保持身心健康 ④ 消费时尚

如果您不愿意购买，那么是出于何种考虑？________

① 不知道有这类产品 ② 非生活必需品 ③ 不需要 ④ 市场上没有满意的这类产品 ⑤ 没有支付能力 ⑥ 已经拥有

8. 您一般通过哪些渠道得到有关家电产品的信息？________

① 商场 ② 报纸 ③ 杂志 ④ 电视 ⑤ 广播 ⑥ 新闻报道 ⑦ 展销会 ⑧ 亲朋好友推荐

9. 对空气清新机这类产品，您希望具备哪些主要功能？________

① 除尘 ② 除烟味 ③ 除臭味、异味 ④ 消毒、灭菌

还需要哪些附加功能？________

① 屏幕显示 ② 红外感应 ③ 自动提示更换过滤网 ④ 散发香味 ⑤ 产生负离子 ⑥ 热敷美容

您希望产品的设置方式是：________

① 立式 ② 挂式 ③ 吊顶式 ④ 窗式

您对该产品操作方式的要求：________

① 手控 ② 遥控 ③ 计算机控制

您认为这类产品的合理价格是：________

① 400元以下 ② 401～700元 ③ 701～1 000元 ④ 1 001元以上

您认为空气清新机在外观上应体现哪些特点？________

① 豪华气派 ② 小巧精致 ③ 注重实用，不刻意追求外观美 ④时尚性，富有文化品位

10. 您的个人及家庭情况：________

性别：① 男 ② 女

年龄：① 18岁以下 ② 19～28岁 ③ 29～40岁 ④ 41～50岁 ⑤ 51～60岁 ⑥ 61岁以上

婚姻：① 已婚 ② 未婚

文化程度：① 初中以下 ② 高中 ③ 大专 ④ 本科以上

职业：① 工人 ② 管理人员 ③ 机关干部 ④ 服务业人员 ⑤ 科教文卫人员 ⑥ 三资企业职员 ⑦ 个体经营者 ⑧ 离退休人员 ⑨ 学生

家庭人数：① 2人 ② 3人 ③ 4人 ④ 5人及以上

家庭平均月收入：① 1 000 元以下 ② 1 001～1 500 元　③ 1 501～2 000 元
④ 2 001～3 000 元　⑤ 3 001～5 000 元　⑥ 5 001 元以上

居住面积：① 20 平方米以下　② 21～40 平方米　③ 41～60 平方米　④ 61～80 平方米　⑤ 81～100 平方米　⑥ 101 平方米以上

11．您对开发空气清新机这类产品有何建议？

再次感谢您的合作，我们将根据您的意见和建议来改进我们的产品，尽我们最大的努力为您提供最优质的产品和服务。

调查人员（签名）：__________

调查地点：__________

调查时间：__________

CHAPTER 4

第4章 营销策划创意与策划书

"创意给人生命和乐趣。"

——李奥·贝纳

学习目标

- ☑ 描述创意的含义、要求和表现形式
- ☑ 描述营销策划书的框架要素和准备工作
- ☑ 描述和列举创意的产生过程和创意方法
- ☑ 探讨营销策划书的内容和写作技巧

关键词：创意，组合，改良，新用途，框架要素，撰写

4.1 创意——营销策划之魂

营销策划是一种创新行为。要创新，就要把创意贯穿于营销策划的过程之中，创意成功与否是营销策划成功与否的关键。从某种意义上说，创意是营销策划的灵魂。

4.1.1 创意概述

1. 创意的含义

可以这样说，文学、绘画、音乐、舞蹈、体育、政治、教育、经济等几乎所有方面，都离不开创意。然而，创意到底是什么？其含义众说纷纭，莫衷一是。

- 创意能够增加他人的快乐，减少他人的痛苦。
- "创意"一词是在一些特殊范围内使用的概念，通常适用于企业形象设计与策划、广告艺术创作、市场营销技巧及现代文化娱乐活动等。创意是人们在经济、文化活动中产生的思想、点子、主意等新的思维成果，或是一种创造新事物、新形象的思维方式和行为。前一层是名词性的应用，后一层则是动词性的应用。创意的核心是创造性思维。
- 创意产生于创造性思维。创造性思维是一种辩证思维，即认为事物是运动、变化、发展的，并要用逻辑思维去把握、驾驭整个世界万事万物的变化，而不是以形式逻辑的静态固定要领进行推理。
- 创意来源于生活的积累。创意的创新性要求创意者必须深入地观察生活，积累资料，全面涉猎多学科知识，提高知识素养，处处留心，事事思考，日积月累，厚积薄发。

- 创意是人们主体的“意”与客体的“象”的结合。客体的表象是感性认识的产物，不具备理性的内容，表象可分为回忆性表象和想象性表象。当表象转化为人们的意象，即被作为意念、意绪、情感深深地印在人们的脑海里时，就变成了意象。这个由表象向意象的转化过程完成后，再进行创造性思维，就形成了创意。这种创意一旦作用于营销策划或其他有关领域，且具有可实现性时，就可以形成别具一格的策划方案。

综上所述，所谓创意，它包含两层意思：一是指创造欲望，是人们心理上的一种强烈的发现问题和解决问题的冲动；二是意想不到的能带来效益的解决问题的方法，也就是创造性地组成的一连串“点子”。

由上述定义可以引出创意以下 3 个方面的内涵。

（1）**创意来源于独特的心智，令竞争者无法模仿。**创意是对传统的“叛逆”，是打破常规的哲学，是思想库、智囊团的能量释放，是思维碰撞、智慧对接，是创造性的系统工程。创意来源于创意者独特的心智，正是这种独特性令竞争者无法模仿复制。

（2）**创意是用新的方法组合旧的要素的过程。**这就揭示了创意的本质：“创意其实就是不断寻找各种事物、事实之间存在的一般或不一般的关系（要素之间的关系），然后把这些关系重新组合、搭配，使其产生奇妙、变幻的创意”。

（3）**真正使营销策划方案实施取得奇效，决定消费者购买与否的是创意的内容，而不是它的形式。**营销策划创意并非投机取巧，它是一条通向消费者、打动消费者的捷径。真正决定购买行为是否发生的，归根结底还是产品。

2. 创意的要求

创意作为一种创造性辩证思维，具有不同于其他思维的要求，主要体现在以下几点。

（1）**积极的求异性。**创意思维实为求异思维。求异性贯穿于创意形成的整个过程之中，表现为对司空见惯的现象和人们已有的认识持怀疑、分析和批判的态度，并在此基础上探索符合实际的客观规律。营销策划活动既是一种创意活动，也是一种求异活动，只有建立在积极的求异思维基础之上，才能独树一帜，引起公众广泛的关注和支持。

（2）**睿智的灵感。**灵感是人们受外界的触动而在大脑中闪现出的智慧之光，是人们在平时知识积累的基础上，在特殊情况下受到触动而迸发出来的创造力，灵感是随机迸发的，是不可刻意企求的。但灵感是思维的积累，只有知识、材料的积累达到一定的量后，才有灵感的迸发。也就是说，灵感产生于有准备的头脑。

（3）**敏锐的洞察力。**洞察力是以批判的眼光，准确入微、入木三分地观察并认知复杂多变的事物之间关系的能力。敏锐的洞察力是创意者提出构想和能成功解决问题的方案的基础。缺乏洞察力就会遗漏大量的创意资源。

（4）**丰富的想象力。**想象是表象的深化，想象力是人们凭借感知而产生的预见、设想。想象力是发展知识的源泉，也是推动创意发展的源泉。创意是营销策划的生命，没有创意的营销策划是生硬的拼凑或无趣的模仿。只有蕴含创意的营销策划，才是富有鲜活个性和持久影响力的营销策划，才是真正意义上的营销策划。

3. 创意的表现形式

创意在营销策划中的基本表现形式有如下几个方面。

（1）**系统思维**。系统是指由若干相互联系的基本要素构成的，具有确定的特性和功能的有机整体。它具有各组成部分孤立状态下不具有的整体功能，且总是同一定的环境发生联系。系统思维具有科学性、真理性。在营销策划中利用系统的方法进行思维活动，需要避开情感因素和主观意志对客观环境造成的机会和威胁，对企业发展的起点和可能达到的目标、企业已具备的条件和不完善的因素进行全面考虑。

（2）**直观思维与逆向思维**。直观思维是指人们在生活中对外界事物所产生的直接感觉。它具有具体性、生动性、直接性的特点，是产生创意的基础。直观思维取决于人的观察力、记忆力和想象力。营销策划中对企业的发展历史和生存现状的认识就是一种直观思维。逆向思维是指人们的思维循着事物的结果而逆向追溯事物发生的本源的一种思维方式。它引导人们透过事物的现象探究其本质，然后根据事物本质发展的逻辑做出与原发展态势决然相反的判断，为创意者标新立异甚至反其道而行开拓了新的思路。

（3）**形象思维与抽象思维**。形象思维是创意者对现实生活中的各种现象加以选择、分析、综合，然后进行艺术塑造的思维方式。生动性、具体性和艺术性是这种方式的特点。在营销策划中，对企业视觉形象系统的创意、对产品品牌的确定、对企业广告用语的选择等都需要形象思维。抽象思维则是用科学的抽象概念揭示事物的本质，表达认识事物的结果。它是人们在认识事物的过程中，借助概念，判断、推理反映现实的过程。抽象思维要把具体问题抽象化后再去思考，以便突破具体问题的束缚，从多角度寻求启迪，从意想不到之处进行发掘。在营销策划中，企业良好形象的树立必须依赖抽象思维创意，从而打破常规的思维模式，独辟蹊径。

（4）**联系思维与倾向思维**。联系思维是指运用事物存在普遍联系的哲学观点，努力发现事物之间的联系，寻求新的发展机会的思维方式。在营销策划中，市场的开拓、广告效应、公共关系的运用、企业的拓展等都需要联系思维。倾向思维则是指人们在思维活动中，常常依据一定的目标和倾向而进行思维的方式。例如，在企业形象策划中，策划人的创意往往沿着如何提升企业形象，如何美化企业视觉识别系统，如何使企业的理念识别系统更具有号召力、吸引力，如何使企业的行为识别系统更具有影响力等思路进行思维活动。通过反复思考，有时会在有意或无意、正常或偶然的情况下获取灵感，找到最好的创意。

（5）**全息思维**。全息思维是建立在全息论上的一种思维方式。全息论指出，整体与部分，以及部分与部分之间，具有明确的部位对应关系。同时整体与部分不仅有相同的部位，而且都遵循同样的分布规律，即部分是整体的缩影。整体不仅包含子系统，子系统也包含整体。用全息思维总结创意的内在规律就应当承认创意中不同部分之间的差异性，以及注重不同的子系统之间及子系统与整体之间存在的全息特性，从而化繁杂体系为简洁高效的可控的全息体系，为企业提供在信息不完全的情况下的正确决策之路。简言之，就是着眼局部操纵全局，或者综观全局掌握局部。

实用链接：创意的积极效应

- 企业形象独树一帜。独树一帜是企业形象鲜明、富有特色、有魅力的表现，是企业实施差别化战略所追求的目标。成功的创意必须通过这一目标来体现。如肯德基、麦当劳的创意都产生了这样的积极效应。
- 企业营销活动引人注目。引人注目是营销策划创意所追求的又一社会效果。引人注目必须依靠自身的特色，并在潜移默化中让社会公众接受其形象及相关的理念、行为举措。引人注目是企业实力的扩张，也是企业形象的张扬和企业魅力的辐射。创意就是解决如何张扬、如何宣传的问题。如果收到引人注目的效果，创意就成功了。
- 借冕播誉，名扬四海。营销策划往往离不开在公共关系方面进行创意，即如何借助新闻媒介的力量宣传企业及其产品，从而达到提高企业声誉的目的。营销策划就是要依次提高企业的知名度、信赖度和美誉度。企业借新闻媒介之力，使自身的“三度”提高了，创意也就获得了成功。

4.1.2　创意的产生过程

著名策划人陈放认为，创意是有能量的，这种能量常被称为“创意能”；人的意识也是有能量的，这种能量通常被称为“智能”。创意的产生需要人们发挥创意能的作用，而创意能的积累又需要人们合理运用智能，使智能得到放大。在内外条件都比较成熟时，创意就会产生，或者说创意就会释放。在通常情况下，创意的产生是有一个过程的，需要策划人做充分的准备，“机会只会光临有准备的头脑”。

1．创意的联想

一个好的创意是从联想开始的，通过联想，会有千千万万个创意涌现出来。这种联想我们常称为创意暗示、灵感、模糊的印象或灵机闪现等。进行联想的方法有很多，如案例 4-1 中所列的各种。

案例 4-1　网站推广的联想创意

某网站要制订“网站推广”的策划方案，在明确策划主题之后，以各种方法来寻求联想，其结果如下：

① 把它颠倒；	② 使它重复；	③ 变更一部分；
④ 把它缩小；	⑤ 使它变得立体；	⑥ 分裂它；
⑦ 把颜色换一下；	⑧ 参加竞赛；	⑨ 使它的风格更加浪漫；
⑩ 使它更长；	⑪ 参加赌博；	⑫ 使它速度加快；
⑬ 使它闪动；	⑭ 价格更低；	⑮ 增加香味；
⑯ 把它放进音乐里；	⑰ 给它起个绰号；	⑱ 使它看起来流行；

⑲ 结合文字、音乐和图画； ⑳ 免费提供； ㉑ 使它对称；
㉒ 使它富有活力； ㉓ 将它向儿童诉求； ㉔ 以上各项延伸组合。

评述 联想的目的是产生更好的推广网站的创意。如果产生的创意很好，却对网站的发展毫无意义，那么，我们宁可放弃这个创意！

将联想转化成为能够纳入具体策划内容的创意（从所得到的几十个甚至几百个联想点中，找出最切合策划主题，且效果较高的联想点，将其转化为创意，纳入策划内容），然后在策划会议中提案。这样一来，这个创意就比在空想阶段具有更强的说服力，因此被采用的概率也会更大。

注意点

- 获得策划联想之后，便可将其酝酿成具有实现可能性的策划创意，以便纳入策划方案。
- 并不是所有的联想点都能成为策划创意。因此必须经过过滤、再加工、组合等工作，最后选出能够转化为策划创意的联想点。

当然，一个策划方案并不是只能容纳一个创意。此外，针对一个策划主题，也往往不止做一个策划方案。这些策划方案又都需要包含几个创意。因为不是所有的联想点都能演变成创意，转化为策划方案，所以需要有一个选择的标准。如果联想点不多，也可以在转化为创意时再做选择。事实上，在转化为创意的阶段，许多联想点会自然消失。那是因为创意联想点虽然有趣，但不容易提升至策划创意的层次，这些自然消失的联想点，或者仔细想起来并不是太理想，或者与其他想法类似且无意义。

2．创意线索的寻找

有了创意灵感，就要试着设定策划主题，当策划主题设定完毕后，就要考虑以什么样的创意来构成策划，构成策划核心的创意又该如何想出来。这时就要设法收集创意的线索。

也许有人认为自己头脑不好，无论如何也想不出什么好点子，而有些人却是创意源源不绝。那么后者就是很优秀的策划人才吗？这倒也不一定。其实不管有多么丰富的创意，如果不能将这些创意实际地纳入策划方案，化为可能实现的创意，便不能称为有好的创意。问题在于策划人是否能够顺应策划主题，适时想出有效的创意。

有不少人头脑不太敏捷，但能够正视主题与现实，因而往往能提出语惊四座的好创意，并整理成相当出色的策划方案。好的创意，通常是由创意的灵感产生的。要让创意的灵感发展，并整理成可能实现的构想，然后将其组合进策划方案中。

如果以信息理论的方式来说，所谓策划就是各种信息的有机组合。而构成其组合要素的各种创意，也都是将某种信息或几种信息加工、变形、组合而产生的一种信息。此外，激发创意灵感的线索或暗示，也是一种信息。一个好的创意或特别的策划与一般的创意或策划相比，总有它的独特之处。

因此，从探寻灵感线索（暗示），激发创意到形成策划的一连串作业，也就是信息的探求、加工、变形、组合的过程。每个阶段信息探求方法的好坏，加工、变形、组合方法的优劣，都是决定能否形成一个杰出创意的条件。

案例 4-2 抽奖式营销

2018 年 11 月 6 日，一个#王思聪抽奖#的话题迅速冲上微博热搜榜榜首。原来是为了庆祝 IG 战队在英雄联盟全球总决赛中夺冠，王思聪在微博上举行了一个抽奖活动，从转发/评论/点赞中抽取 113 个人，每人赠送 10 000 元现金，且在“双 11”当天开奖。短短 2 个小时不到的时间，该抽奖微博转发量直冲 1 000 万，且在一日内王思聪的粉丝量从活动前的 1 600 万，暴涨到 3 500 万。从结果上看，王思聪只花费了 113 万元的“营销费用”，就给自己涨了 1 700 万粉丝，2 个小时内千万人次级别的转发量数据成为微博社会化营销数据的新纪录。

资料来源：https://wenku.baidu.com/view/568dceb2cbaedd3383c4bb4cf7ec4afe04a1b18d.html?from=search

评述 微博抽奖给许多微博“大 V”带来了人气、热度还有讨论度，是一种比较新兴的营销策略。

3. 创意的产生

创意的产生其实是人脑进行意识活动的结果。人脑不会凭空产生创意，只有在充分获得外界信息的前提下，对信息进行加工、变形、组合后，才能激发出暗示、灵感、突发念头等层次的联想，才能酝酿成可能实现的构想，最后再经过整理、琢磨出来的，便是“创意”。下面介绍一些产生杰出创意的常用方法。

（1）**临时收集信息法**。寻找策划构想或创意灵感的方法大致分为两种：从已有的知识、情报中探求；通过个人或集团的智慧产生。

所谓已有的知识、情报，是指发表于书刊、网络的知识，或者发布在专业媒体上的信息等。借助寻找过去的知识、情报，获得能用于目前正在思考的策划方案的创意或暗示，这是最简单易行的方法。通过个人或集团智慧产生的创意是指将存在头脑中的信息及由外部收集所得的情报综合起来加以选择、加工、变形、组合，并整理出具有异质性的信息。

（2）**身体力行法**。身体力行法的具体方法通常有下面几种。

① 制作经济报纸、行业刊物等的剪报资料；

② 专业杂志、相关书刊等的剪报或摘要抄录；

③ 收集相关图书、学会报告；

④ 收集竞争产品、周边领域产品的说明书、业务员手册等；

⑤ 出席相关研讨会；

⑥ 出席展示会、展览会、样品展销会等；

⑦ 与相关部门商品、技术、销售专家交流；

⑧ 与销售部门、中间商交流、面谈等；

⑨ 深入现场寻找线索。

通过上述这些渠道所得的情报、启示或当时所想到的创意，可以制作成资料剪贴簿或备忘卡，再一一整理。

（3）**核对表法**。动脑是联想法中一种扩散式思考法。联想方式有些是由成员个人头脑中所拥有的信息发出的，也有些是根据别人所提出的想法，加上自己的情报，产生的新联想，这些都是个人头脑里的情报。还有一种是有意识地将个人头脑中的信息刻意引出来的有效方法，叫做核对表法。

通常在新产品开发上使用极其著名的奥斯本核对表，如表4-1所示。

表4-1 奥斯本核对表

序号	问　题	创　意
1	有没有其他用途？	维持现状？稍做改变？
2	能否借用其他创意？	有什么类似的东西？能借用别人的创意吗？过去有没有类似的东西？能不能模仿什么？可以模仿谁的东西？
3	如果改变形状、颜色、运动呢？	重新塑造一下。试着改变意义、颜色、运动、声音、味道、形状、类型等
4	变大呢？	加上一点什么？多花一点时间？增加次数？拉长？变薄？附加其他价值？重叠起来？夸张看看？
5	变小呢？	取消一些东西？压缩看看？变小？变低？缩短？除去？化成流线型？
6	替换的话呢？	如果换成别的用户的话？换成其他要素呢？要使用其他材料呢？改变一下程序？采用其他动力？换成其他语气？采用其他方法？
7	对调呢？	把要素对调。换成其他类型、改用别种排列、采用别种顺序、原因和结果对调、改变速度等
8	颠倒呢？	正、负反过来？里外颠倒？上下颠倒？功能颠倒？
9	结合起来呢？	变成合金如何？组合起来如何？将单件组合起来？将目的组合起来？将创意组合起来？

个人在思考创意时，或者团体一起思考时，可试着使用表4-1中的问题，通过在理论上刺激头脑而导出联想来。例如，关于冰箱，可从表中“上下颠倒会如何”的问题得到暗示，导出上方冷藏库、下方冷冻库的联想来；从“缩小会如何”的暗示，可获得独居者用小型冰箱的联想；从“能借用他人的创意吗”的暗示，可想到使冰箱内温度能借按键调节，或者让冰箱内的温度能以不同颜色来辨别等联想。

4.1.3　创意方法论

产生创意需要一定的方法，掌握创意的产生方法是营销策划人不可或缺的一项重要技能。创意的产生方法一般可以归纳为组合、改良和新用途 3 种。

1. 组合

组合，就是把旧元素进行新的组合，用一位因创意而扬名美国的广告大师的话形容就是，创意完全就是旧元素的新组合。例如，音乐图书就是旧产品音乐与图书的组合，女士们爱穿的裙裤就是旧产品裙子与裤子的组合。

以组合的观点来分析创意，可概括为："创意=A+B"，如下所示。

- 创意=情报+情报；
- 创意=情报+物；
- 创意=物+物。

案例 4-3　雅克 V9 的出现

维生素、糖果两者都是客观存在的旧事物（消费品），但是雅客 V9 将二者融合，摇身一变，成了"维生素糖果"，创造了新的行业标准。由于糖果和维生素本来看上去是风马牛不相及的事物，因此消费者在使用其中之一时很少会在二者间产生联想。然而，无论维生素还是糖果，都是用嘴吃的。这一联系就使维生素和糖果的组合有了可能。

雅客将二者组合成新产品维生素糖果，既保留了维生素也保留了糖果，将二者融合后并没有发生化学反应而使得维生素或糖果的功效消失。"维生素糖果=维生素+糖果"的组合，使得雅客 V9 维生素糖果广受消费者欢迎。

评述　由这个例子可以知道，所谓的"创意开发"就是将已有的几种产品组合后产生新的产品。就像将维生素和糖果这两种产品组合，便产生了广受消费者欢迎的新产品——维生素糖果。

如果再分析一下其他新产品的话，不难发现，它们也都是以这样的组合方法被开发出来的。身边这样的例子还有很多，如下所示。

- IP 电话=网络+电话；
- 空调=冷却装置+吹风机；
- 汽车旅馆=汽车+旅馆。

2. 改良

改良，在策划中的含义就是将旧产品或旧事物加以改进，使其具有新的功能。改良是创意的重要来源，近似于哈佛大学教授李维特所说的"创造性模仿"。创造性模仿绝非仿冒，它的基本精神正如管理学大师彼得·德鲁克所言："创造性模仿者并没有发明产品，他只是将创始产品变得更完善。或许创始产品应具备一些额外的功能，或许创始产品的市场区间欠妥，须调整以满足另一市场。”

日本的“经营之神”松下幸之助深谙改良的道理，因此创业后一直坚持“改良旧产品、大量生产、降低成本、低价售出”的经营策略，打下了一片大好江山。

3. 新用途

新用途指开发产品的其他用途，或者改变产品的用途，但产品本身无须任何改变，只是换了一个角度或换了一种眼光去看待该产品而已。这实际上是认知的改变。

案例 4-4 上海新天地

“欧洲许多城市都保留了不同时代的城市‘断层’，不同历史时期的建筑与现代的城市和谐共存。中国的城市也应留下历史、文化的印迹……”这是香港瑞安集团董事长罗康瑞的观点。当他在业界一片反对声中毅然接下上海太平桥旧区改造项目时，有一位美国的旧城改造专家本杰明·伍德却十分支持他。本杰明·伍德与他惺惺相惜：“中国许多城市往往因为要建新的建筑就轻易地把过去的老房子毁掉了，这是十分可惜的。”他们凭着坚定的信念和独特的文化理念，成就了现在的上海新天地。

本着不同城市要留下不同历史印迹的观念，本杰明·伍德将上海石库门用原来的材质“整旧如旧”，而在内部进行了现代化的设施装修。走入上海新天地，依旧是青砖步道，清水砖墙，乌漆大门，窄窄弄堂，仿佛时光逆流，重归故里。不同肤色、不同语言、不同国度的人们相聚在露天咖啡厅、酒吧、餐桌，在休闲中感受和触摸这座城市的文化和历史。

人们这样评价上海新天地：年轻人说它时尚，中、老年人称它怀旧；外国人认为它就是中国，中国人却感到新鲜、洋气；专家则认为新天地既给人以百年前的历史联想，延续了历史文脉，又满足了社会发展的需要，与上海的城市定位十分契合。

上海新天地在旧城改造中走出了一条保护和发展相辅相成的好路子。对于一些不是文物的老建筑，在国外比较流行保留一部分并加以现代化包装的做法，从而激活一个街区或整个城市。新天地也是如此，它将中国化的传统元素进行保留，并穿插新的时代符号，在新旧的对比、历史与现代的融合中完成保护并实现创新发展。

专家认为，事实上将所有的老建筑都当作文物来保留是不现实的，对于这些有历史文化感的建筑的改造，应该借鉴上海新天地的理念来传承城市文脉，实现新的发展。

资料来源：http://news.163.com/12/0921/15/8BUH4UL400014JB6_4.html

评述 上海新天地的旧建筑本身并未发生什么改变，只是本杰明·伍德换了个角度去看待它，将其与人类文化发展紧密联系起来，进行保护并且实现增值。正如彼得·德鲁克所言，“认知的改变”就是创意的重要来源。

以上所谈的 3 种方法，虽然提供了产生创意的基本思路，但只限于描述性的指导，还没有给出创意方法的具体可操作的步骤，对初学者来说，运用起来比较困难。其实关于创意已经有了一些比较成熟的方法，这些方法大多是专业人士在实践中总结出来的，比较实用。

4.1.4　创意产生的自我训练法

经济学家张五常有一次接受香港《号外》杂志的访问时，回忆起自己一面写博士论文一面学摄影的往事。正当他的学术成就纷至沓来之时，他的摄影作品也屡获嘉奖，张五常感叹道："如今我知道莫扎特的感受了。"

实用链接：莫扎特的感受

什么是"莫扎特的感受"？莫扎特在短短 35 年的生命里，共写了 20 多部歌剧、27 首钢琴协奏曲、27 首弦乐四重奏、17 首弥撒曲、41 首交响曲及不计其数的管乐器协奏曲。在他的一生中，创作力源源不绝，甚至都来不及完成他最后的《安魂曲》。

"莫扎特的感受"就是一种创意不断涌出的状态。然而，这种状态却不是每个人都能经常碰到的，多数人饱受的是创意枯竭之苦。原因何在？日本策划大师多湖辉说："为什么我没有策划力，原因是我根本没有努力训练自己。"

在我国台湾有"专业创意人"之称的詹宏志在他的《创意人》一书的前言中写道："我写《创意人》的理由是，很多人没有创意，是因为他们缺少认识和训练。创意和游泳、网球一样，都是'会者不难'的技艺。更重要的是，我认为，创意的本质和技术，大多是可以通过学习得来的。"

事实上，人类的创造潜能，远超过我们的想象。只要经过有计划的训练，你也能找到"莫扎特的感受"。

让创意产生的自我训练法主要有以下几种。

1．观察训练法

创意的第一个要领是"观察"。当你看到的东西不一样时，你想的东西也就与众不同。"观察"不是天赋，而是一种耐心训练的结果，必须经过长期有意识的练习才行。观察力的训练，没有捷径，必须给自己设定强迫性的"观察"课程。一个策划人应该随时利用机会锻炼自己的观察能力。方法可以有如下几种。

- 你可以在上班休息时间，观察办公室每位同事打电话的姿势，分别记录下来，并且分类。
- 你可以利用中午外出就餐的时间，盯住一个食客，观察他吃饭的每个细节，然后记录下来，并指出那个人最特别的地方。
- 你可以利用下班的时间，走过一条商业街，观察每家商店的服务员，把他们的衣着、年龄、特征记录下来，试着追究一下，他们的外表和店里卖的东西有什么关系。

……

2. 图像记忆训练法

专业创意人詹宏志主张："你除了要观察，还要把画面'背'下来。"为什么要记忆画面？因为画面里充满了细节，而语言式的记忆只有抽象的要点，缺少细节。

实用链接：图像记忆训练法示例

詹宏志在他的《创意人》一书中，曾举过这样一个例子：你现在闭上眼睛，尽可能详细地按照下列指示进行想象。

现在你要从办公室回家，请从头到尾想完这件事。想完了就回答下面的问题：

- 你知道你是用语言思考还是用画面思考吗？
- 在你刚才的想象中，有站起来的动作吗？有收拾桌子的动作吗？办公室还有其他人在场吗？你穿过走廊了吗？在你的想象中，有这些画面吗？或者，考虑到这些情况了吗？
- 回家的路上，经过了多少站？街上热闹吗？塞车吗？你记得哪几家商店？它们生意好吗？在你的想象中，有这些过程吗？
- 回到家门口，碰到邻居了吗？带钥匙了吗？进了家门，谁在家呢？在你刚才的想象中，有这些画面吗？

如果这些问题你不能详细回答，那就意味着你的思考里语言多于图像。语言是最有效率的工具，当你想到"我从办公室回家"，你立刻就"到家"了。因为你用语言思考，过程都被省略了。但如果你用图像来思考，这句话就变成一段冗长的过程。语言思考比较经济，画面思考却能容纳较多的细节。细节就是创意的材料，它让你看到和别人所见不同的事物。看到的不同，想的也就不同。图像思考是一种很有用的思考方法。但是，目前的教育，大多集中于对语言、文字方面的记忆和思考，使学生很少用到图像思考，从而荒废了图像思考的能力。这样教育出来的策划人，在图像思考方面的欠缺是显而易见的。

那么，如何训练图像思考或图像记忆？詹宏志认为，就是要"重新演练你的本能，把图像思考的能力找回来"，通常可以按照下面所说的去做。

- 每天晚上用15分钟时间，以白天的一件事为例，用图像思考的方法把它回忆一遍。记着，要一幕一幕地回忆。
- 如果看了一场电影，睡觉前试着在脑中"重播"一次，要尽可能仔细，最好闭上眼睛，而眼前就仿佛是一个彩色宽银幕。
- 一开始，你可能会因为图像思考的缓慢而感到不耐烦，但一定不要放弃，这些训练不是要用来"取代"语言思考，而是要唤回你的本能，用来弥补语言思考的不足。

对一般人而言，只要有意识地利用示例中所举的类似方法加强日常训练，并坚持不懈，就一定能提高自己的图像思考能力。

3. 重新定义法

如前所述，“认知的改变”是重要的创意来源，不但个人的认知每天在变，整个社会的认知也每天在变，但它的变化是渐进的、缓慢的、不惹人注目的。当认知发生改变的时候，我们对问题的界定与解释都应跟着改变。不断重新解释自己的角色，不断重新解释社会的特性，这不但是创意人的思考方法，也应该是所有不想被社会淘汰的人的必备训练。

怎样训练自己“重新定义”的能力？詹宏志提出“渐距推远法”。“按你的习惯来下定义，然后扩大定义容纳的范围；再下一次定义，然后再扩大；再定义，再扩大得更大；再下定义……直到你的视野完全变化为止。”举以下简单的例子。

- 我是一个卖早点的人。我的问题是如何把豆浆、油条做得好吃，降低成本，招徕顾客。
- 我是一个供应早餐的人。我可以卖咖啡和油条、豆浆和煎饼套餐吗？
- 我是一个供早上外出人士方便快速进食的人。豆浆店是最方便、最快速的去处吗？有很多人还是来不及在店内就餐，我是不是可以设计一种包装，使人们很方便地在车上享用早餐？或者，我应该更进一步，方便人们边吃边向他们的办公室、学校前进，有没有一种“早餐巴士”的可能？

渐距推远法是重新定义法中最有用也最常用的，但这并不意味着它是重新定义的唯一方法。有时，重新定义是横向移动的；有时，重新定义又是再造一个新的、全无关系的新定义。

创意人不但要练习渐距推远法，也要想想“平移”的可能。最主要的是，必须保持“不断定义”的习惯，不断产生新的解释，不断把旧的变成新的。

4. 德鲁克式的问句

德鲁克是个奇特的“顾问家”，或称“咨询师”。他的顾问对象经常是世界各国的政府和名列前茅的国际公司。他的费用很贵，即使一家大公司，有时候也只“付得起半天的费用”。他一年的“顾问工作日”只有 70 天，加上他的旅行演讲也不超过 100 天。其余时间他用来读书、思考、写作。

但是，这位现代的“顾问巫医”并不提供惊人的数据或精密的技术，他只是坐下来，和他的客户在一起，然后就开始问出他的看似愚蠢的问题：

- 你真正想做的是什么？
- 你为什么要去做？
- 你现在正在做什么？
- 你为什么这样做？

德鲁克式的问句，其核心是让我们专注于真正的问题。

正如那句谚语所说的：“如果你能陈述问题，问题就可能被解决。好的问题，就等于解答了一半。”但是，人们通常花很短的时间提出一个不清楚的问题，却花费很长时间来试图解决这个问题，实际上这样的思考可能并没有紧扣真正的问题。那么，怎样才能问一个好问题呢？

（1）**问题要浅。**德鲁克的“你最想做的一件事是什么？”可以说是最浅的问题了。最浅的问题常常也是最基本的问题。如果你能抛开干扰，回到基本，问“小孩子式”的问题，你常常就能找到最重要的问题。

（2）**问题要清楚。**问题要直达重点。如果你觉得有困难，那么就试着用几个方式去问同一个问题（方式越多越好）。经济学家弗利德曼（Milton Friedoman）遇见别人问他问题时，总是喜欢说：“且让我重述一下你提的问题。”有一次，他在解释法国某学者的货币理论时，经济学家张五常问道：“您的主旨是如果时间长而事情不变，人们就觉得沉闷吗？”弗利德曼回答：“你是要问，是否时间越多，时间的边际价值就越少？”这样一来，就把问题聚焦到经济学上的“边际收益递减”规律。张五常后来说：“他无须回答我，答案已经浮现出来了。”

（3）**判断问题的重要性。**问题重要与否，应该放在一切之前考虑。经济学家张五常认为判断问题的重要性并不太难，你只要问自己：“如果这个问题有了答案，我们会知道些什么？”如果所知的和其他知识没什么关系，或者所知的改变不了众所周知的学问，那么这个问题就是不重要的问题。如果问题只能有一个答案，没有其他的可能性，那么这个问题就是“蠢问题”。

德鲁克式的问句实际上是简化问题，把问题集中在“目标”上，然后你才能真正知道该把精力集中在何处。德鲁克并不解决问题（只有在工作现场的人才能解决问题），他只是修改问题，让你面对正确而简单的问题，接下来的就是你自己的具体工作。会问问题，是每个创意人不可缺少的技能。

5. 创造性模仿

德鲁克在他的《创新与创业精神》一书中，引用了哈佛大学教授李维特的术语“创造性模仿”，并将之作为一种企业策略。

案例 4-5　华为手机

2019年，华为手机市场份额反超苹果手机，世界排名第二。在华为手机的成长之路上，其多年扮演着追随者的角色，从优秀的模仿者到创造者，华为手机是从模仿到创造的中国优秀企业样本。起初，华为手机通过吸取其他智能手机厂商的优秀创意应用至自己的产品实现创造性模仿。2015年华为手机的Mate S模仿苹果手机的Force Touch（压力传感）技术并抢先在下一代iPhone之前发布这一功能。Mate S还模仿HTC One系列手机的切角边缘、略带弧形的背面外壳，以及在光滑金属中嵌入塑料材质，但并未模仿HTC One M9奇怪的电源按钮设计，强调简洁的正面设计最终优于HTC One。华为手机的Aspire系列则模仿了索尼OmniBalance广受手机用户欢迎的带角的矩形设计。华为手机成为全球第二大智能手机厂商并非侥幸，而是因为该公司模仿优秀创意的同时还实现了创造性发挥。

资料来源：http://www.qlmoney.com/content/20180808-330901.html

http://news.mydrivers.com/1/446/446073.htm

评述 在模仿中进行创造，你会在不断成长中领先成功一步。

"创造性模仿"同样适用于策划创意。"前不见古人，后不见来者"的创意毕竟是不多见的，绝大多数创意都是经过改良、模仿得来的。但是创造性模仿不是消极的模仿，一定要有积极的观念和精神。它的目标是创造，而不是模仿。创造性模仿者透过对他人创意的模仿，将其重新组合、改良，从而产生不同功能与价值的"新"创意，这就是创造。

4.2 营销策划书的框架设计

当营销策划的创意、构想过程基本完成后，接下来的工作就是将营销策划的内容和实施步骤条理化、文字化，即撰写营销策划书。

营销策划书作为创意和策划的物质载体，以策划文字或图表为表现形式，它使得策划人的营销策划方案能够被他人所知道和接受，使营销策划由一种思想一步步地变成现实。营销策划好比排演一场戏，营销策划书就相当于戏的剧本，它既是编剧对故事的构思，又是演员赖以表演的蓝本。没有剧本，戏当然是演不成的。

营销策划书不可能凭空而来，也不可能一挥而就。如果把营销策划创意比作楼房的地基，那么营销策划书的框架纲要就是楼房的立柱。在上一节中介绍了创意的内涵、创意的方法论和创意的自我训练法，也就为撰写营销策划书打好了"地基"，那么接下来的工作就是设计营销策划书的框架，描摹营销策划书的纲要。

4.2.1 框架设计的准备

框架设计对书撰写营销策划书来说，是非常重要的工作，但不是第一步工作。换言之，在设计营销策划书的框架之前还有一些准备工作需要做，如明确书写的对象、作用、目的和意义。

1. 营销策划书写给谁

第一步需要弄清营销策划书的提供对象是谁，不同的接受者所要求的标准（也就是策划审议时的重要标准）是不相同的。所以书写营销策划书的前提条件是要明白营销策划书为谁而写，相关的要求是什么，从而使营销策划书在书写时能够站在接受方的立场上，也为以后营销策划书被接受方的采用打下基础。

2. 营销策划书的作用是什么

需要说服别人支持营销策划，但仅以口头表述又无法说清楚，这时就需要书写营销策划书，通过营销策划书将策划人的意图向审议者传达。虽然并不是所有的营销策划都需要制作营销策划书，但是对于比较复杂的营销策划来说，有了营销策划书做主要的或辅助的说明，会使营销策划更易被接受方采纳。另外，营销策划书也是相关部门向上级或其他部门汇报营销策划成果时的重要依据。营销策划书的另外一个重要作用就是充当"剧本"，即在营销策划的具体实施过程中，对执行者起到指导和监督作用，从而确保营销策划的顺利实施。

3. 营销策划书的最终写作目的是什么

从根本上说，营销策划书的写作目的就是使决策者接受营销策划的内容，并确保营销策划按计划顺利实施。

4.2.2 营销策划书的框架要素

不管哪一层次或哪一部门的营销策划书，其基本框架均应包括下列内容，通常可以概括为“5W3H1E”。

- What（什么）——营销策划的目标、内容。
- Who（谁）——营销策划的相关人员。
- Where（何处）——营销策划的场所。
- When（何时）——营销策划的日程计划。
- Why（为什么）——营销策划的假设、原因。
- How（怎样）——营销策划的方法和整体系统运转。
- How（怎样）——营销策划的表现形式。
- How（多少）——营销策划的预算。
- Evaluation（评估）——效益评估。

注意点

与一般的“5W1H”不同，营销策划书还强调其他两个“H”，即“How about this feel?”（要求注重表现形式）和“How much does this cost?”（要求明确预算是多少）。

一般而言，一个好的营销策划必须具备精彩、扣人心弦的表达形式，才更容易实施并达到最终目标。同时，营销策划还是一项复杂的系统工程，需要一定的人力、物力和财力。同其他任何一项投资一样，营销策划的预算与其最终的收益也要有一个适当的比率，只有这样，这项营销策划才具有其实施的可行性和合理性。因此，在营销策划书中，预算的内容是必不可少的。营销策划预算进行得越周密，费用项目划分得越细，才越具科学性和说服力，从而使这项营销策划方案更易为决策者接受。

这里需要特别指出的是，“5W3H1E”是营销策划书的框架内容，这几项缺一不可，但这并不意味着它们是营销策划书的全部内容。不同专题的营销策划书，其目标和要求各异，因而内容也千差万别。例如，对于某些营销策划书而言，专家意见也是其重要内容之一。因为这类营销策划书往往专业性较强，而策划人并不一定是专业人员，专家意见将使得该营销策划书更具有说服力。

4.2.3　设计营销策划书的框架

营销策划书的写作要先依据创意和策划人的意图勾勒出主体框架，然后才能开始具体内容的书写。框架纲要不仅是营销策划总体思路的体现，还是找到具体问题的切入点，并有助于及时发现不足和遗漏。

由于行业的差异和策划专题的不同，营销策划书框架纲要并无固定的格式。但是依据营销策划活动的一般规律，营销策划书正文的框架纲要一般应包括：界定问题、环境分析、问题点及机会点、营销目标、营销战略、营销组合策略、行动方案、财务分析、营销策划控制方案等单元（见图 4-1）。

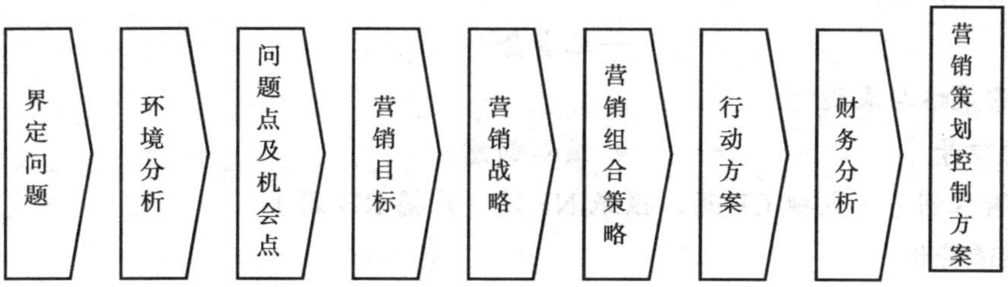

图 4-1　营销策划书框架纲要

图 4-1 所列举的营销策划书框架纲要可以为营销策划书的编写提供一般性指导和写作格式范本，但在具体的编写过程中要灵活运用，不必拘泥于形式。为了更好地指导营销策划书的写作，本节精选了常用的营销策划书框架纲要编写范本，供读者参考。

案例 4-6　某啤酒公司广告营销策划书的框架纲要

1. 整体环境的挑战
- 竞争者挑战
- 消费者变化挑战
- WTO 开放挑战
- 政府法规挑战

2. 啤酒的未来市场在哪里
- 最近 5 年啤酒产销量
- 各品牌啤酒市场占有率
- 啤酒的未来成长空间与潜力

3. 目前本啤酒品牌与消费者的品牌网络关系
4. 本啤酒今年年度最关键的思考主轴与核心
5. 经营策略
- 如何扩大整体啤酒市场
- 如何开拓年轻人市场
- 如何提升本品牌形象
- 如何经营销售渠道

6. 传播目标与策略
- 短期/长期的传播目标
- 短期/长期的传播策略

7. 传播概念
- 主要/次要诉求对象

• 核心诉求重点与口号

—品牌概念　　—产品概念

—产业理念　　—价值诉求

8. 传播组合

• 品牌运作

—广告（电视、报纸、广播、电影、杂志）

—渠道营销（中/西餐厅、KTV店、便利商店）

—促销（SP）　　—事件营销　　—网络营销

• 公益广告运作

—事件　　—记者会

9. 创意策略与表现

• 主题口号　　• 核心创意

•各篇脚本创意（电视CF篇、报纸NP篇、广播RD篇）

10. 渠道营销

• KTV活动营销　　• CVS（便利店）活动营销

• 大卖场活动营销　　• 超市活动营销

11. 消费者促销

活动目的、主题、方式、广告

12. 事件营销

营销名称、目的、计划、内容

13. 网络营销

营销目的、主题、手法、方式、视觉表现

14. 公益广告

广告目的、策略、传播组合

15. 媒体计划建议

• 目前品牌主要已投资媒体广告分析

• 媒体广告组合计划　　• 媒体选择

• 媒体排期策略　　• 媒体执行策略

16. 媒体预算分析

• 五大媒体预算　　• 渠道营销预算

• 事件营销预算　　• 公益广告预算

• 网络营销预算　　• CF制作预算

• 广告效果测试预算　　• 策划设计预算

• 其他费用　　• 预计总金额

17. 整体时效计划表

• 拍片　　• 助成物印制

- 五大媒体上档
- SP 发动
- 公益广告发动
- 广告效果测试日
- 渠道营销发动
- 事件营销发动
- 网络营销发动

4.3　营销策划书的撰写

本节主要介绍营销策划书的各部分内容该如何撰写，并简要说明采用何种表现手法可以使营销策划书更容易被理解，以及写作中应注意的一些细节问题。

4.3.1　营销策划书的内容及写法

如表 4-2 所示，一份完整的营销策划书包括封面、策划主体、附录等部分。

表 4-2　营销策划书的基本结构

结　构	内　容
封面	营销策划书及客户名称、策划机构或策划人名称、营销策划完成日期、营销策划适用的时间段、保密级别及编号
概要	营销策划主要内容概括
目录	营销策划的提纲
前言	营销策划目的及相关内容说明
界定问题	明确营销策划目标、主题
环境分析	市场状况、竞争状况、分销状况、宏观环境状况
问题点和机会点	分析问题、发现机会
营销目标	市场目标、财务目标
营销战略	市场细分、目标市场、市场定位
营销组合策略	产品策略、价格策略、渠道策略、促销策略
营销实施方案	人员安排、道具设备、时间计划、地点选择
财务分析	损益表等财务报表、营销费用预算
策划控制方案	方案执行控制、风险预测、应急方案
结束语	突出营销策划的内容要点
附录	数据资料、问卷样本及其他背景材料

1. 封面

营销策划书的封面一般应列明以下各点。

- 营销策划名称（主题）；

- 策划人的姓名（策划机构或小组成员名单）；
- 营销策划制作或完成的日期；
- 营销策划适用的时间段；
- 营销策划书的保密级别及编号。

除此之外，还可在封面附上一段对营销策划书内容做简要说明的文字，但不宜过长。营销策划书的封面就好比人的脸面，它可以给接受者带来很重要的第一印象，因此不可马虎对待，应该让你的封面给你的顾客传递出这样一条信息：我的营销策划是最好的！

2. 概要

概要相当于一般书籍的序，主要是对营销策划项目进行概括说明，包括营销策划的目的、意义、创意形成的过程、相关策划的介绍，以及营销策划书包括的内容等。概要应简明扼要，字数以300～400字为宜。

3. 目录

营销策划书的目录与其他书籍的目录作用相同，它涵盖了全书的主体内容和要点，应能使人读过后对营销策划的全貌、策划人的思路、营销策划书的整体结构有一个大体的了解，并且为接受者查找相关内容提供极大的方便。目录实际上就是营销策划书的简要提纲，策划人应认真编写。其内容应比较精练，如图4-2所示。

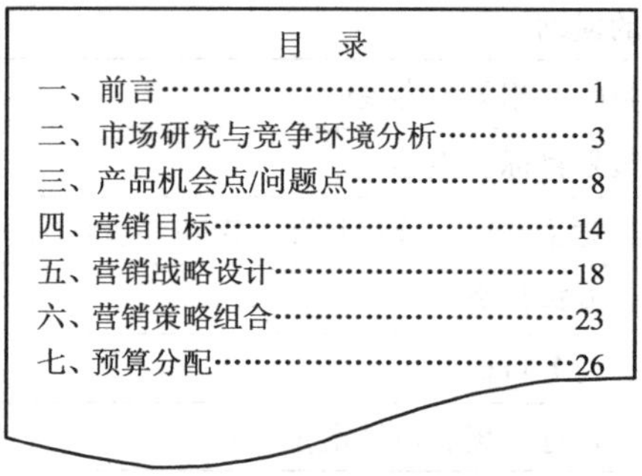
目　录
一、前言……………………………………1
二、市场研究与竞争环境分析……………3
三、产品机会点/问题点……………………8
四、营销目标………………………………14
五、营销战略设计…………………………18
六、营销策略组合…………………………23
七、预算分配………………………………26

图4-2　营销策划书目录写法举例

4. 前言

前言的作用在于统领全书，因此其内容应当包括对营销策划的宗旨、目的及背景，以及营销策划的必要性等问题的描述。

前言一方面是对营销策划书内容的高度概括性表述，另一方面可以引起读者的注意和兴趣。在读者看过前言后，要使其产生急于看正文的欲望。前言的篇幅通常以不超过一页为宜，字数可以控制在1 000字以内，其内容主要集中在以下几个方面。

- 简单交代接受营销策划委托的情况。如A营销策划公司接受B公司的委托，承担××年度营销策划工作。

- 进行营销策划的原因。就是把这个营销策划的重要性和必要性表达清楚，这样就能吸引读者进一步去阅读正文。
- 对营销策划过程的概略介绍和对营销策划实施后要达到的理想状态的简要说明。

5. 界定问题

此部分需要明示营销策划所要实现的目标或所要改善的重点。无论多么精美的营销策划方案，如果定位于错误的市场，把重点放在错误的方向上，最终都必定因偏离企业所希望达到的目标而失败。所以，在进行营销策划之前要找到一个最佳切入点，以及实现那些目标的战略直觉。这主要是通过界定问题来解决，即把问题简单化、明确化、重要化。

6. 环境分析

"知己知彼，方能百战不殆"，这一部分需要策划人对环境比较了解。环境分析的内容包括市场状况、竞争状况、分销状况、宏观环境状况等。

（1）**市场状况**。市场状况是指产品目前的市场、规模、广告宣传、市场价格、利润空间等。列出近期目标市场的数据，通过对比年度相对指标，可以得出分析结果。

（2）**竞争状况**。对主要的竞争者进行辨认，并逐项描述它们的规模、目标、市场份额、产品质量、营销战略和其他特征，从而充分地了解它们的意图和行为。

（3）**分销状况**。列出各个分销渠道的销售数据资料和重要程度。

（4）**宏观环境状况**。描述宏观环境的主要趋势（如人文的、经济的、技术的、政治法律的、社会文化的等），阐述它们与本企业产品的联系。

7. 问题点和机会点

营销策划方案是对市场机会的把握和策略的运用。因此，分析问题，寻找市场机会，就成了营销策划的关键。只有找准了市场机会，才可以提高营销策划成功率。通常情况下，采取 SWOT 分析法，即对企业内部环境的优势（Strengths）和劣势（Weakness）及外部环境的机会（Opportunities）和威胁（Threats）进行全面评估。

（1）**优势/劣势**。这是指销售、经济、技术、管理、政策（如行业管制等政策限制）等方面的优势和劣势。

（2）**机会/威胁**。这是指分析市场机会与把握情况，分析市场竞争中的威胁与风险因素。

（3）**SWOT 综合分析**。即综合分析企业优势与劣势、市场机会、环境威胁这四项战略要素，明确能够被本企业有效利用的市场机会，尽可能将良好的市场机会与企业优势有机结合。同时要努力防范和化解环境威胁和企业劣势可能带来的市场风险。

现以某家电企业的 SWOT 分析为例（见图 4-3）。

内部优势（S）	内部劣势（W）
1. 技术领先，技术能力强 2. 产品品质好，产品线全 3. 产品口碑好，有品牌积累 4. 资金实力强，融资方便 5. 生产能力强，生产和质量管理经验丰富 6. 在三、四级市场有较大的网络优势	1. 组织机构尚未度过磨合期，仍需经市场考验 2. 终端建设落后于竞争者 A，一、二级市场不如竞争者 A 3. 市场不规范，经销商积极性不高 4. 营销管理手段落后，工作效率低 5. 服务、传播力度及效应与竞争者 A 有一定差距
潜在的外部机会（O）	**潜在的外部威胁（T）**
1. 宏观经济形势好 2. 西部大开发给西部市场带来了新的发展机遇 3. 周边国家经济逐渐复苏及我国加入 WTO，有利于出口业务的拓展 4. 有潜力的三、四级市场在成长 5. 新渠道的发展	1. 行业进入微利时代，竞争加剧，盈利水平下降 2. 新竞争者的加入，给行业带来更多的不确定因素，随时面临降价的威胁 3. 地方品牌的复苏加大了区域市场的竞争壁垒 4. 竞争品牌的经济型产品对市场的冲击较大

图 4-3 某家电企业的 SWOT 分析

（4）**问题分析**。在 SWOT 分析的基础上，明确在制订和实施市场营销战略计划过程中还必须妥善处理的主要问题。

8. 营销目标

无论哪方面的营销策划书，都应当明确企业具体要达到的营销目标，如市场占有率、销售增长率、分销网点数、营业额及利润目标等。

营销目标必须满足以下 4 个条件。

- 目标必须按轻重缓急有层次地安排；
- 在可能的条件下，目标应该用数量表示；
- 目标必须切实可行；
- 各项营销目标之间应该协调一致。

9. 营销战略

在营销策划书中的“营销战略”部分，要清楚地表述企业所要实行的具体战略，包括市场细分、目标市场和市场定位 3 方面的内容。

（1）**市场细分**。其目的在于帮助企业发现和评价市场机会，以正确选择和确定目标市场。

（2）**目标市场**。即根据企业资源状况及实力，找准目标市场。

（3）**市场定位**。这是指企业为在目标顾客心目中寻求和确定最佳位置而设计产品和经营特色的活动。

关于定位的具体内容，可以参见本书的第 7 章。

10. 营销组合策略

确定营销目标、目标市场和市场定位之后，就必须着手准备在各个细分市场所采取的具体营销策略，以及确定相关的营销组合策略。

所谓营销组合，就是企业的综合营销方案。企业根据自己的营销目标与资源状况，针对目标市场的需要对自己可控制的营销策略（产品、价格、渠道、促销）进行优化组合和合理的综合运用。其中的促销又包括广告、人员销售、营销推广和公共关系几个方面。

（1）**产品策略**。即阐述产品体系、品牌体系、品牌管理、包装体系、包装形式、包装设计等内容。

（2）**价格策略**。即阐述定价原则、定价方法、价格体系、调价体系等内容。

（3）**渠道策略**。即阐述渠道建设指导方针、渠道开发步骤、渠道网络架构、渠道激励措施等内容。

（4）**促销策略**。即阐述广告、人员推销、营销推广和公共关系所采用的方法。

关于如何进行营销组合策划的问题，详见本书第 6 章的内容。

11. 营销实施方案

要实施营销策划，还要将各项营销策划转化成具体的活动程序。为此，必须设计详细的营销策划行动方案（见表 4-3）。在行动方案中，以下几点内容需加以确定。

- 要做什么作业？
- 何时开始？何时完成？其中的各项作业分别需多少天完成？各项作业的关联性如何？
- 在何地？需要何种方式的协助？需要什么样的布置？
- 要建立什么样的组织机构？由谁来负责？
- 实施怎样的奖酬制度？
- 需要哪些资源？各项作业收支预算为多少？

表 4-3 营销策划行动方案安排

作业名称	负责人	行动地点	开始日期	计划结束日期	实际结束日期	预算费用	实际费用	备注
作业 A								
作业 B								
…								

12. 财务分析

财务分析主要是对营销策划方案各项费用的预算，包括营销过程中的总费用、阶段费用、项目费用等，其原则是以较少的投入获得最佳的效果。

预算费用是营销策划书必不可少的部分。预算应尽可能详尽周密，各费用项目应尽可能细化。预算费用应尽可能准确，能真实反映该营销策划方案实施的投入大小。同时，应尽可能将各项费用控制在最小规模上，以求获得最大的经济效益。

在实际的预算计算中，常根据各项目标下的各费用项目列出表格（见表4-4），计算出所需经费，此方法称为“目标估计法”。

表4-4 营销预算表

营销预算 作业名称	1月	2月	3月	4月	5月	6月	7月	8月	9月	10月	11月	12月	合计
作业A													
作业B													
作业C													
…													
机动													
合计													

13. 策划控制方案

（1）**一般控制方案。**一般控制方案通常包括以下几点。

① 每月或每季度详细检查目标达到的程度。

② 高层管理者要对目标进行重新分析，从中找出未达到目标的项目及原因。

③ 对营销效果的具体评价方面有经营理念、整体组织、信息流通渠道的畅通情况、战略导向和工作效率等。

（2）**应急方案。**应急方案主要考虑市场信息的不确定性。需制订多套应急方案，列出可能发生的所有特殊事件及发生这些特殊事件时的对策，以降低风险。

14. 结束语

与前言呼应，营销策划书应有一个圆满的结束语，重复一下主要观点并突出要点。

15. 附录

附录是营销策划书的附件，附录的内容对营销策划书起着补充说明作用，便于营销策划书的实施者了解有关问题的来龙去脉，为营销策划提供有力的佐证。在突出重点的基础上，凡是有助于阅读者理解营销策划内容和增强阅读者对营销策划信任的资料都可以考虑列入附录，如引用的权威数据资料、消费者问卷的样本、座谈会记录等。列出附录，既能补充说明一些正文中的问题，又显示了策划人的责任心，同时也能增加营销策划方案的可信度。注意附录部分也要标明顺序，以便查找。

4.3.2 营销策划书的撰写技巧

可信性、可操作性及说服力是营销策划书的生命力所在，也是营销策划所追求的目标。因此，在撰写营销策划书时应十分注重这几方面的内容。

下面介绍在营销策划书撰写过程中，常用的一些基本技巧。

1．合理使用理论依据

要提高营销策划内容的可信性，更好地说服阅读者，就要为策划人的观点寻找理论依据，这是一个事半功倍的办法。但要防止纯粹的理论堆砌。

2．适当举例说明

在营销策划书中，加入适当的成功与失败的例子既可以充实内容，又可以增强说服力。在具体使用时一般以多举成功的例子为宜，选择一些国内外先进的经验与做法，以印证自己的观点，这样效果会非常明显。

3．充分利用数字说明问题

营销策划书是用于指导企业营销实践，因而必须保证其可靠性。营销策划书的内容应有理有据，任何一个论点最好都有据可依，而数字就是最好的依据。在营销策划书中利用各种绝对数和相对数来进行比较对照是绝对不可少的，注意使用的各种数字都要有可靠的出处。

4．运用图表，使内容视觉化

图表有着强烈的直观效果，并且比较美观，更加有助于阅读者理解营销策划的内容。用其进行比较分析、概括归纳、辅助说明等非常有效。要想使营销策划书形象生动，最好还应使其内容视觉化。

所谓视觉化，就是将营销策划书中的内容尽量用各种图表、实物照片来表示，从而给接受者以直观的印象。接受者可能对整段、整篇的文字没什么记忆，但很容易记住各种图片、流程图、箭头及图形边的简短说明等。

5．突出重点，切勿面面俱到

在营销策划过程中，应突出重点，切勿目标过多。

对一个善于思考的人来说，就某个问题可以产生很多想法，这是一个优点，但如果把这些想法全都纳入营销策划之中，则是一件十分危险的事情。因为如果营销策划书中观点和想法太多，容易分不清营销策划的焦点和主体。

因此，一个优秀的策划人会把构想浓缩。即使有很好的方案，只要与主题无关，就要删除。事实上，适当的舍弃才是重要的策划技巧。

6．准备若干方案，未雨绸缪

在拟订营销策划书时，并没有硬性规定一次只能做一个方案。其实，对于同一个主题，同时做出两个或三个方案也是可以的。当然，有的策划人过于自信，认为自己的方案是完美无缺的，但从企业的实践而言，在对营销策划进行审查时，一定会有种种的意见出现，所以事先准备替代方案才是明智的选择。

有经验的策划人会预测审议者可能提出的反对意见，或者了解他们的习惯，然后据此准备第二方案、第三方案。首先把第一方案提出，当出现反对意见时，再拿出备用方案。

由于备用方案已经包含了对第一方案的批评，所以审议人员不得不赞成。更周到的策划人往往还准备第三方案，以防万一。

总之，与其因第一方案遭否决而使自己全军覆没，倒不如事先准备好后备方案，以提高成功的概率。

7. 有效利用版面设计，增强感染力

营销策划书视觉效果的优劣在一定程度上取决于版面设计，因而有效利用版面也是营销策划书撰写的技巧之一。这包括字体、字号、字间距、行间距的确定，黑体字的应用及插图和颜色等。优秀的版面设计能使营销策划书显示生气、突出重点、层次分明、严谨而又不失活泼。下面是版面设计时几个常用的技巧。

（1）**标题可以分为主标题、副标题、小标题、标题解说等**。通过简练的标题设置，可使营销策划书的内容与层次一目了然。

（2）**用空白突出重点**。用空白处将某部分与其他部分分开以示强调，这是为使营销策划方案易懂的常用版面设计方法之一。在正文中调整段落的长度，使用列举等方法都需要留出空白处。

（3）**限制同一版面出现字体的种类**。绝大多数的文案只使用 3 种或更少种类的字体，因为过于纷繁的字体会使版面显得过于花哨，喧宾夺主，且影响阅读速度。通常中文文字使用宋体、黑体、楷体等，英文文字使用 Times New Roman、Palatino、Elite 等。字号一般使用五号、小四号、11 号等。

（4）**使用阴影突出、适度着色和其他点缀方式**。色彩可以有效地突出重点，尤其是蓝色、绿色、紫色深受年轻读者的喜爱，而 50 岁以上的读者对蓝色的接受程度较低。但如果营销策划书只在普通打印机上输出，就不必着色，因为无法看出效果。另外，着色过多也会适得其反。

（5）**若使用识别符号来增加营销策划书版面的美感，最好在标题前加上统一的识别符号或图案来作为营销策划内容的视觉识别，这样不致给人以杂乱的感觉。**

（6）**版面的排列、设计不应该一成不变**。为了避免刻板老套，可以多运用图表、图片、插图、曲线图及统计图表等，并辅之以文字说明，从而增加可读性。

8. 重视细节，完善营销策划书

细节往往容易被人忽视，但是对营销策划书来说细节十分重要。因此，我们在书写营销策划书时还应注意以下几点。

（1）**营销策划书中的错字、漏字会影响阅读者对策划人的印象**。企业的名称、专业术语等更不能出现错误。

（2）**一些专门的英文单词，差错率往往是很高的，在检查时要特别予以注意**。如果出现差错，审议者往往会认为撰写人本身的知识水平，这就在很大程度上影响了对营销策划整体的信任度。

（3）纸张的好坏、打印的质量等都会对营销策划书本身产生影响。

注意点　策划要有个性

优秀的策划一般都带有策划人的个性。所谓策划人的个性，简言之就是对策划的自我主张，它反映出策划人的信念、哲学或人生观。要想在策划中展现个性，策划人需在策划构想中融入自己独特的风格或思考方式，并以恰当的方式将这些构想综合表现出来。

实用工具

营销策划书的一般格式

1．导言

本案的目的与目标。

2．营销环境分析

（1）类别/竞争者定义

（2）类别分析

A．总计市场因素

- 类别大小　• 类别成长　• 产品生命周期阶段
- 销售循环性　• 季节性　• 利润

B．类别因素

- 新加入者威胁　• 买方讨价还价能力　• 供应商讨价还价能力　• 替代品威胁
- 种类容量　• 当前种类竞争程度

C．环境因素

- 技术　• 政治　• 经济　• 自然　• 社会　• 人口

（3）公司和竞争者分析

A．产品特征矩阵

B．目标

C．战略

D．营销组合

- 构思与设计新产品的能力　• 管理的能力　• 金融的能力
- 市场的能力　• 生产和提供服务的能力　• 类别的成功意愿

E．利润

F．价值链

G．差异性优势/资源分析

H．期望未来策略

（4）消费者分析

- 重要的使用者与购买者是谁？是否为同一人？购买总量是多少？
- 消费者在购买时，会受到哪些因素影响？购买的主要动机是什么？
- 消费者在什么时候买？经常在哪些地点买？还是时间、地点均不定？

- 消费者对商品要求的条件主要有哪些？
- 消费者每天、每周、每月或每年的使用次数？使用量？
- 消费者大多经由哪些渠道得知商品的信息？
- 消费者对此类商品的品牌忠诚度如何？消费者对此类商品的价格敏感度如何？对品牌敏感度如何？对促销敏感度如何？对广告吸引力敏感度如何？
- 不同的消费者是否有不同包装容量的需求？

（5）策划假设

- 市场潜力
- 类别和产品销售预测
- 其他假设

3．目标

A．公司目标（如果必要）

B．部门目标（如果必要）

C．营销目标

- 容量和利润
- 时间表
- 次级目标（如品牌资产、顾客和新产品）
- 项目

4．问题点及机会点

- 问题点分析与克服
- 机会点分析与掌握

5．营销战略

A．目标市场（对象）

- 市场对象：什么人买？什么人用？
- 产品的形象及所要塑造的个性
- 广告诉求对象：卖给什么人？

B．定位

- 定位就是产品的位置，即究竟站在哪里？定位要选好，站好，站稳，让消费者很清楚

6．商品分析

- 商品的包装方式、规格，各种包装的售价，各种包装的销售比例
- 商品的特色与卖点
- 各商品在不同渠道的销售比例
- 各商品的营销区域及上市时期
- 商品的品牌计划
- 各商品的季节性销售状况

7．支持性营销策略

A．广告策划

- 广告目标
- 广告诉求对象
- 消费者利益点与支持点
- 广告呈现格调与特性
- 创意构想与执行
- 人物、背景、视觉

B．媒体策划

- 媒体目标
- 媒体预算
- 媒体公关（记者、编辑）
- 媒体实施期间分配
- 媒体分配

C．促销活动策划

- 促销活动目标
- 促销活动的策略与诱因
- 促销活动的执行方案内容
- 促销活动时间表

D．事件营销与直效营销计划

- 事件营销计划重点
- 直效营销计划重点

8．财务预算

- 广告预算
- 促销预算
- 媒体公关预算
- 事件营销预算
- 直效营销预算
- 记者会、发布会预算
- 市场调研预算
- 其他预算

9．监督与控制

- 营销测量
- 二手资料
- 一手资料

10．营销预案

本章要点

- 创意是营销策划的灵魂。
- 营销策划创意的产生要经过灵感的激发、创意的构想、创意线索的寻找、创意能力的自我训练、创意方法的运用等阶段。
- 撰写营销策划书时，要注意其框架纲要和书写技巧等。
- 营销策划书的撰写要求简洁扼要、引人入胜，最终能使创意成为系统化的营销策划方案。

练习题

（1）你能给创意下个定义吗？

（2）创意是坐在那里冥思苦想吗？要想有优秀的创意应该怎样做？

（3）上网搜索一份营销策划书，分析其框架纲要。

（4）营销策划书的内容及写法包括什么？

（5）要使一份营销策划书引人入胜，应该注意哪些撰写技巧？

实训项目：营销策划创意

【实训目标】

（1）培养学生发散思维的能力；

（2）培养学生营销策划创意的能力。

【实训内容与方法】

某学校中心位置有一家开业很久的豆浆店 A，后来在另一较差的位置又开了一家豆浆店 B，这两家豆浆店周围都是女生宿舍，女生是主要消费者，由于位置较差，再加上新近销售状况一直不理想，B 店的老板非常着急，向学生征集提升销量的创意。要求每位同学想一个创意帮助老板解决困难，其他同学对其创意进行评价。

（1）阐述创意产生的过程。

（2）仔细听其他同学的发言，评选出你认为最好的一个创意。

（3）综合分析同学们创意的产生大体用了哪几种方法，并比较与教材上的是否一致。

（4）对所有创意可行性进行评价，把自己的学习心得与同学交流。

经典案例赏析

农夫山泉的独特营销

农夫山泉以优秀的产品加上独特的营销引领国内饮用水市场。

两会上的绿色小标签

在 2018 年的两会上，农夫山泉瓶装水受到广泛关注，不仅被人民日报等官方媒体大力赞扬，同时获得数万网友的称赞。在全国两会的会场及代表团驻地，人们发现矿泉水瓶上多了一个绿色小标签，标签上可以写名字，或者用指甲划出标记，这样就方便人们把喝不完的水带走。网友表示终于不用再费力把外面的塑料包装撕得又好看又与众不同了，纷纷点赞并希望市场上的其他瓶装水品牌包装也能进行改变，将这样环保又有创意的包装广泛普及。

借自然之势营销

自 1996 年创立至今的农夫山泉，其广告可以说一直是广告营销界效仿的对象，坊间一度有“文案看杜蕾斯，广告看农夫山泉”的说法。2018 年农夫山泉再次给我们贡献了一部刷屏级广告大片，以紫貂、东北虎、梅花鹿等野生珍稀动物为主角，真实呈现给我们日常生活中甚至影像资料中难得一见的自然生灵，满足了我们对珍稀动物的好奇心。

押中现象级综艺

2018 年 4 月 6 日晚，《偶像练习生》总决赛完结。与此同时《偶像练习生》的关联搜索就霸占了整个微博热搜榜。在强大的“粉丝经济”推动下，获得巨大回报的不止是 3 个月前还名不见经传的练习生，还有押对“爆款”IP 的品牌商——农夫山泉。通过这次冠名现象级网络综艺《偶像练习生》，不仅含有“水票”的农夫山泉维他命水和矿泉水的销量飞速飙升，农夫山泉品牌也再次得到了空前的传播。

资料来源：http://www.3490.cn/news/25828.html

评述　“最好的营销就是事件营销”，抓住事件，就能抓住一切！

思考讨论题

试在生活或其他领域中寻找灵感，产生创意，然后从中筛选较好的创意，书写成一份精美的营销策划书。

CHAPTER 5

第 5 章 营销策划书的推销与实施

推销的要点不是推销商品，而是推销自己。

——乔·吉拉德

学习目标

☑ 解释为什么创意很好的营销策划书也需要推销
☑ 说明营销策划书的推销准备工作和程序
☑ 描述营销策划书的推销技巧和推销策略
☑ 解释营销策划书的实施进程及充分沟通的重要性
☑ 探讨策划人如何辅助营销策划书的实施

关键词：推销，沟通，实施，测评，反馈

5.1 营销策划书的推销

“酒香不怕巷子深”，这句话曾经被无数商人奉为经商圣哲，但是在信息过度传播的今天，好酒也怕巷子深。因为在激烈的市场竞争中，如果一个产品的推销工作做得很出色，那么达到的效果也会超出预期。反之，一个产品质量再好、功能再完善，如果推销工作做得不够，人们对其质量及其功能缺乏了解，那么它很快就会被淹没在信息的海洋里，直到被人遗忘。正如产品需要推销一样，一个杰出的创意、一份优秀的营销策划书也需要被推销。这样，营销策划方案才容易被接受。所以，在一个营销策划方案推出时，我们一定要做好推销工作，加大推销营销策划方案的力度，尽力从各个角度开展宣传，以提高营销策划方案的知名度和认同度，以便达到预定的目标。

5.1.1 推销在营销策划中的作用

推销在产品销售中的重要作用被人们熟知，而在策划领域中，推销所起的作用却很容易被忽视。实际上，推销活动目前在策划中所起的作用越来越明显，一些有超前眼光的企业、单位，不仅利用推销将策划推向领导或决策者，还利用推销将自己的策划推向大众。

具体来说，推销在营销策划过程中所起的作用有以下几点。

1. 营销策划初期阶段——让大众了解营销策划的主题

在营销策划初期就一定要树立推销意识，可以相应地推出一些活动，适时让大众了解将有一个什么样的营销策划诞生。通常人们对事物的认识都有一个过程，在初期阶段所做的宣传工作实际上也是为以后营销策划书的正式推出埋下伏笔、铺平道路。俗话说，万事开头难，如果在初期阶段把基础工作做好，那么以后再推销营销策划书时就会得心应手。

2. 营销策划中期阶段——让接受者关注营销策划方案

进入营销策划中期阶段，推销工作变得更为复杂，因为此在阶段有大量的工作需要筹备，包括推销营销策划方案的步骤、场景及推销人选等方面的确定。古人云："凡事预则立，不预则废。"各项工作都应该在这个阶段全面展开，这也是实行性工作的展开。要同领导，也就是营销策划方案的接受者沟通，得到对方的认同，为正式提交营销策划方案扫除障碍。

3. 营销策划方案正式推出阶段——让审议者认同营销策划书

在完成营销策划书的撰写工作后，就进入了推出营销策划书的阶段，此时推销工作起关键作用，因为营销策划方案是否能达到预期的效果或取得更佳的效果，关键就在于能否被审议者通过。要让审议者认同营销策划书，推销工作是十分有必要的。在这个时期，如果推销技巧运用得当，能突出营销策划书的卖点，那么营销策划书将会获得认同，这也是营销策划成功最为关键的一步。否则，营销策划书将被搁浅，前期的工作成果也将无法显现出来。

5.1.2　推销营销策划书的准备工作及程序

正如前文所述，营销策划书的推销活动贯穿于策划过程的始终。从产生创意起到营销策划书撰写完成，推销工作自始至终都在发挥作用，但是推销最终发挥关键作用的时刻是在提出营销策划方案的阶段。要想成功地推出营销策划书，必须做好正式推销前的准备工作。

1. 准备工作

这里所谈的准备工作专指在营销策划书正式完成后和现场推销前这一段时间所需进行的工作。正式提出营销策划方案时，能否被通过，对策划人来说是十分重要的。为了提高营销策划书推销的成功概率，有必要做好如下准备。

（1）**自我说服**。在将营销策划书推向别人之前，要自己先进行审核评定，即自己先把关。如果连自己都认为营销策划书的内容不可能实现，那么说服别人来接受你的营销策划书也就无从谈起了。

（2）**模拟演练**。为了使营销策划方案能被采用，在正式提出方案之前要做好充分的准备，以提高成功的概率。为了达到这个目的，在提案前需进行事前演练。事前演练主要应注意以下事项。

① 建立周密的提案报告计划；

② 确认策划审议的参与者，以便为对方可能提出的问题或反对性意见做准备；

③ 会场、使用的工具、时间安排一定要到位；

④ 决定任务的负责人，并进行事前演练；

⑤ 对要分发给与会者的资料进行检查。

（3）**与审议者事前沟通。**在正式推出营销策划书的场合，供审议者阅读营销策划书的时间很短，所以策划人事前不仅要把营销策划书递送到审议者手中，而且要主动地与主要审议者进行非正式的交流（或者可以说“请教”），让其初步了解营销策划的内容及策划人的主要意图，从而提高营销策划书推销成功的可能性。

（4）**小组报告时的任务分配。**在进行提案时，报告者当然很重要，但提案绝对不是报告者个人的“表演”，从事前准备到正式开始，小组团体的密切配合十分重要。下面将任务分配的重点列举如下。

① 确定进行提案报告的指挥者；

② 全体轮流确认提案报告的脚本，以防出现漏洞或失误；

③ 确定主要报告者及其助手；

④ 确定器材的操作人员，并进行事前操作和资料的检查；

⑤ 确定计时人员，以便进行时间管理和资料的分发；

⑥ 全体成员进行事前配合演练，以确认各自的任务。

2. 准备流程

营销策划书推销工作的准备并不是杂乱无章的，各项工作的准备要遵循一定的程序。为了确保营销策划书正式推销时万无一失并避免推销准备工作的纰漏，通常要制定一套推销工作的准备流程，帮助策划人做到条理清楚，在介绍营销策划方案的时候做到有条不紊。一般营销策划书推销的准备流程如图5-1所示。

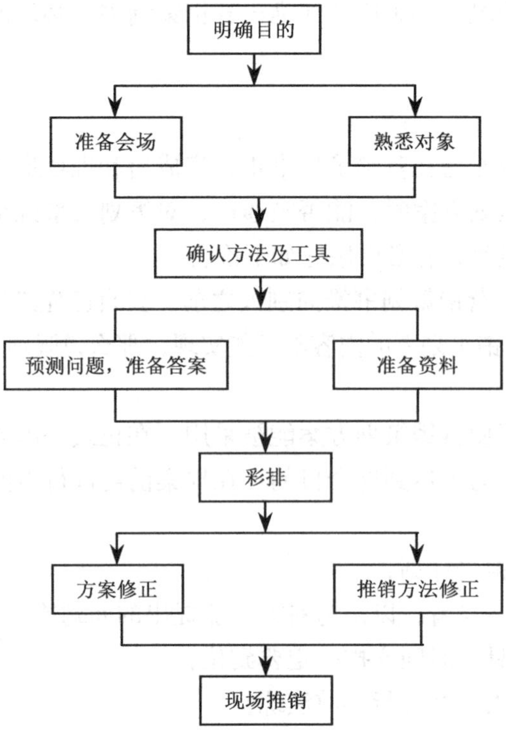

图5-1 营销策划书推销的准备流程

一般营销策划书推销准备流程的主要内容表述如下。

（1）**明确目的（这里所谈的目的专指营销策划书的推销目的）**。介绍目的是什么，必须达到的最低目标是什么，以及是否预先将此目的传递给对象。

（2）**熟悉对象**。了解对象的知识水平如何，赞成派、反对派可能是谁。对竞争企业和费用进行调查。

（3）**准备会场**。选择礼仪小姐，确定场地、会场大小，进行会场布置，备齐所需设备、工具。

（4）**准备资料**。准备足够的宣传资料（如小报、传单等），考虑所用资料是否易懂，能否给人留下深刻印象，提供证据的数据是否已经充足，可能出现哪些问题，资料准备是否充分等问题。

（5）**彩排（也叫模拟演练）**。在正式介绍营销策划书之前可以进行模拟演练，这样做的好处是，可以提前发现准备工作的漏洞和不足。

（6）**现场推销**。现场推销主要是指在所有准备工作就绪之后，由策划人现场“表演”，将前期工作成果展现出来。

如图 5-1 所示，现场推销（或正式推销）是在最后一阶段进行的，但是营销策划书的推销自“明确目的”流程就开始了，直到营销策划书最终被通过，推销工作才算完成。所以说准备工作与推销过程是交织在一起的，准备工作的流程在一定程度上也体现了营销策划书的推销流程。但值得注意的是，营销策划书推销因内容及对象的不同，其推销工作的流程也会有相应的变化。策划人要根据具体情况的不同随机应变，不要被传统的流程所束缚。策划人所熟悉的营销策划书推销的一般流程，只是帮助策划人从整体上把握营销策划推销工作，以及检查和预防推销时可能出现的偏差。当然，营销策划书的推销需要有一定的技巧性，本节将在下一部分做详细介绍。

5.1.3　营销策划书推销的技巧

1. 介绍技巧

理论研究表明，在人们的交流中，主要包含 3 个层次，即交流内容、语言（说话方法）及外观表现。每一层次传达信息的比例如图 5-2 所示。其中语言和外观表现要围绕着交流内容，为交流内容服务。

（1）**语言技巧**。首先是说话的内容、方式，应该添加一些恰当的事例、有品位的玩笑，这些都有助于达到良好的效果，而且说话的速度要配合对方进行调整。例如，遇到高龄的参与者较多并要求重复时，如果仍然以对年轻人说话的节奏来说话，往往无法将意思顺利地传达给对方，或者取得的效果不理想。

在介绍策划方案时，说话的方法特别重要，同样的内容如果说法不一样，结果会相差甚远。显然，认真的态度、充满自信的说话方式很重要。如果你声音很小，非常紧张，就显得对自己没有信心，这样会降低营销策划方案的通过概率。在说话时，声音要响亮，声调的高低及说话的速度应有变化。

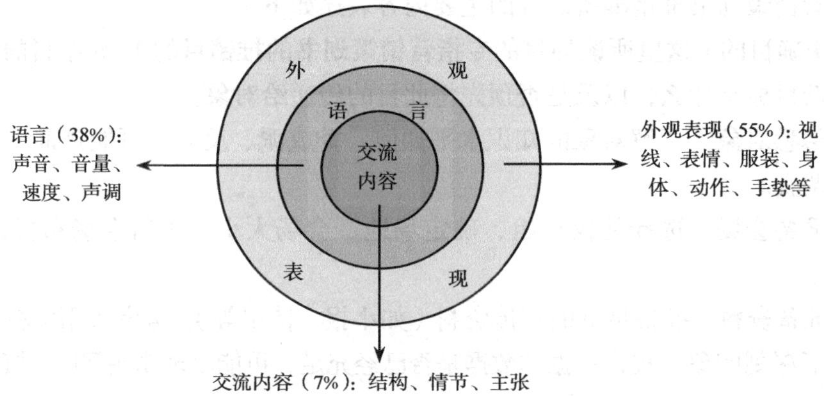

图 5-2　交流的 3 个层次

> **实用链接：让语言生动起来的小技巧**
>
> - 口语化——说自己熟悉的话；
> - 问题化——把重点转换成问题；
> - 细节化——多用动词，描绘细节；
> - 戏剧化——使用对话，模拟当时场景；
> - 简单化——多用简单句；
> - 排比化——多用排比句式。

（2）**外观技巧**。人的信息传达三分靠语言，七分靠非语言。因此，语言技巧固然重要，外观表现也是一个非常重要的因素，其主要作用是给人印象并加强记忆。由图 5-2 可以看出，交流层次中处于中心地位的是最内层的交流内容，占到 7%；语言处于中间层，占 38%；而外观表现处于最外层，占到 55%，很显然，它是交流中最重要的一个因素。外观表现主要包含以下几方面的内容。

① 服装。俗话说，“佛靠金装，人靠衣装”。外表留给别人的第一印象是很重要的。服装整体上要大方、端正，才会使人产生信赖感。因此，营销策划方案的报告者一般应穿整洁的正式套装。

② 视线。报告者应注视对方，抓住对方视线，吸引其加入交流之中。若介绍对象人数较多时，要抓住每个人的视线就很困难。此时最好预先将介绍的内容分成若干小段，根据接受者的状况选择注视的对象，每一小段一个人。另外，报告者应随时观察决策者，并与其他与会者的目光做适度的接触，可以缓和地将眼神平均扫视全场，目光停留在每个听众身上约 3 ~ 5 秒钟。

③ 表情与站立姿势。报告者首先要沉着冷静，而且要尽量流露出自己的真情。表情最好是温和的，与说话的内容相配合，切勿表情呆滞。建议在演讲前，做一次脸部体操，这样可以使表情自然放松。讲述最好以站立方式来进行，肢体应尽量地舒展。以代理大企业广告而闻名的普兰尼曾经这样说：“报告者绝对应该以站立方式来进行报告。一旦以此方式

进行，他就仿佛变成了教师，而参加者俨然成了学生，这点对说服相当有利。”反之，则会对说服造成不利的影响。另外，报告者也要注意必要的身体移动，说到重要的内容时应逐渐靠近对方，不能背向介绍对象说话。

实用链接：身体语言运用技巧

- 双脚——两脚间距同肩宽，勿过大或过小。
- 站姿——永远要面对听众，避免出现死角。
- 表情——自然放松，真心微笑，忌呆滞。
- 手势——多用手掌少用手指，充分伸展，忌检阅式、受伤式、遮羞布式手势。
- 移动——在开放的空间不断走动，适当地贴近听众，勿背对听众。

2．回答问题的技巧

回答问题有时候也起到关键作用。很多人介绍营销策划方案做得很好，却因回答问题不当而导致最后的失败。因此，回答问题的能力将最后决定提案的成功与否。在回答问题时要注意以下几个方面。

（1）**始终抱着欢迎提问的态度**。你要充满自信地要求大家提出问题。策划人应当了解，提出疑问其实是接受者在寻求正面的证据，对否定的疑问最好持肯定的态度并加以解释和修正。

（2）**细密**。报告者要以“心”来进行演说，才能正中对方的心思，这是非常重要的一点，因此，在诉求重点和回答问题时要胆大心细，对具体例子或数字要有条不紊地进行解说、回答，这样才能给对方留下深刻的印象。另外，在介绍营销策划方案之前，就要认真、仔细、周到地考虑可能被问到的问题，同时做好充分的准备。如果你觉得自己考虑问题不够周到，可以让你的同事或朋友来充当提问者的角色，对你进行提问，然后你再根据提出的新问题进行准备。

（3）**回答中要反复强调自己的主要观点和主要主张**。将提案报告中易触动人心的部分巧妙地传递给对方是报告者最主要的工作。因此，在不太过于矫情的范围内，可以反复强调几次。为了加深对方的印象，在提案的最后应再度强调重点。事实上，回答问题是反复强调自己主张的最好机会。

（4）**回答问题结束时，要总结营销策划的概要。**

知识点

如何结束营销策划方案的介绍？

- 在时间充足的情况下结束。因为时间紧迫往往会显得慌乱，从而带来不利的影响，所以，要根据计划安排好介绍的节奏。
- 确认目的是否已经达到。策划人一般都希望当场得到明确的结论。这时，要充分发挥支持者的作用。若结论不明确，则应努力确定以后所需进行的活动。
- 要致辞表示谢意，不能失礼。

3. 演示工具的运用技巧

在人类感官从外界获得的信息中，由视觉获得的信息占 80%多，由听觉获得的占 1%。可见，只要让对方愿意观看和倾听，就能在对方身上产生影响。但为了使提案报告更加出色，通常可以活用各种视听媒介，这些媒介包括摄像机、幻灯机、计算机等。

视觉媒介分为动态画面和静态画面，哪个对提案报告最有效呢？美国美孚石油公司研究所的研究资料显示，静态画面和动态画面对记忆和理解的差异如表 5-1 所示。

表 5-1 不同视觉媒介传递的信息对记忆和理解的差异

媒　介	记忆（%）	理解（%）
以静态画面进行一次说明时	83	56
以动态画面进行二次说明时	73	40
仅以口头说明时	76	24

表 5-1 显示，静态画面比动态画面在记忆和理解两个方面都更有效果，不过，动态画面对整体印象的传达还是有所帮助的。计算机是动态画面和静态画面都能使用的工具。下面介绍一下**多媒体文件的设计与制作技巧。**

多媒体运用的关键在于多媒体文件的设计与制作。成功的展示来自成功的设计，如果以一种随意的态度加以处理，结果会使主题无法精确地加以界定，因而观众就只能模糊地了解。多媒体文件的设计一定要考虑各种媒体的有效性，而不是无原则地拼凑和粘贴，更不是简单的资料存储和播放，它应成为策划人有效展示营销策划内容的手段。

总之，多媒体的综合使用能增强营销策划书的推销效果，也会减弱推销效果，关键在于对各种媒体的运用“度”。多媒体文件的设计制作应注意以下几个方面。

① 界面。屏幕界面的设计不仅是一门科学，也是一门艺术。屏幕设计要生动、漂亮、实用，要有深度而且精巧，整体要有一致性。

注意点

- 适当转换背景，避免背景图案单调。
- 不同章节应选用不同的背景图案，重点语句应采用粗体、斜体、下划线等特殊效果或色彩鲜艳的字，以便明显区别。
- 背景画面光线太亮，容易引起视觉疲劳，影响观看者的视力。
- 背景画面不要让人感觉是多余的，否则会给画面带来额外的负担，应力求简洁。

② 文字。设计字幕的原则是字一定要大，一定要清晰，一定要充分利用整个屏幕空间。可以采用 Word 或写字板对文字进行加工，然后粘贴，要使用大号字、粗体字，使用与背景反差强烈的高饱和度的纯颜色字，但同时必须注意色彩搭配要协调。

文字内容不能只考虑屏幕的效果而忽略后排观众，安全的做法是让文字尽可能大。而且文字设计要规范化，标题及内容文字大小要一致、规范，形成统一的格式。为了取得较好的阅读效果，有时也可采用不同字体和不同风格来修饰文字。

屏幕内容没有必要自我解释，只有通过演讲人的分析和解释，使画面内容能够被理解，其效果才更加理想。记住，屏幕内容是演讲者的辅助，而不是演讲者的替代。

注意点

- 文字要大、清晰、美观。
- 不能将营销策划书单纯地搬移到屏幕上，或者简单地理解为板书的替代品或变形。
- 文字不能过多，要精练，体现重点、难点。
- 文字不能过密，要适中，既有美感，又能减轻阅读难度。
- 每幅画面的言辞不要过多，文字过多会让观众读不完或听不完。

③ 声音。播放的声音必须清晰、效果好，使听众充分了解营销策划的内容。背景音乐可渲染气氛、烘托环境，但使用时要特别慎重，一定要选好、处理好。切换幻灯片时可适当加入声音效果，以便提示或引起观众注意，但应严格控制，本着宁缺毋滥的原则，避免出现不必要的声音效果。可以采用 Windows 本身“附件”所带的“录音机”或由专人录制成 WAV 格式的文件。语音要亲切、甜美，也可以直接利用素材库中的声音源。

④ 构图。充分利用显示屏的空间面积，采用全方位构图方式。屏幕要设计得具有美感、艺术性，赏心悦目。这样才能使人的注意力集中，并快速准确地传递信息，从而提高观众兴趣。

引发视觉愉悦的要点是：画面均衡稳定，布局规整平衡，对称分布简明，整体连贯简单；画面背景和主要文字的对比强烈，反差大；字迹清晰；文字与背景的组合要充分考虑颜色的相融性，深浅搭配，冷暖色协调。

在构图时，为了更加生动、简洁、清晰地传达信息，往往需要采用各式图表工具。根据不同信息的表达需要，会用到表、饼状图、柱状图、曲线图、照片、图画、轮廓图、地图等不同的图表工具。例如，当读者需要了解确切数值时，可以使用表，但如果文字和数据太多，就尽可能不要用数据表，而应做出直观的柱形图或饼状图，以增强显示效果。当希望读者重点关注互相关联的内容时，可综合使用各种图。

图的种类多种多样，不同的图用来强调不同的内容。当强调一个因素同其他因素相比较时，用柱状图[如图 5-3（a）所示]；部分同全局比较时，用饼状图[如图 5-3（b）所示]；不同时期的同一因素进行比较时，用曲线图；显示频率或分布时，用条状图或线状图；强调方位时用地图……复杂的系统图应该剪除不必要的细节或分解显示，以便集中观众精力于所需关注的要点上。

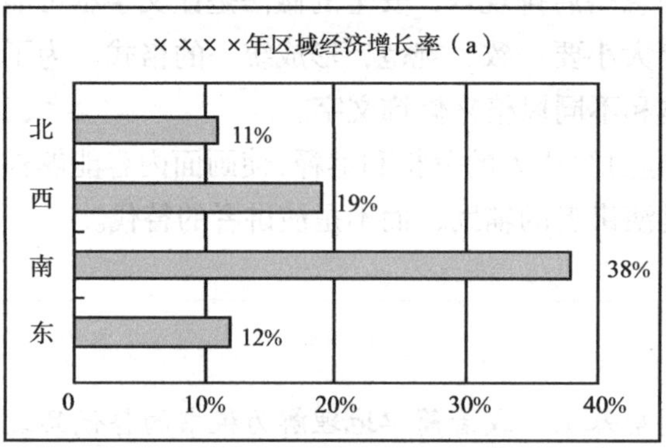

（a）柱状图

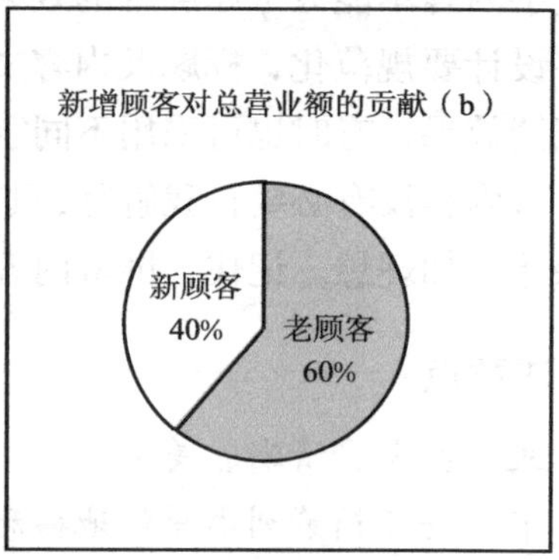

（b）饼状图

图5-3　柱状图与饼状图示例

⑤ 颜色。颜色是一种特殊的符号，运用色彩，可以起到提醒和区分的作用，不过，在一屏画面中一定不要使用太多的颜色，这样容易导致注意力分散。背景的变换不要特别频繁，也不要大幅度地跳跃，否则容易使观看者的眼睛感到疲劳。

红、绿、蓝是计算机显示屏和投影仪中的基色，由这3种颜色所组成的纯色，即白、黄、青、绿、紫、红、蓝、黑这8种颜色能够在屏幕中显现出最佳效果。但需要注意的是，背景的颜色设定会淡化和降低实际的显示效果，在应用中应尽可能将文字和背景设定成对比强烈的颜色，这样才能保证文字清晰、主题突出。文字色应选用暖色调或亮度较高的颜色，背景色应选用冷色调或亮度较低的颜色。

⑥ 图片。图片一定要贴切，充分体现主题思想，宁缺毋滥，否则会分散注意力。画面必须醒目、简单，不要太小，要让观众看清细节。白色的背景比有颜色的背景效果更好，有的颜色比其他一些颜色的效果更好，但无论哪种颜色，必须确保在光线明亮的情况下观众能看清楚。

图片可以通过扫描输入、数码相机拍摄、屏幕捕捉、绘图板绘制、素材图片库提取和网络下载等多种途径获得，编辑时除了注意其表现效果一致，还要注意图片文件的大小。图片扫描是多媒体文件中媒体素材的主要来源，而展示型多媒体文件主要用于屏幕展示，因此，图形的清晰度应以此为准，不宜追求过高。一般来说，屏幕展示图形，其分辨率不必超过75dpi。dpi值越大，图形占用的磁盘空间越大，演示时文件调用就越慢，运行的速度也就越慢，进而影响展示效果。

图片文件一般为BMP格式，制作时应将BMP格式压缩转换为JPEG格式（按65%以上的压缩比，完全可以达到与BMP图片同样的效果，而且文件小、调用快），可以使用绘图板或Photoshop的“另存为”命令，也可以使用ACDSee或Picaview软件的转换格式的命令（convert）。

⑦ 链接。设计链接一定要注意能够进入新界面，也要能够随时返回主界面。跳转要灵活，要根据知识点的认知规律设计跳转链接点。栩栩如生的动态图形较静态文字更容易被人接受和理解，且更容易加深审议者对营销策划内容的印象。动画设计一定要真实、生动、鲜

明，交替使用不同的清屏方式会增加软件的美感，但一定要注意不能过多地使用特技切换，因为提案不是特技效果展示，所使用的特技效果一定要有意义，否则会分散观众的注意力。

小贴士 "黑科技"AR 的应用

AR 及 WebAR 技术作为一种增强现实的技术，将虚拟信息与真实世界相融合，使用户感受到超越现实的感官体验。由于其独特的展示形式，被越来越多的品牌主所接受。在推销中，AR 技术也将成为一项"黑科技"，发挥出独特的作用。

注意点

多媒体演示必须遵守的原则是：永远不要假定设备运转良好，重要的演示一定要事先演练一遍。

5.1.4 营销策划书的推销策略

1. 充分了解接受方

提出营销策划方案前，需要做的第一件事情就是掌握接受方的理论层次，从而确定提案所采取的介绍方式。

案例 5-1 从一头"大象"到一群"大象"

时间越来越碎片化的今天，很多人开始使用 APP 来管理自己的日常工作计划和生活琐事。"印象笔记"作为一款依托于互联网技术的笔记类 APP，其创立之初即肩负"记录点点滴滴"的使命。对于做"记忆生意"的"印象笔记"来说，人记忆的不同载体与形式就决定了它不会只有一款与记忆有关的产品，于是该公司又相继研发了各种衍生产品。如帮助人们即时记录美食的"食记"APP，以及记录每周工作的"备忘录"APP。

"印象笔记"创始人曾向记者介绍，作为一家服务型的企业，思考的第一问题是用户需要什么，"需求跑到哪儿，象群就扩展到那里"。目前"印象笔记"已经成为全球最大的云笔记公司。

评述 迎合碎片化时间打造一款 APP，利用客户对记忆的需求从一款产品发展到一系列产品，印象笔记公司无疑做到了针对客户需求和现实的量体裁衣。

2. 转换立场考虑问题

策划人应该分别站在营销策划方案的接受方和设计方两个立场上来审视自己的营销策划书，对自认为不够充分或不合理的地方加以修改。

要想站在对方的立场思考问题，就必须先了解对方的性格。如性格强势和性格随和的人，考虑问题的方式必然不同，因此一份完全相同的营销策划书，在遇到性格不同的接受者时，也应有不同的表现方式，以尽量满足各种需要。策划人要“随机应变”，经常动脑子，仔细审视自己的营销策划书。

（1）策划人站在接受方的立场上审视营销策划书

① 看封面名称。站在对方立场上想想，这个名称会给人什么样的印象，再考虑一下是否符合营销策划主题，有没有更好的名称，可否巧妙地展现出营销策划引人入胜之处，是否切合实际等。然后，再查查其他封面要素是否齐全，自己和对方的姓名是否填写无误。由于封面是第一印象，所以一定要力求完整。

② 检查目录的结构是否清楚易懂。目录的分类最好细一点，如果只是粗略的目录，就不能看出详细的内容。然后检查一下文章的组合顺序，是否与营销策划逻辑相配合，有没有遗漏的地方等。

③ 核对营销策划流程明晰度。营销策划的内容与流程不可相悖，否则别人就很难看懂这个营销策划安排了。

④ 核对有无特殊用语。策划人也许会在不知不觉中，使用了平日爱用的专门术语或口头语，所以要仔细核对一次，对这类用语加以说明，使别人能够看懂。

⑤ 检查有无令人不愉快的说法。“说者无心，听者有意”，应避免在无意中使用不礼貌的用语而造成彼此的误会和不满，最好回忆一下对方过去的经历和习惯，考虑有无该避讳的说法。

⑥ 核对营销策划方向是否偏离主题。

⑦ 检查有无系统的计划安排。

⑧ 看是否需要提高预算。一旦营销策划内容有所更改，那么为了应付新的情况，可能需要更多的资金和人手。

（2）策划人站在自身的立场上审视营销策划书

① 诉求的核对。其他合作人员是否能接受自己的提案？一个说服力很强的策划人，能将策划内容生动描述，让其他合作人员清楚地了解。

② 内容的核对。考虑记述中有无矛盾之处。将内容仔细核查，务必使别人能看懂。

③ 表现的核对。考虑表现出来的语气是否令人满意。一份营销策划书的语气和记号应该有一定的标准，符合标准的才算严谨的营销策划。

3. 让审议者成为“友方”

在产品推销领域，硬性推销方式目前已经运用得不多了，用迂回方式进行推销则越来越普遍。营销策划书推销中运用了更巧妙的“封杀反对势力”的方法，也就是所谓的“建立友情”方法。它指的是在做营销策划的过程中，争取担任审议员或参与决策的人，加入策划方的阵线，成为“友方”。

例如，策划人在立案阶段，可以事先拜访担任审议的人，请他们对策划的宗旨做一番说明，并请他们提出各种意见和建议。有时在研究拟定营销策划方案的过程中，可以将自己的想法提出来，征求对方的意见，也可在电话中和他们商量。接下来，把他们的意见和建议纳入营销策划方案，并且尽可能以他们能够认出来的表现手法处理。当营销策划完成时，要带着方案再次拜访他们，一方面表示谢意，一方面使对方更加认同自己。

4. 将说明升华为说服

（1）**说明——为说服工作做好铺垫。**简单的方案，只要向审议者简要说明，可能不必多加说服就能决定是否采用。不过，在通常情况下，都需要先对审议会和决策者进行提案的说明，再经过质疑、批判等过程，才能获得认可。

审议会场上策划人在态度和行动上需要注意的事项，主要有如下几点。

① 策划人应对自己的方案有自信，并把自信表现在态度和应答上。需要注意的是，所谓有自信，并不代表傲慢或自大，而应该很慎重、很礼貌地以能够令人产生好感的态度显示自信。

② 对于反对意见和批评意见，要以沉着的态度应对，避免意气用事地争论，那样会引起对方的反感。因此，最好事先多训练自己，以养成应答时尽可能不直接使用否定语的说话艺术和说服方法。对待批评，要先从肯定语开始讨论，这样更容易获得共鸣。必须牢记取舍的基本原则：以理性、经验和灵感去判断、决定。

（2）**将说明力提升为说服力。**充满自信、富于说服力的说明，能让对方乐于接纳。如果能将说明力提升为说服力，那么营销策划方案便能够在强有力的支持下得到认可。

有的说明虽然很巧妙，但可能没有说服力。相反地，非常朴实的说明，却可能有很强的说服力。提案需要的不是雄辩饶舌，而是具有说服力的说明和应答。要想说服对方，与其单从理论构成来说明，不如以自己的想法和自信引起对方共鸣，把对方带进自己想法的步调中。如果说服力强的话，可以不必详细说明营销策划方案的细节，便能获得赞同。

那么，如何才能使说明更具说服力？这里简单地归纳为以下几点。

① 对营销策划书要有自信；

② 尤其要对其成果表示坚定的信心；

③ 将自信的个性融入营销策划方案；

④ 说明时要能显示出对企业来说，这样的营销策划方案是必要而且有用的；

⑤ 要以充满信心的态度应答质疑的问题。

为了提高说服力，自然需要准备图表、幻灯片，乃至小规模的实验资料、其他公司的案例等，对营销策划方案的内容予以视觉化说明，而且有必要准备道具以便进行客观的说明。除了视觉化的说明法，还有类比法等。类比法因为具有具体性，能让每个人都了解说明的内容，所以很有说服力。

5. 对否定者的说服

在提出营销策划方案时，如果能巧妙使用模拟问答、迂回请示、拉拢感情等方法，则营销策划方案顺利通过的可能性就会比较大。但实际上在审议时，最麻烦的不是质问，而是否定。例如，当出现“这种预算没办法拨出来”“这与本公司体制不合”“这要动员太多人力”或“大概没有时间呢！”等否定情况时，提案者很容易陷入尴尬的局面。这种否定语最容易折断新创意的嫩芽，因此，策划人必须事先研究准备，针对审议者这种想法做出解释说明，说服其认真考虑。此外，在审议会场要进行说服，也需要下一点功夫。

实用链接：处理异议的方法

（1）“对，但是”处理法。对审议者的不同意见，如果提案者直接反驳，容易引起审议者的不快。因此，提案者可首先承认审议者的意见有道理，然后提出与审议者不同的意见。这种方法是间接否定审议者意见，比起正面反驳来说要委婉得多。例如，一位家具推销员在向顾客推销各种木制家具时，顾客提出：“你们的家具很容易扭曲变形。”推销员解释道：“您说得完全正确，如果与钢铁制品相比，木制家具的确容易扭曲变形。但是，我们制作家具的木板经过特殊处理，扭曲变形系数已降到只有用精密仪器才能测得出的地步。”

（2）同意和补偿处理法。如果审议者提出的异议有道理，提案者采取否认策略是不明智的，这时，提案者应首先承认审议者的意见是正确的，肯定营销策划方案的缺点，然后利用其他优点来补偿和抵消这些缺点。

（3）反驳处理法。提案者对审议者的异议直接否定。

6. 看准时机，一锤定音

很多人都以为营销策划书既已做成，就可以随时提出方案。其实看准时机，一次获得认可，才是最理想的办法。

对于辛辛苦苦做出来的方案，策划人不能不认真考虑提出的时机是否合适。当企业待审核的方案堆积如山时，即使准备齐全地将方案提出来，结果也会被拖延。这样一来，不但提案者为了说明而腾出来的时间会浪费，提案的气势也因此而减弱。不如看准时机，再做提案比较明智。如果某些策划人存在侥幸心理，想借机蒙混过关而提出方案，也是不明智的。因为当审议过程不够完整时，支持的力量往往也不够积极，万一有什么问题发生，策划人就会遭到埋怨。如果在实行的阶段发生任何争执，策划人都会被视为罪魁祸首。

当由高级主管或董事长直接裁决时，如果他们正为许多其他事情忙得不可开交，不管你提出多么好的营销策划方案，都可能被拒绝。因此，当高级主管特别忙的时候，最好设法将营销策划方案的提出日程向后顺延，以免被无故地否决。相反，如果高级主管心情愉悦，选择比较恰当的时机向其提出，成功的概率就会大大地提高。

总之，要使营销策划书一次被通过，选准时机是关键。

5.2 营销策划书的实施

营销策划方案一旦被通过，策划活动的重点就从制订进入实施阶段。无论多么杰出的方案，如果最后没有付诸实施，都只能是纸上谈兵而已。因此，营销策划的组织实施是最后的也是关键的一个必要程序。这一点也可以从营销策划方案的制订与实施之间的关系中看出（见表5-2）。即使一个优秀的营销策划方案，如果不能很好地实施，也会失败。反之，有效的实施，不仅可以使一个优秀的营销策划方案取得成功，还可以挽救一个较差的营销策划方案。可见，营销策划书的实施非常重要。

表 5-2　营销策划方案的制订与实施之间的关系

		营销策划制订	
		优秀的	较差的
营销策划实施	有效	成功 实现营销策划的预期目标，达到既定的效果	挽救或毁灭 好的实施可以挽救一个不好的营销策划，也可以加速其失败的进程
	无效	麻烦 很差的实施妨碍一个好的营销策划发挥作用，而管理者则会认为营销策划本身不适合企业发展	失败 尽管失败往往由多种原因造成，但一个糟糕的营销策划加上不得力的实施，注定要失败

然而，营销策划的实施并不是轻而易举的过程，它涉及大量的工作、资金和时间安排。此外，营销策划要得以实施还须满足两个基本条件：一是制订的营销策划方案具有实施的现实可能性；二是实施营销策划的组织和人员必须了解和掌握组织实施的科学方法、技巧和程序。

5.2.1　实施前的充分沟通

如果策划人本身就是实施的负责人和实行者，或者营销策划的规模不大，不易产生误解的话，那么营销策划的实施应该不会发生大问题，只需按照既定计划实施即可。但是，现代营销策划不但规模越来越大，而且由于营销策划工作的专业性与重要性不断提高，营销策划工作显示出越来越强的独立趋势。这样，营销策划的制订与实施部门日趋成为两个“独立的部门”。在一些专题策划中，这种分离的趋势表现得更加明显。例如，广告策划常由专业的广告公司制订，而具体实施则要由企业进行。

因此，在营销策划实施之前，应确保实施者已真正理解了营销策划的内容，特别是对策划意图、策划要点已有了深刻的认识（见图 5-4）。如果沟通不彻底的话，费尽心力做成的营销策划方案很可能在实施中变质。在实际工作中，因为缺乏沟通而使营销策划的实施偏离预定方向，并带来许多副作用的事情屡见不鲜。

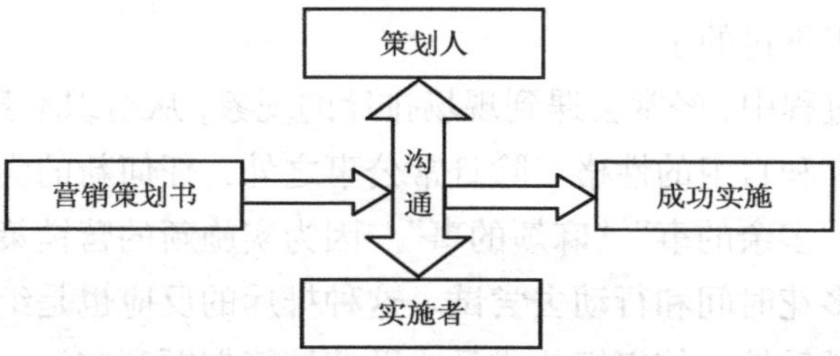

图 5-4　营销策划书实施沟通示意

案例 5-2　越来越受欢迎的独立婚礼策划师

婚礼是人们一生中最重要的时刻，每个人心目中对婚礼都有自己的一份憧憬和向往，因此，由谁来为自己策划一场难忘的婚礼，是一个重要的选择。传统的婚庆公司由于庞大的规模和固化的模式，往往仅为客户提供几套方案以供选择，难以将新人的需求真正落实。

新兴的独立婚礼策划师正是瞄准了市场中这一空白，为客户提供“定制”感更强的方案，一位独立婚礼策划师就像是一位“贴身管家”，他们会一遍遍地和客户沟通各种要求，不拘于流程，能为所有实际的、不实际的想法给出专业的建议，打造一个专属的、真实呈现新人想象的婚礼。如今，越来越多的新人选择把自己的婚礼交给独立婚礼策划师，打造属于自己的专属婚礼。

评述　独立婚礼策划师能够更有效、及时地与客户进行沟通并予以反馈，使定制化婚礼这一“抓心”策划，成为越来越受欢迎的服务。

5.2.2　实施进程

1．实施的两阶段

（1）**模拟布局**。舞台剧目在正式上演之前，都需要彩排，营销策划方案在正式实施之前，也需要彩排。营销策划方案的彩排实际上就是模拟布局。这时候，策划人必须根据已经拟妥的预算表与进度表，运用“图像思考法”，模拟出方案实施的布局与进度。

（2）**分工实施**。策划人一方面把各部门（营业、生产、人事、财务、总务等）的任务详加分配，分头实施；另一方面根据实际情况修正预算表与进度表，严密控制营销策划方案的预算与进度。这时，整个营销策划书才从“构思”落实到“实施”阶段。策划人运用组织、协调与说服的能力，使各部门既分工又合作，让企业的整体战斗力发挥得淋漓尽致，从而达到营销策划方案的目标。

2．运用组织力量，提高实施效果

一个企业要实现任何营销策划方案，都离不开组织的配合协助。也可以说越能够活用组织的力量并高度发挥团队作用的营销策划，越是高明的营销策划。因此，策划人应该充分考虑营销策划与组织的关系，想办法借助组织力量，达到预期目标。这个原则，可以适用于从营销策划立案、实施到结束的全过程。如果整个过程都能够获得强大的组织力量的支援和协助，是最理想不过的了。

在实施营销策划过程中，经常会遇到现场排斥的现象，从组织本身来说，这是必然的。组织本来多半具有保守和自卫的性格，除日常公事之外，任何新的尝试和计划，对组织而言，通常都被认为是“多余的事”“麻烦的事”。因为实施新的营销策划就要求组织成员在原有工作之外，还需多花时间和行动去尝试。这种排斥的反应也是组织管理的基本任务。为了突破这种敏感的排斥性，使组织的成员协助营销策划顺利实施，就不得不将营销策划意图渗透到组织末端，尤其必要的是得到实施部门负责人的共鸣、支持与协助。

以促销策划来说，作为总指挥官的营业部经理、作为地区指挥官的营业所主任，是否非常热心地了解、支持这些策划，并热心地去执行这些策划，几乎决定了整个促销策划方案的成败。

案例 5-3　大数据瞄准精准营销

随着大数据时代的到来，越来越多的企业启用了大数据精准营销。作为技术先行者的阿里巴巴一马当先，在内部建立数据分析部门，通过 CDA 数据分析师进行大数据分析，为营销部门精准寻找目标客户，发现客户特征，预测客户行为和偏好，并进行合理分群提供大数据支持，同时还能针对客户的多维度属性、标签和行为数据、客户流失预警、客户生命周期分析、客户影响力分析、客户价值分析等进行相关客户行为的研究。

通过数据分析的精准营销不仅为营销部门更有效地制订营销策划方案提供了便利，还为营销策划书的推销提供了有针对性的服务。

评述　企业是一个相互协作的整体，只有“气出一孔”才能将企业的资源发挥出最大的价值。当企业能够利用大数据为营销提供支持时，这样的精准营销就能够成为其在市场中的竞争优势。

5.3　营销策划书实施效果测评与反馈

最后这个阶段通常包括两种可能的情况：当营销策划方案没有获得通过时，策划人应该仔细分析其中的原因并据此调整营销策划的结构和具体内容，以便在以后再次提案时获得通过；当营销策划方案获得通过并付诸实施，而实施结果不佳或偏离预定方向时，应随时根据反馈信息做一些调整，使营销策划方案按预定的方向实施，并且取得预期的效果。营销策划方案实施以后，其效果到底如何，要用特定的标准及方法来进行检测和评价。这种检测和评价可以在方案的实施过程中进行，也可以在整个方案实施后进行。通过对实施效果的检测和评价，及时充实、调整营销策划方案是很有必要的，这有助于企业的营销活动进入较佳状态。

5.3.1　效果测评的主要形式

（1）**进行性测评**。这是指在营销策划方案实施过程中按阶段来测评，主要目的是了解前阶段方案实施的效果如何，并可以为下个阶段实施营销策划方案提供指导。

（2）**终结性测评**。这是指在营销策划方案实施的最后阶段所进行的总结性测评，这样可以掌握整个营销策划方案的实施情况，也可以为以后的方案设计提供依据。

5.3.2　实施效果测评的原则

（1）**有效性原则**。坚持有效性原则，是指测评工作必须达到测评的目的，要以具体结论而非空泛的评语来证明营销策划方案的实施效果。这就要求在测评时必须选取真正有效的、确有代表性的测评指标作为衡量标准，并且尽可能采用多种有效的测评方法，综合考察，广泛收集意见，以得出客观的结论。只有这样，才可以真正地将营销策划方案的实施效果予以充分体现和评价。

（2）**可靠性原则**。可靠性原则要求前后的测评工作具有连续性，所采用的测评指标方法和被测对象要相对稳定。

（3）**相关性原则**。相关性原则是指测评的内容必须与所确定的营销策划目标相关。在进行营销策划活动时，要根据不同的目标来界定营销策划的相关性。

5.3.3 营销策划方案实施阶段的中间考核

一般营销策划方案的实施时间都比较长，为了及时掌握实施情况，需要进行中间考核和评价，这与营销策划能否获得良好的效果有密切的关系。中间考核与评价的方法，因营销策划方案内容的不同会有千差万别。

案例5-4 从试销看市场

一家制药公司研制出一种新的抗酸镇痛结合剂。在产品的试验中，该公司主要宣传这种药剂无须喝水的特点，结果发现绝大多数人都从几种竞争产品中选用这种新产品。于是该公司在一定规模的试销市场上推出这款产品并投入大规模的广告。一段时间后发现，广告虽然吸引了数量可观的消费者，而真正的销售情况却不容乐观，以至于该公司只能宣布放弃该产品。

随后的复盘分析表明，该公司的错误在于强调了新产品无须喝水的特点而不是镇痛作用本身，由于该特点与人们的固有观念相悖，最终导致了新产品的失败。

评述 试销可以在一定程度上保证新产品大规模投放市场时的安全。在上例中，即使通过了产品试验，新产品仍旧在推向市场时遭到失败。通过对试销的控制考核可以实际了解消费者类型、观念和与竞争产品比较的结果，由此可以帮助企业修正目标市场，估计销售水平，并为广告和推销方式的选择提供参考意见。

5.3.4 实施效果测评的主要指标

因为营销策划的目的有经济目的和非经济目的之分，所以对于非经济目的的营销策划实施效果（如社会效果、政治效果、文化效果、法律效果等）的测评可以用定性方法来进行，而对经济目的的营销策划实施效果的测评则主要采用定量测评方法，选择可用的指标来进行考察。

1. 市场占有率

某一品牌产品某一时期在某地区的市场占有率是指该品牌产品在该时期内的实际销售（量或额）占整个行业实际销售（量或额）的百分比。市场占有率既是评价企业日常业绩的重要指标，也是评价市场营销方案实施效果的重要指标。

2. 品牌形象和企业形象

品牌形象和企业形象是反映企业在市场中所占地位的重要指标，也可以作为测评营销策划方案实施效果的一个指标。在当前市场环境中，人们除重视商品实际功能外，还注重其“软价值”，如通过购买商品获得的优越感、幸福感、超价值的服务等。所以在营销策划中，策划人会以提升品牌形象和企业形象作为策划的重要内容。在测评时，品牌形象、企业形象是否得到提升及提升程度如何成为方案实施测评的常用指标。在具体测评过程中，可以根据企业自身的情况对知名度、美誉度及顾客重复购买率等进行测评。

3. 成本指标

在营销策划方案的实施进程中，成本指标也是测评的一个重要指标。这里所讲的成本指标是指在营销策划活动过程中对各项成本的控制，如付给相关工作人员的报酬、各种公关活动费用等。如果成本控制恰当，则表明此营销策划方案收到的效果是较理想的。

5.3.5 营销策划方案的实施效果反馈

在实施结果出来时，策划人还必须对其做充分的分析和评估，总结经验和教训，以便在下次的策划中进行改进，至此才算该项营销策划工作的真正结束。营销策划方案实施控制常用的方法是反馈法。

反馈通常分为负反馈和正反馈。负反馈能保持系统稳定并可减少（或消除）系统动态性能的偏差，在工程控制系统中多被采用；正反馈在系统中有“激励”或“放大”的作用。在社会经济系统和生物系统中，往往正、负反馈作用同时存在。与反馈相应的还有前馈，但前馈的应用还需要先验信息，它无法减小系统中不确定性的影响。

知识点

营销策划实施结束了，还应做什么工作?

- 尽可能正确掌握预测值与结果值的差异。
- 分析产生差异的原因。
- 找到实施过程中有关的问题点、反省点和改善点。
- 总结对下次营销策划立案及实施时的教训、启示和创意等。

作为策划人，应该将这些结果的研究、分析，做成总结报告书，向上级和客户提出，其中最重要的是预测与结果的差异分析。

实施效果反馈是营销策划的最后一个环节，同时也是下一项营销策划工作的开始，它实际上贯穿于营销策划的整个过程。如图 5-5 所描述的流程是从营销策划实施环节开始的。首先设定目标和进行结果预测，目的是便于检验营销策划的实施结果是否符合预期目标。在实际的营销策划方案实施过程中，常常会出现偏差，造成偏差的原因有多个方面，如实施时没有按照策划方案所规定的操作方法进行；策划方案的操作流程设计有问题；采用的预测方法不当等。然后对得到的不同结果进行分析，寻找问题点，总结、提炼以获得启示和教训，并及时给出解决方案。如果是营销策划方案本身的问题，需要对方案进行调整和修订，将新的方案付诸实施，而如果仅是实施中的操作问题，则可省略此步骤。

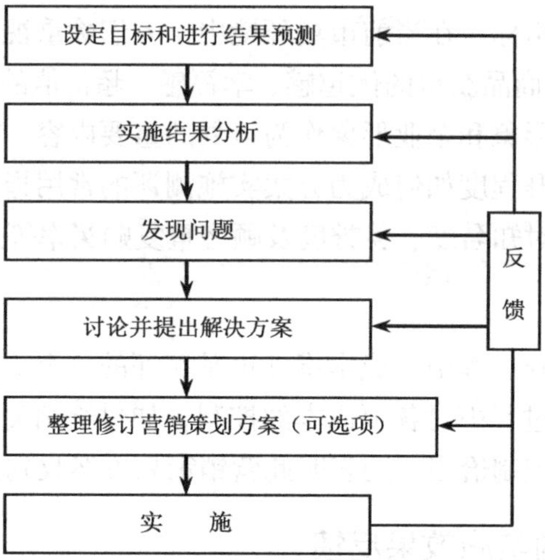

图 5-5　营销策划实施的一般反馈流程

案例 5-5　反馈的作用

某公司拟订了一个公关策划方案来调节公司与公众的关系，其流程如图 5-6 所示，强调了公共关系中反馈的作用，反映出公共关系不断调整的特性。公共关系在策划中也起到很大的作用。公关工作就是不断调整一个组织与公众的关系，使其达到和谐一致的过程。另外，图 5-6 还体现了反馈的互动性和实时性。

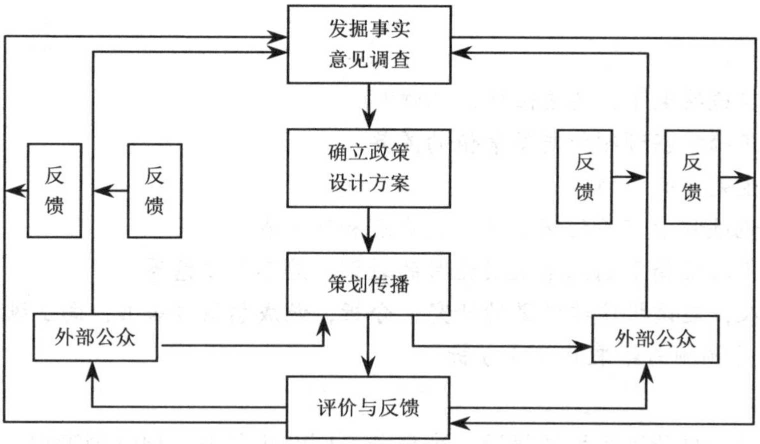

图 5-6　公关策划方案流程

评述　在策划实施过程中所出现的各种问题，对策划人来说，可以成为以后策划工作参考或借鉴的宝贵资料。

在前面的章节里已经提到的策划人与实施者之间因为沟通无效而造成的后果，产生的曲解，或者实施时技术上所遭遇的各种问题，与实施者合作时的经验不足，还有当初没有列入预测范围的各种条件等，都可以作为经验材料加以总结分析。此分析不仅应该由策划人来做，也应尽可能包含策划小组和实施者在内，必要的话可以召开总结会议对结果进行检讨、反省、分析和研究。

总之，对结果的研究、对经过的分析、通过检讨反省所得到的具体启示、教训和改善方法等，对策划人来说，都可以作为以后策划的经验，也可以从中获得新的创意。这种将经验、教训和创意反映在以后策划活动中的行动，被称为回馈行动。越优秀的策划人，这种回馈能力越强。

本章要点

- 推销在营销策划书推出过程中的作用十分关键，且贯穿于从营销策划创意的产生到营销策划书被通过的全过程。
- 在推销营销策划书时，要注意掌握介绍的技巧、回答问题的技巧及演示工具的运用技巧等。
- 营销策划书推销中要注意充分了解接受方、转换立场考虑问题、让审议者成为“友方”、将说明升华为说服、对否定者的说服及看准时机，一锤定音。
- 营销策划书的实施要做好事前的沟通工作，否则将会因沟通不充分而导致实施的偏差。
- 实施过程分为模拟布局和分工实施阶段。
- 营销策划的最后工作是进行营销策划实施效果的测评与反馈，为策划人提供有用的信息。

练习题

（1）你认为推销对营销策划有什么样的影响？创意很好的营销策划也需要推销吗？为什么？

（2）为了使营销策划书的推销效果达到最好，我们需要做好推销前的准备工作，这些准备工作及流程包括哪几个方面？

（3）上网收集一个营销策划书推销案例，试对其推销技巧进行评价。

（4）假设营销策划书的推销取得成功，你是项目负责人，接下来你将如何实施？实施过程中应注意哪些问题？

实训项目：营销策划书推销的技巧

【实训目标】

（1）培养学生推销营销策划书的技巧与能力；

（2）培养学生的实践动手能力。

【实训内容与方法】

班内同学分为若干小组，每小组收集一份自己的营销策划书，并选一名代表进行推销演示，其他同学对其表现依据表5-3进行打分，并相互交流心得。

表5-3 评分表

	项　目	得分（满分为10分）
介绍技巧	语言	
	着装	
	视线	
	表情与站立姿势	
回答问题	细密	
	态度	
	清晰	
演示工具运用技巧	幻灯片制作方法	
	幻灯片表现技巧	

经典案例赏析

推销之神的坚持

日本的“推销之神”原一平曾准备向一家一直不缴纳企业保险的公司推销保险，其他同事纷纷劝他不要白费力气，但是原一平并没有放弃，相反，他主动选择该公司的总务部长作为突破口，对其进行拜访。然而现实比想象更为残酷，总务部长以抽不开身为由拒绝与他会面。经过两个月的软磨硬泡，对方终于同意见他，然而当原一平满怀热情地向总务部长介绍准备好的方案时，对方只听了一半就不耐烦地拒绝了，然后起身走开。

无奈离开的原一平并没放弃，他立马对方案进行了推敲和修改，第二天又去拜访。对方再次冷冰冰地说：“没用的，公司有不交纳保险金的规定”。在那一刹那，原一平呆住了，自己熬了一夜，重新制订方案，可对方都没有仔细了解就拒绝了。这莫大的侮辱几乎要整垮原一平了，但这时，他脑海中闪出“等着瞧吧，看我如何成为世界第一推销员”的念头。“现在与我谈判的虽是总务部长，但这位总务部长代表着的是这家公司，因此，我的谈判对手，其实是该公司的整体，同样，我也代表整个明治保险公司，而且我坚信，我推销的保险对该公司有益无害。”于是原一平的心情渐渐平静下来。

从那之后原一平开始了 3 年之久的推销访问，从原一平家到那家公司来回需要 6 个小时，每一次他都抱着厚厚的资料，怀着“今天肯定成功”的信念前后大约去了 300 趟，最后他终于成功地说服了这位总务部长，拿下订单。

还有一次，一位老朋友介绍了另一家公司的科长给原一平，对方说：“公司许多干部反对加入保险，因此我们一律回绝保险推销。”在对方说明详细原因之后，原一平问道：“您说的有道理，我想针对这些问题写篇文章，请您给我两周时间。如果您对我的文章满意的话，能否予以采纳？”回到公司后，原一平连忙向有经验的老手请教，接连几天奔波于工商会议所调查部、日比谷和上野图书馆之间，查阅了过去 3 年有关的经济刊物，写出了一篇严谨且附有调查图表的文章。两周以后，他再次去拜见那位科长，科长对他的文章非常满意，进而把他推荐给了上级，使推销大获成功。

原一平深有感触地说：“推销就是遭到客户拒绝之后坚持不懈，也许你会像我那样，连续几十次、几百次地遭到拒绝。然而几十次、几百次之后，总会有客户采纳你的计划”。

? 思考讨论题

（1）你从原一平的成功中得到什么启发？

（2）如果你遇见一个上述案例中的客户，你将会采取何种措施？

CHAPTER 6

第6章　营销组合策划

“从商品到货币是惊险的一跃。”

——马克思

学习目标

- ☑ 定义营销组合策划
- ☑ 描述产品策划、价格策划、分销渠道策划和促销策划
- ☑ 说明营销组合策划的策略与技巧

关键词：营销组合策划，产品策划，价格策划，分销渠道策划，促销策划

6.1　营销组合策划概述

营销组合策划是指在营销活动中，把产品、价格、分销渠道和促销及其策略有机结合，综合应用，为实现营销目标而进行的一整套策划活动。

营销组合策划是营销策划中的重要内容，包括产品（品牌、包装、服务）、价格、分销渠道及促销等方面的策划，还包括策略策划。要准确地理解营销组合策划的概念，首先要对其内容有一个全面的了解。

6.1.1　产品策划

产品是企业经营的核心，也是企业赖以生存和发展的基础。当今社会，高新技术产品发展日新月异，市场竞争日趋激烈，产品更新换代迅速。一个企业的兴衰存亡，关键在于是否有适销对路、能很好地满足消费者需求的产品。市场竞争归根结底是产品的竞争，产品是企业竞争取胜的根本，也是企业进行产品策划的起点。

1. 产品的整体概念分析

产品是指通过交换来满足消费者或用户某一需求和欲望的任何有形的商品和无形的服务。菲利普·科特勒等营销学者认为，把产品分为3个层次更能深刻和准确地表述产品整体概念的含义，其整体概念如图6-1所示。

（1）**核心产品**。核心产品是产品整体概念中最基本的层次，是购买者购买某一特定产品时追求的基本效用和利益，是顾客需要的中心内容。

（2）**形式产品**。形式产品是核心产品的存在形式和载体，它通常向购买者展现出一些可以使人感知的特征，如产品的质量、档次、款式、特色、包装及品牌等。值得注意的是，

核心产品与形式产品是密不可分的，核心产品总是通过形式产品提供给购买者。

（3）**附加产品**。附加产品指的是消费者或用户在购买某一特定的形式产品时所得到的其他方面利益的总和，包括咨询服务、产品介绍、提供信贷、免费送货、安装调试、技术培训、产品保证、售后服务等。

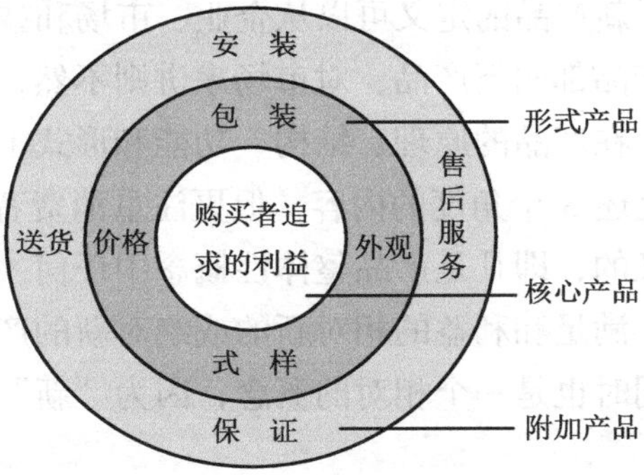

图 6-1 产品整体概念

2．产品策划的内容

产品是一个多要素的组合体，产品策划也同样包含着许多内容，如表 6-1 所示。

表 6-1 产品策划的内容

产品策划类别	每种策划类别的具体内容
产品设计策划	产品设计是产品生产的起点，也是产品竞争取胜的关键。一般来说，产品设计有以下基本导向： • 个性化导向——顺应时代的潮流 • 适用性导向——消费者满意的第一要务 • 心理导向——产品设计的心理魅力 • 灵活性导向——市场对企业的“指令” • 优势化导向——扬长避短，发挥优势 • 民族化导向——弘扬民族文化
产品开发策划	企业在瞬息万变的市场竞争中，适时开发新产品，推出新产品，是企业得以持续发展的有效的方法
产品定位策划	企业必须赋予自己的产品某些特色，使产品在消费者心目中树立起某种特殊形象，从而和竞争者相区别
产品品牌策划	品牌策划是设计富有鲜明个性、能反映产品性能或特色的产品名称和标志的过程，其目的在于促进产品销售，扩大市场占有率
产品包装策划	包装的功能不仅仅局限于对产品的保护，它还有着积极的自我推销作用，包装是产品策划的一项重要内容
产品价格策划	对一个产品来说，合理的价格是其受到消费者欢迎的重要因素之一

3．新产品开发策划

在科技日新月异的今天，企业不能以一成不变的产品参与瞬息万变的市场竞争，而必须适时推出新产品，以满足消费者不断变化的需求和欲望。在这种形势下，保持企业生存和发展的途径就是进行有效的新产品开发。

（1）**新产品的含义。**对新产品的定义可以从企业、市场和技术3个角度进行。对企业而言，第一次生产销售的产品都叫新产品；对市场来讲则不然，只有第一次出现的产品才叫新产品；从技术角度看，在产品的原理、结构、功能和形式上发生了改变的产品叫新产品。营销学的新产品包括上述3个角度的内容，但更注重消费者的感受与认同，它是从产品整体性概念的角度来定义的，即凡是产品整体性概念中任何一部分的创新、改进，能给消费者带来某种新的感受、满足和利益的相对新的或绝对新的产品，都叫新产品。新产品是一个十分广泛的概念，同时也是一个相对的概念，因为“新”与“旧”是相对的，具有特定的时间和空间标准。

（2）**新产品开发流程。**开发新产品是一项十分艰难的工作，不仅需要投入大量的资金，而且过程复杂、成功率低，具有很大的风险。因此，企业的新产品开发应该按照一定的程序进行。新产品开发的基本步骤为：寻求创意、甄别创意、形成产品概念、初拟营销规划、营业分析、产品开发、市场试销和正式上市。

① 寻求创意。所谓创意，即开发新产品的构想。在这个阶段，企业应注意收集各方面的有关信息，寻求尽可能多的创意，为新产品开发提供较多的思路和机会。

② 甄别创意。所谓甄别创意，即对已有的创意加以评估，研究其可行性，筛选出可行性较高的创意。创意甄别的目的就是淘汰那些不可行或可行性较低的创意，将公司有限的资源集中于成功率高的创意上。

③ 形成产品概念。甄别后的产品创意，必须经过进一步开发、完善才能形成产品概念。产品概念是企业从消费者的角度对特定创意所做的详尽描述，是具体化、明确化、已经成形的产品构思。从产品创意到产品概念一般要经过如下两个步骤：首先是产品设计，其任务是将产品创意用文字、图形、模型等形式明确地表现为产品的几种设计方案；其次是产品鉴定，其任务是结合市场定位对每种产品的所有设计方案都进行认真评价和修改，通过产品概念的市场试验了解顾客的反应，进一步完善设计方案后再加以定型。

实用链接：影响新产品概念开发的因素

（1）顾客喜好。在技术扩散很快的市场中，仅靠技术规格来角逐市场将很难获胜。现在的顾客不仅在功能上对产品提出要求，还要求产品让人感觉舒服，要能给人带来美的享受。

（2）主观估计。在实际的新产品开发活动中，客户及开发小组的主观估计是不可缺少的。这些主观估计往往有助于产生富有创造力的产品概念。但开发小组的主观估计也会出现各种各样的偏差，这些偏差会对产品概念的开发产生很大的负面影响。

（3）数据来源与处理。 成功的新产品概念并不是依赖单一方法的数据收集，而是综合研究了多种数据来源之后诞生的。其中某些数据可以应用于产品开发的许多阶段，某些数据对于评估若干产品方案有特别重要的价值。

（4）生产成本和可制造性。 即使产品概念能够满足客户的需要，如果它因生产成本过高而不能满足公司的利润要求，那么这个产品概念也不具有现实的价值。在最初的设计过程中要考虑生产成本、生产可行性及装配、维护要求，设计者要同时设计产品概念和生产流程。

（5）环保因素。 基于环保的设计不再只是选择，而是越来越成为必须。越来越多的基于环保的新产品概念正在出现，这些产品生产时使用更少的资源，使用时也消耗更少的资源，是由毒性较小和能够回收的原材料制成的，易于拆卸后进行回收。

④ 初拟营销规划。产品概念形成后，企业的有关人员应该拟订一个新产品的营销规划草案。新产品的营销规划草案由下述 3 个部分组成：① 说明目标市场的规模、结构、行为，新产品的市场定位、未来几年的预计销售额、市场占有率、利润率等；② 概述新产品的计划价格、分销渠道、促销方式及第一年的市场营销预算；③ 阐述新产品的远景发展情况并提出设想，如长期销售额和利润额目标、产品生命周期不同阶段的营销组合策略等。

⑤ 营业分析。在这一阶段中，企业应该在营销规划草案的基础上，对新产品未来的销售情况、经营成本和利润率做出进一步的评估，判断其是否符合企业目标的要求，以便决定是否进入新产品的正式开发阶段。

⑥ 产品开发。通过营业分析后，研究开发部门、工程技术部门就应该进入研究试制阶段了。只有通过研究试制阶段，才能把抽象的产品概念转化为实体形态的产品模型或样品。

⑦ 市场试销。市场试销就是企业将新产品与品牌、包装和初步市场营销方案组合起来，然后把新产品小批量投入市场，以检验新产品是否真正受市场欢迎的过程。

并非所有新产品都必须经过试销，如果企业已经通过其他各种方式充分收集了消费者和经销商的意见，并已经根据这些意见对新产品和营销组合方案进行了改进，而且对新产品的市场潜力有比较准确的把握，就可以不经试销直接大量投入市场。

案例 6-1　良品铺子的“严防死守”

“良心的品质，大家的铺子”，这是良品铺子创始人团队的初心。自成立至今 13 年以来，良品铺子不断完善产品质量管控体系，从质量控制、质量监管等多方面保障食品安全，打造高品质产品。2019 年 11 月 6 日，在上海进博会现场，良品铺子与巴基斯坦 HALO FOODS 公司签下一笔价值 3 亿元的松子原料采购协议，以获取全球最高端品质的松子原料，从而在后期食品加工中做到既保证松子的原生清香，又保证产品的“零添加，更安全”。良品铺子除了为人熟知的“六层品质把关”，还拥有自己的“顶级美味顾问团”和专业的研发团队，探听消费需求，打造健康美食。专注品质是良品铺子一直以来“严防死守”的底线，高质量的产品使其在业内和消费者心中形成了高品质的品牌认知。

资料来源：http://finance.ifeng.com/c/7rhfsEuDjb4

评述 产品质量是企业根本，高质量的产品才能经受住市场的考验，为顾客所喜爱。

⑧ 正式上市。新产品试销成功后，就可以批量生产，全面推向市场了。在这一阶段，企业将投入大量的资金用于生产条件的配置和市场营销的需要，对此企业必须慎重地进行决策并全面加强管理工作，以确保新产品经营成功。

总之，产品开发要想一次成功，一方面，必须遵循一套科学的流程，有计划、按步骤地进行；另一方面，要使新产品开发收到事半功倍的效果，还需要借助策划的艺术性，在策划的具体步骤和具体环节上开拓创新，以求先声夺人。

6.1.2 价格策划

1. 价格策划的内容

（1）**价格的制定策划**。这主要是指产品初期的价格策略，包括高价策略、中价策略和低价策略。

（2）**价格的调整策划**。这是指产品在进入市场后的后期定价策略，主要有主动调价策略、被动调价策略和折扣价格策略。

2. 价格策划的流程

（1）**价格信息的收集与预测**。一个完整的价格策划，首先应该从价格信息的收集与预测开始，这不仅是进行价格策划的前提，也决定着策划方案的正确与否。

① 确定价格信息收集的内容。价格信息收集的内容通常可以分为两大类。一类是仅能对价格运动的各种变化和特征进行直接描述的价格信息，它表明目前价格的基本状况和过去状态。一般包括某一特定时期内价格水平信息、相关价格信息、历史资料信息。另一类是直接或间接影响价格变化的各种因素信息，表明价格可能发生的运动方向。这方面主要指市场供求信息，包括市场货币流通状况，消费结构、消费习惯与爱好的变化情况，居民收入变化情况，市场供应力与供求结构状况。

在收集市场供求信息时，对消费者需求和满意程度的信息及竞争对手行为的信息要特别加以注意。体现消费者需求和满意程度的信息主要有：购买的数量和批量、对质量的肯定和意见、对价格水平及付款条件的建议、对售前和售后服务的要求、对促销做法的评价等。

② 对价格信息进行收集与整理。在信息收集过程中，要注意所采用的方法。信息收集的方法多种多样，具体采用哪种方法，要依据信息内容、人员、手段、资金等具体情况而定。信息收集工作完成后，还必须进行加工和整理，使之成为准确、精练且便于利用的信息。具体内容已在本书的第2章论述过，这里就不再赘述。

（2）**确定价格策划方案的内容**。企业价格策划方案一般包括定价目标、定价策略、定价方法与价格水平、其他营销要素配合等内容。

① 定价目标。定价目标是企业在价格策划时有意识要达到的目的。定价目标是企业经营目标在价格策划中的表现，是企业策划方案首先要解决的问题。企业定价目标可划分为

4 类，具体内容如表 6-2 所示。

表 6-2　定价目标的类别及其具体内容

定价目标类别	每种定价目标的具体内容
以获取利润为定价目标	（1）以扩大眼前利润为目标。旨在短期内通过高价的形式获得尽量多的利润 （2）以一定的收益率为目标。追求一定的投资收益率，以获取一定时期内的稳定收入 （3）以获取合理利润为目标。这种目标被广大的中小企业所采用
以扩大市场份额为定价目标	采取扩大市场份额为定价目标的企业，多采用低价策略吸引消费者，这样做虽然可能会使商品的单位利润水平下降，但由于销售量的增加能弥补降价所造成的损失，所以利润总量一般不减少，甚至增加
以应付和防止竞争为定价目标	这种定价目标主要是针对竞争对手确定的。当企业面对来自竞争者的威胁时，应根据竞争者的情况和自身条件采取相应对策
以创造和维护企业形象为定价目标	良好的企业形象是企业在经营中创造的无形资产，也是企业经营的重要手段。树立这一定价目标，就是在定价行为中维护消费者利益，兼顾企业利益，维护社会公德和商品道德，服从国家宏观发展目标要求，遵纪守法等

② 选择定价策略。定价策略是在特定的定价目标指导下，根据成本、供求关系、产品特点、市场竞争状况及需求心理等因素而确定的定价方针和政策，是价格策划的基本内容之一。

③ 选择定价方法。选择正确的定价方法是实施定价策略的重要环节。定价方法是对产品进行具体价格计算的方法，大致可以分为三大类，即成本导向定价法、需求导向定价法和竞争导向定价法，其中又有许多具体的方法。

各种定价方法有利有弊，在选择时首先要与定价目标和定价策略的要求相一致，其次要考虑企业的规模大小、市场性质和竞争状况、产品的特点、企业营销能力和计算方法等。

④ 其他营销要素的配合。营销的其他要素在市场上已形成的影响，是企业价格策划的前提，为了保证价格方案的落实，还必须有其他营销要素的配合，这是价格策划方案必不可少的内容。就产品而言，必须保证有与价格相一致的商品实体和相关的服务，还要选择保证价格策划方案落实的产品分销渠道，并通过有效的促销手段把产品、价格尽早传递给消费者。

（3）**价格策划方案的筛选**。价格策划除了上述内容，在实际中由于可供选择的目标、策略、方法及配套措施的多样化，还可以有不同的组合，形成不同的价格策划方案，但同时也存在一个择优问题。

① 价格策划方案择优的原则。

- 经济性原则。这一原则要求企业在做方案择优时，必须体现企业的经济效益，即价格策划方案要有利于企业收回成本并获取利润，但并不是说按照这一方案进行的每次交易都要有可观的利润，只要有盈余，就符合经济性原则。

- 可行性原则。价格策划方案能否实现的关键在于它是否与实际情况最接近。这就需要企业对各方案进行反复比较论证，运用定性分析和定量分析的方法去测试。合理的价格策划方案既要保证企业自身的利益，又要兼顾国家利益和消费者利益。

② 价格策划方案择优的方法。

- 经验推断法。根据上述定价目标、定价策略、定价方法选择的限制条件，企业决策层再根据自己的经验及掌握的市场信息、企业现状，从多个方案中选择最优方案。
- 专家论证法。企业聘请有关专家组成论证组，将设计的多种方案通报给各位专家，然后由他们提出意见，将大家一致认可的可行性方案留下，放弃其他方案，再对留下的方案进行论证筛选，择出最优者，并将专家意见补充进去。
- 盈亏平衡分析法。这种方法是根据保本销售量公式，推导出保本价格，然后将保本价格与方案设计的价格进行比较，从中择优的方法。
- 排斥法。这种方法就是比较各方案的效益大小，去掉劣者，选出优者。这种方法在对单一指标如企业定价目标或定价策略进行选择时比较简单。产出相同，选投入费用最低者；投入相同，选产出最高者。如果决策是多元指标，就需要换算后再比较。
- 决策树法。决策树作为一种图解方式对于解决复杂的问题非常有效。

6.1.3 分销渠道策划

1. 分销渠道策划的内容

分销渠道是指某种货物或劳务从生产者向消费者移动时，取得这种货物或劳务的所有权或帮助转移其所有权的所有企业和个人。因此，一条分销渠道主要包括个人、中间商（因为他们取得所有权）和代理中间商（因为他们帮助转移所有权）等。分销渠道策划的内容包括以下几点。

（1）**分销渠道结构设计。**在企业生产的产品在从生产者流向最终消费者或用户的过程中，每经过一个对产品拥有所有权或负有销售责任的机构，称为一个“层次”。层次越多，分销渠道就越长；层次越少，分销渠道就越短。企业经营者在进行分销渠道策划、选择企业的分销渠道时，要考虑几方面因素的影响，具体内容如表 6-3 所示。

表 6-3 分销渠道的影响因素及具体内容

分销渠道影响因素	每种影响因素的具体内容
市场	市场性质决定分销的策略。市场大且相对集中时，直接的市场销售最能够取得成功。市场分散太广，顾客的购买形式不确定时，应以间接销售为主
产品	产品的特性能在某些情形下决定分销渠道路线。易腐烂的产品就须直接销售。专门性的产品，也可能必须直接销售。季节性的产品，一般是由中间商销售。当产品的单位价值较低时，也通常由中间商销售
组织	强大的组织有能力从事直接的市场销售活动。弱小的组织，则需要利用中间商处理主要的工作

续表

分销渠道影响因素	每种影响因素的具体内容
中间商	中间商能力的大小是企业考虑的重要因素
竞争者	竞争者的分销渠道往往是企业参考的重要对象
环境	环境制约着分销渠道路线的确定，尤其当经济环境不景气时，更要注重节约成本

（2）**代理商的选择。**营销策划人在明确了影响分销渠道设计的各种因素后，就要着手分析企业主要渠道的选择方案。通常要重点分析选择方案的 3 类构成因素，即中间商的类型、数目及每一渠道参与者的条件与相互责任。

① 中间商类型分析。营销策划人应明辨适合其经营业务的分销渠道中间商的类型。

② 中间商数目的确定。营销策划人必须决定在每一渠道层次中间商的数目。在分析时，根据中间商的数目不同，有 3 种销售类型可供选择，如表 6-4 所示。

表 6-4　销售类型及其具体内容

销售类型	每种销售类型的具体内容
密集销售	日用品和一般原料的生产者通常采用密集销售，即尽可能在更多的商店中销售其产品。这些产品必须占有地利，以便创造最大限度的品牌展露度和便利性
独家销售	所谓独家销售，是指生产企业要求经销商不得再经营与之竞争的产品。通过授权独家销售，生产企业希望销售活动更加积极并能做到有的放矢，而且能够在价格、促销、信用和各种服务方面对中间商的政策加强控制。独家销售有利于提升产品形象和获得较高的利润
精选销售	处于密集销售和独家销售之间的是精选销售，即利用中间商的数目不止一个，但对有意经营某一产品的中间商并不全都加以利用

③ 分销渠道成员的参与条件与责任分析。营销策划人必须分析生产企业确定的分销渠道成员参与的条件与责任是否适宜。营销策划人首先要了解生产企业是否已制定明确的价格目录和折扣明细表，能否确信其折扣可使中间商感到公平、合理。其次要了解生产企业是否对提早付款的经销商给予现金折扣，是否对经销商有不合格产品退换或价格下降的保证等。经销商希望了解生产者将在何处授特权给其他经销商。他们还希望了解在其区域内的销售实绩总额。

2．分销渠道策划步骤

一个完整的分销渠道策划分为 4 个步骤，如图 6-2 所示。

（1）**分析市场上消费者的需求。**主要指通过市场调研，找出并分析消费者的需求。在这一步，要充分考虑消费者的当前需求和潜在需求、对产品的需求和对服务的需求。

（2）**设定分销渠道的目标和限制。**根据第一步的分析结果，设定分销渠道的目标，即应该建立怎样的分销渠道，才能最大化地满足消费者的需求。在设定目标时，应充分考虑设定分销渠道的限制因素。

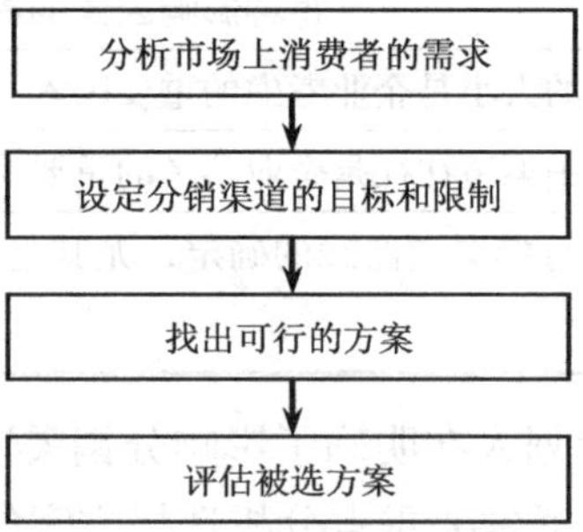

图 6-2　分销渠道策划步骤

（3）**找出可行的方案**。根据渠道目标和影响因素，尽可能地列举可行的方案。

（4）**评估被选方案**。根据分销渠道设计的限定性因素，选择最佳方案。

案例 6-2　可口可乐在中国的分销渠道系统

可口可乐公司于 20 世纪 70 年代重入中国市场，从当初只进入高档饭店到如今渗透到市场的每个角落，可以说渠道运营起到了至关重要的作用。它在中国的分销渠道系统如表 6-5 所示。

表 6-5　可口可乐公司在中国的分销渠道系统

现代分销渠道			传统分销渠道							
关键客户			批发客户	101 客户	直营客户					
大卖场	连锁超市	便利超市			餐馆	交通	食品店	酒店娱乐	网吧	……

从表 6-5 可以看出，可口可乐分销渠道系统的主框架是由关键客户（Key Account，KA）、批发客户、101 客户和直营客户这 4 个主渠道构成的。

在可口可乐公司与客户签订的合同当中，除了通过很多方面来促进客户取得合理的返利，合同奖励的关键指标主要是销量、生动化和账款（可口可乐公司的账款主要指在一定账期内未收回的货款，而非赊账经营），但这 3 个指标在各个分销渠道的要求很不相同，重要程度也不一样，具体内容上也有很大差别。

（1）关键客户。生动化考核占据了对 KA 考核的最主要部分。对 KA 的店面表现、常规堆头、特殊堆头及各项促销活动的开展而进行的检查考核非常详尽地写在了合同里面。通过对 KA 的生动化考核和账款考核，避免其与批发客户一样对销量的达成进行盲目的追求，从而极大减少了与其他分销渠道的正面竞争。

（2）批发客户。对批发客户的考核慢慢从单纯的销量考核过渡到碳酸饮料销量考核和非碳酸饮料销量考核的结合。在以碳酸饮料闻名的可口可乐公司，将非碳酸饮料销量的考核单独列出来，是为了非碳酸饮料的成长，同时也是为了让客户牢牢记住可口可乐公司要成为一个全方位的饮料公司。加强对批发商的非碳酸饮料销量考核，避免了批发商只做成熟品牌的惯病，解决了客户一直用可口可乐成熟产品进行带货而冲击其他分销渠道的问题。

当然，客户也更多地获得了由可口可乐公司提供的非碳酸饮料所带来的利润。

（3）101 客户。通过只给予 101 客户的配送货物奖励，使该渠道客户脱离流通渠道（因为不允许其进行货物流通，假如有部分货物流通，公司将予以严肃处理），避免了 101 客户与批发客户争夺渠道下线客户，从而消除了渠道窜货的隐患。

（4）直营客户。直营渠道系统针对的基本上是售点，直接面对消费者。由于有业务员进行直接服务，能依据实际情况实施个性化的策略，所以，直营客户冲击其他渠道客户或被其他渠道客户冲击均不太可能，因为他们也能从个性化服务中获得自己的利益。

评述　可口可乐公司综合运用各种手段来进行分销渠道的平衡，使各个分销渠道均和谐发展，从而避免了渠道内耗。

6.1.4　促销策划

促销是指企业运用各种沟通方式、手段，向消费者传递产品、服务和企业信息，实现双向沟通，使消费者对企业及其产品、服务产生兴趣、好感与信任，进而做出购买决策的活动。

1．促销策划的手段

现代促销的沟通方式、手段主要有广告、人员推销、公共关系和营业推广四大类，它们各自具有不同的特性。

（1）广告是一种传播广泛的非人员沟通方式，它把图像、文字、声音、色彩、气味等艺术地有机组合在一起，连续地、重复多次地进行高度渗透的信息刺激，具有极强的传播性和影响力。

（2）人员推销以交际、人际关系、面对面的谈判为沟通特征，特别具有人情味、针对性和灵活性。

（3）公共关系注重塑造形象、推销形象、协调关系、增进感情、提高信任度，从而解除消费者的疑虑。

（4）营业推广能够迅速产生鼓励作用，通过现场演示、样品赠送等方法使消费者迅速地了解产品，从而缩短新产品上市的时间。

促销的本质是沟通（交流）信息、赢得信任、激发需求、促进购买。因此，促销作为一项系统工程，由信息沟通机制、形象塑造机制和需求激发机制组成，这 3 种机制的正常运转及其有机组合，可以使促销系统达到最佳整体运动状态，从而实现促进销售的根本目标。

2．促销策划的步骤

一般来说，促销策划分为 5 个步骤，如图 6-3 所示。

（1）**建立促销目标**。促销目标是从总的促销组合目标中引申而来的，因此，它在总体上受企业市场营销总目标的制约，表现为这一总目标在促销策略方面的具体化。所以，在制定促销目标时，要尽量具体，对各项活动都要有一个准确的规定。

（2）**制订促销方案**。在确定了促销目标之后，接下来就要制订具体的促销方案。在制订方案时，需要特别注意的是要确定刺激程度，选择合适的对象、媒介、时机，合理分配预算。

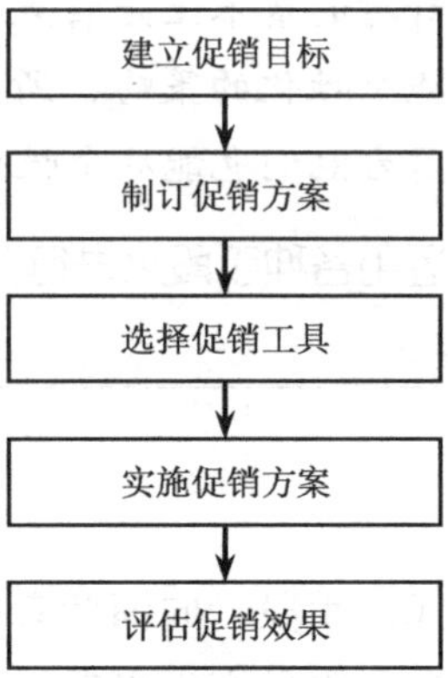

图 6-3 促销策划的步骤

① 确定刺激程度。要使促销取得成功，一定程度的刺激是必要的。一般而言，刺激程度越高，引起的销售反应也会越大，但也可能存在边际效应递减的规律，因此，要对以往的促销实践进行分析和总结，并结合新的环境条件确定适当的刺激程度。

② 选择对象。对象可以是市场中的每个人，也可以是有选择的某类团体。应确定哪种对象是促销的主要目标，因为对象选择的正确与否会直接影响促销的最终效果。

③ 选择媒介。在促销过程中，选择恰当的媒介是非常重要的。它不仅关系到促销费用的高低，更关系到促销活动的直接效果。传统的促销媒介主要有报纸、电视、收音机、杂志4种。如今，随着网络技术的发展，互联网也越来越被广泛地应用于促销宣传。

④ 选择时机。在什么时间开始促销、持续多长时间效果最好等，也是值得研究的重要问题。持续时间过短，由于无法实现重复购买，会失去很多应获取的利益；持续时间过长，又会造成开支过大和刺激购买力度减弱的问题，并容易在顾客心目中降低企业产品身价。有关研究表明，每季度的第3周左右为最适宜的促销时间。

⑤ 分配预算。分配预算即促销预算在各种促销工具和各个产品间的进一步分配。这要考虑到各种促销工具的使用范围、频度，对各种产品所处生命周期的不同阶段等多种因素加以平衡和确定。

（3）**选择促销工具**。根据已经制订的促销方案选择合适的促销方式，促销方式主要有广告、人员推销、公共关系和营业推广这四大种，它们各有其特点和适用范围。此外，还存在这样的情况，同一特定的促销目标可以采用多种促销方式来实现，这里就有一个促销方式的比较选择和优化组合问题，其目的是实现最优的促销效益。

（4）**实施促销方案**。再好的方案都要经过实践的检验，否则只能是纸上谈兵，所以，促销方案的实施是整个促销策划的重中之重。实施中要注意测量市场反应，对促销范围、强度、频度和重点进行必要的调整，保持对促销方案实施的良好控制，以顺利实现和达到预期的目标和效果。

（5）**评估促销效果**。这是一项重要而困难的工作。应当明确，评估工作实际上在选择促销手段之前就已经开始了。例如，制造商向推销员和中间商介绍其将使用的促销手段，听取他们的意见，通过他们对这些促销手段的反应来做出判断。市场营销者也可以通过各种方法来了解消费者的意见。又如，销售商设了两种奖品，可以在一部分零售店中使用奖品 A，在另一部分零售店中使用奖品 B，通过对比两组零售店销售情况来判断哪种促销手段更容易被消费者接受。

案例 6-3　《中国新说唱》RAP 歌手唱广告曲

《中国新说唱》以每期节目平均点击量达到 2.38 亿人次的播出成绩远超一众老牌节目，成功引爆了中国的说唱文化，同时也将这股说唱的热潮引向了广告圈。一时间，说唱类型的广告层出不穷，许多品牌的宣传张口都是说唱范儿。例如，《中国新说唱》2019 年的冠名商“有钱花”APP 与人气选手黄旭合作，采用视频博客的广告形式，在讲述一个歌手追梦故事的同时，自然而然地流露出有钱花“让每个梦想有钱花”的核心品牌理念，新颖的营销手段紧跟时代潮流，直击年轻用户内心。毫无违和感的广告融入，让节目观众在享受说唱文化的同时，了解了品牌信息，相关品牌也借助综艺节目的播出得到了重复推广的机会。

评述　《中国新说唱》的创意广告充分说明了品牌商需要结合时代的潮流，选择新颖的营销方式和促销手段，抓住目标客户的心，推广自身，从而实现营销的根本目标。

6.2 营销组合策划的策略

营销组合策略是组合策划的重要内容，为企业营销组合策划提供了策略上的保障。由于营销组合的内容较为丰富，不同的组合方式又可形成不同的策略，因此，营销组合策划的策略较为广泛。在本章中，我们只对其主要策略进行选择性介绍。

6.2.1 产品生命周期营销策略

产品生命周期是指某一产品从完成试制投放到市场开始到最后淘汰出市场的全过程所经历的时间。通常情况下，一个完整的产品生命周期要经历 4 个阶段，即导入期、成长期、成熟期和衰退期，各阶段特征如表 6-6 所示。

表 6-6　产品生命周期各阶段特征

特征 \ 阶段	导入期	成长期	成熟期	衰退期
认知度	低	迅速提高	很高	开始减弱
顾客	数量少 多为革新者	数量迅速增多 早期采用者	数量达到高峰 中间大多数	数量减少 迟缓者

续表

阶段 / 特征	导入期	成长期	成熟期	衰退期
销量	低	迅速增多	销量高峰	迅速下跌
成本	单位成本最高	单位成本一般	单位成本低	单位成本低
利润	负利润	利润上升	高利润	利润下降
竞争者	极少	数量增多	数量基本稳定	开始减少

1. 导入期的营销策略

当产品以全新的形象出现在市场上时，大多数消费者都对产品的有关信息知之甚少。因此，这一阶段的营销活动应主要放在对消费者介绍该产品上，使消费者对产品有一个较为全面的认识，并且得到他们的认同。所以这一时期的营销策略主要有以下4点。

（1）**新产品定型**。广泛收集市场对新产品的反应，在征集消费者意见的同时，对各类意见进行分析、归纳、综合，根据相对集中的意见，改进新产品，为新产品定型。

（2）**价格策略**。在导入期，每个企业可根据自身的情况和面临的问题，选择相应的价格策略。可供企业选择的价格策略有：高价快速推销策略、高价低费用策略、低价快速推销策略、双低策略。

（3）**渠道策略**。一般情况下，新产品上市所需的各种营销资源比较有限，这时要选择合适的经销商进行合作，利用经销商的资金和网络可以大大缩短上市时间，减小上市的风险。

要分析各类渠道的长短、扁平、优缺点，以及根据自己产品的特点来设计渠道。此时，应主要考虑市场的铺货率、信息沟通的灵敏度、市场管理的复杂性这3个问题。

制定招商广告和招商政策时要把握两个核心点，一是建立起经销商的信心，与厂商共享利益、共担风险；二是要确保经销商有利可图。在制定经销商政策上可以实行分级、分时间、分区域的政策，关键是事前要保证政策透明，让经销商相信按照一定的销售量可以获得利润。

（4）**促销策略**。在产品的导入期，促销活动通常有下面两种情况：一是快速促销，即利用各种促销工具及其组合，进行各种促销活动，使消费者在短期内熟知这一产品并产生购买行为，便于快速地启动市场；二是低速促销，即不举行或很少举行促销活动，让产品在市场上慢慢渗透，直到逐步被消费者所认知。

2. 成长期的营销策略

在成长期，消费者已开始迅速接受新产品，需求量增加，因此，这一时期的营销策略主要包括以下几点。

（1）**产品策略**。在保证产品质量的同时，实施产品组合策略，挖掘产品的广度和深度，提高产品的覆盖面，同时还要努力降低成本，从而增强产品竞争力。

（2）**价格策略**。实施价格调整策略，对于不同的产品，制定不同的价格，以满足不同层次消费者的需求。此外，还可在适当的时机降低价格，以吸引对价格较为敏感的消费者。

（3）**渠道策略**。对原有的渠道进行改良和调整，实施深度分销，积极地寻找并打开新市场，开辟新的细分市场，使产品得到更多的展示机会和更广的销售面。

（4）**促销策略**。调整广告策略的目标，使之由提高产品的知名度逐渐转变为建立消费者对产品的信赖和提高购买量。

3．成熟期的营销策略

成熟期持续的时间长短，直接影响企业的经济利益。因此，产品策划人应想方设法地延长产品成熟期的时间。为此，可采取如下几种策略：① 在原产品策略保持不变的同时，努力地开发新产品，积极地开拓新市场；② 价格方面实施价格调整策略，一般来说，运用降价策略可以打入新的市场；③ 进行深度分销，挖掘渠道的潜力，建立更广泛的销售渠道；④ 开展各种促销活动，采用富有感染力的广告，通过让利销售、折扣、有奖销售等策略吸引其他品牌的消费者。

4．衰退期的营销策略

这一时期是产品即将被市场淘汰，生命周期即将结束的时期。当产品进入衰退期时，可采用如下两种营销策略。

（1）**保留策略**。努力维持产品的生产和销售，具体方法有：① 新生策略，即通过营销努力恢复衰退产品的销售量；② 继续策略，即保持原来的营销策略不变，任由这种产品继续衰退下去，直至其完全退出市场；③ 集中策略，即停止某些方面的努力，将资源全部集中在一些最有利的市场和分销渠道上；④ 收割策略，即大幅度地削减衰退产品的营销费用，以降低成本，增加目前的利润。

（2）**淘汰策略**。当企业决定淘汰某种产品时，要考虑是完全抛弃，还是转手给其他企业；是果断而迅速地淘汰，还是以渐进的方式缓慢淘汰。若按既定日程逐渐淘汰，则便于有秩序地转移货源，并使顾客从容地适应其使用习惯的改变。同时企业要为已出售的产品保留一些替换零件和售后服务。

6.2.2　新产品开发策略

企业主要有以下几种新产品开发策略。

（1）**抢先策略**。顾名思义，抢先策略就是抢在其他企业之前，将新产品开发出来并投放到市场中去，从而使企业处于领先地位。要采用抢先策略的企业，必须有较强的研究与开发能力，要有一定的试制与生产能力，同时还要有足够的人力、物力和财力，另外，还要有勇于承担风险的决心。

（2）**紧跟策略**。紧跟策略就是指，当企业发现市场上的畅销产品时，就不失时机地进行仿制，进而投放市场。采用紧跟策略的企业，对市场信息收集、处理和反应必须迅速，而且还要具有较强的研究与开发能力。大多数中小型企业都可以采取这一策略。

（3）**引进策略**。这种策略是指把专利和技术买过来，努力消化、吸收并创新，使之变成自己的技术，并迅速转变为生产力。它可以分为3种情况：① 将小企业整个买下；② 购买现成的技术；③ 引进掌握专利技术和关键技术的人才。

（4）**产品线广度策略**。产品线是指与生产技术密切相关的一组产品。一个企业拥有的产品线的数目，称为产品线的广度。产品线广度策略按选择宽窄程度，分为宽产品线策略和窄产品线策略两种。前者指企业生产多条产品线，每条产品线又有多个品种，是一种多样化的经营策略，许多大型跨国公司和企业集团一般都采用这一策略。后者指企业只生产一两条产品线，每条产品线只有一两种产品。市场补缺者往往采用这一策略。宽产品线策略是一种多样化经营策略，多样化经营不仅分散了市场营销过程中的种种风险，而且避免了单一产品生产的单一化风险。

（5）**产品线深度策略**。所谓产品线的深度，即每条产品线内品种规格的多少。当一种产品的销量迅速扩大时，有一定实力的企业可以以该产品为基准，及时推出它的系列产品，以便尽量占领多个细分市场。

实用链接：新品“开门红”的六大策略

实践证明，90%以上企业的成功是因为新品的成功，但数据同时也显示，在一个行业中通常仅有20%的新品能成功立足市场，失败者甚多。所以，企业要确保自己的新品上市“开门红”，就得在整体战术规划上讲求一些策略，所谓“以正合，以奇胜”。

（1）巧借机会，借船出海。产品的成功与人的成功有相似之处，即机会都很重要。一个产品即使有好的质量和推广团队，也会因为“生不逢时”而夭折。所以，企业练就寻找商机、捕捉商机、利用商机的能力是非常必要的。例如，运动品牌李宁就借助2008年北京奥运会扬名世界。

（2）独树一帜。在中国，如果谁提到“今年过节不收礼”，随便一个人都能跟你说“收礼只收脑白金”。可见，脑白金已经成为中国礼品市场的一个代表。

然而，脑白金在进入市场时却费了不少脑筋。起初，脑白金想靠 “睡眠”概念进入市场，但在红桃K靠“补血”概念、三株口服液靠“调理肠胃”概念创造中国保健品市场高峰之后，保健品行业信誉跌入谷底，脑白金单靠一个“睡眠”概念怎么可能迅速崛起？于是，脑白金选择了一个“送礼”的轴心概念，靠着“送礼”这个概念，脑白金在保健品行业多年处于“盟主”地位。

（3）在传统中创新，借花献佛。新闻发布会向来作为新品上市最正式和最常用的形式而得到众多厂商的青睐，其好处在于借媒体记者的力量最大限度地提高产品的社会认知度。但因为产品的快速更迭，越来越多的产品采用形式单一、内容雷同的发布会。现如今新闻发布会逐渐被记者视为鸡肋，难以引起他们的关注，这自然也影响产品的宣传效果，所以，当企业决定以新闻发布会的形式推介新品时，适度的创新将成为实现预期目标的法宝。

（4）半遮半掩，制造悬念。中国人自古就欣赏神秘美。在集艺术与科学于一体的产品市场营销中，适度制造产品的神秘感将有助于产品的销售。

台湾三阳摩托车为了取得市场竞争优势。在新产品上市以前，连续 6 天在报纸上刊登巨幅广告，吸引消费者的目光。第一天，台湾两家主要报纸刊登了一则没有注明厂牌的摩托车广告，内容是："今天不要买摩托车，请您稍候 6 天。买摩托车您必须慎重考虑。有一部意想不到的好车就要来了。"第二天、第三天、第四天，内容大致一样，只换天数。到了第五天，广告内容改为"让您久候的这部无论外形、动力、耐用度、省油性等都能令您满意的野狼 125 摩托车，就要来了，烦您再稍候两天。"第六天的广告内容又改为"对不起，让您久候的三阳野狼 125 摩托车，明天就要上市了。"第七天，三阳野狼 125 摩托车正式上市，报纸上打出整版巨幅广告。市场大为轰动，三阳野狼 125 摩托车一时间成为抢手货，这个创造销售奇迹的厂家因此名声大振。

（5）高举"技术革了价格的命"的旗帜，低价入市。在新品入市定价策略上，常用的办法是高价撇脂法和低价渗透法，前者基于利润目的和品牌特定定位，后者则多基于市场占有率。所以，在追求"开门红"的前提下，以低价入市不可谓不是一种好策略。当然，在消费者日趋理性，相信"便宜没好货"的今天，为低价寻找一个好理由同样重要。

（6）爱屋及乌，妙用代言人。在 2004 年的中国，刘翔当属最著名的人物之一，而"刘翔特别版"可乐也称得上上市最成功的新品之一。这一杰作的制造者就是可口可乐公司，他们使用的则是"名人代言产品"法。

刘翔在巴黎世锦赛夺得铜牌之前，可口可乐就与他取得了联系。经过认真筛选和评估后，可口可乐看中了他的潜质，只花一个星期就与他签订了合同。2004 年雅典奥运会期间，可口可乐每天在赛事直播中都要播放由刘翔和滕海滨出演的"要爽由自己"的广告。奥运圣火越烧越旺，刘翔夺得小组第一名，并开始与欧美人竞争金牌，这极大地刺激了消费者的消费欲望，推动了可口可乐的品牌影响力的提升和终端销售量的猛涨。刘翔夺得奥运冠军后，以刘翔名字命名的"刘翔特别版"可乐在全国各地几近脱销。

6.2.3　以需求为导向的定价策略

由于市场竞争的升级和消费者消费观念的成熟，传统的定价策略已越来越显得"力不从心"。当前，作为一种新思维，以需求为导向的定价策略受到了众多企业的青睐。

需求导向定价法是以消费者对商品的评价为出发点来确定商品价格的定价方法。它的产生是与市场状况的变化及现代营销观念的产生密切相连的。在卖方市场条件下，企业的产品营销观念决定了企业多采用生产成本导向定价法。而进入买方市场后，市场形势的变化及现代市场营销观念的产生使企业把营销的重点由生产者转向了消费者，因而也就产生了与之相适应的定价方法。

1．理解价值定价法

这种定价方法是指厂商以消费者对商品的理解和认识程度为依据制定商品价格。这种方法的基本思路是，企业定价的关键不在于卖方的生产成本，而在于买方对商品价格水平的理解。正是利用了这种定价方法，华为新推出的Mate30手机才备受用户的青睐。

案例 6-4　华为Mate30手机的诚心定价

2019年9月26日，华为在上海东方体育中心召开了华为Mate30手机的发布会，并同时公布了华为Mate30手机从3 999元起售，Mate30 5G版智能手机起售价4 999元。此次公布的Mate30 4G版手机价格仍旧维持了去年Mate20手机的售价，更高端的配置，却保持着相同的价格。华为此次公布的产品售价使很多人出乎意料，眼前一亮，消费者的购买欲望被大大点燃。

近几年，手机市场趋于饱和，各大品牌纷纷降价，iPhone11也首次以人民币5 499元的实惠价格发售，消费者对于手机价格的认识已逐渐有了很大程度上的改变，手机不再是一种奢侈品，手机的定价也不能再高不可攀，用户追求价格低而品质高的手机。华为立足于消费者对手机物美价廉的追求，诚心定价，充分体现了以消费者需求为导向的合理定价方法，不仅增加了消费者的满意度，更实现了企业利润的进一步增长。

评述　以消费者需求为导向进行合理的定价，是企业产品备受消费者青睐的主导因素。

2. 需求差别定价法

需求差别定价法又称区别价格定价法，是指根据产品的需求程度和需求弹性的差别判定商品的价格。按商品、消费者、位置和时间的差异，需求差别定价有以下几种主要类型。

（1）**以顾客为基础的差别定价。**消费者的收入水平不同，其需求弹性也存在差异。对同一商品而言，低收入阶层对价格变化反应敏感，弹性较大；而高收入阶层则反应较迟钝，弹性较小。厂商应根据不同消费者的收入水平，划分产品档次，区别定价，以适应各阶层的需求。

（2）**以商品式样、花色为基础的差别定价。**即同一质量、规格的商品，根据式样、花色的不同而制定不同的价格，如流行式样商品的价格要高于普通式样商品的价格。

（3）**以地理位置为基础的差别定价。**即以同一商品的位置或地区不同，制定不同的价格。如在商业布局中有"金角银边草肚皮"之说，即角的位置租金比边贵，边的租金比"肚皮"贵，说明黄金地段的商业位置优越，租金也贵。同样，同一家剧院内，因座位位置有差别，票价也有区别。

（4）**以时间为基础的差别定价。**人们在不同的季节、不同的时间，对商品和劳务的需求有明显差别。季节性消费的工业品就是如此。例如，旅游旺季对旅游包需求增加，而淡季时减少。因此，在不同季节和时间，商品和劳务的定价也应有所不同。

总之，需求导向定价法越来越多地被广大企业所采用，它反映了消费者的需求特点，能使价格易被广大消费者接受，具有较强的竞争能力。但是按这种方法计算价格也有一些不利因素，如侧重需求按制定价格而忽视生产能力的可接受性，不利于补偿成本；由于消费者对商品的主观评价受多种因素影响，在不同时期有所不同，因而企业很难准确判断，易形成价格偏高或偏低问题；差别定价落实不好易引起消费者的反感等。

实用链接：用价值营销对抗价格战

中国企业对价格战已经是司空见惯了。从最早的“冰箱大战”到“彩电大战”，从“空调大战”到“手机大战”，再到最近掀起的“经济型轿车大战”，无一不是以降价作为竞争手段。那么能否找到一种方式可以避免价格战呢？

价值营销将是越来越多企业对抗价格战的法宝。

所谓价值营销是相对于价格营销提出的，但价值营销不同于价格营销，它是通过向顾客提供最有价值的产品与服务来创造新的竞争优势而取胜的。著名市场营销学学者菲利普·科特勒认为：“顾客是价值最大化者，要为顾客提供最大、最多、最好的价值。”企业采取价值营销策略，应在有形竞争和无形竞争上下工夫。有形竞争即实物（产品）质量竞争，无形竞争即环境、品牌和服务等竞争。企业要在产品质量、产品功能、开发能力、品牌形象等方面进行创新和提高，优化价值竞争的群体组合，实现创造价值经营，拉开与竞争对手的差距，不断创造新的竞争活力。

6.2.4 促销策略

1．“推”和“拉”的策略

（1）**拉引策略**。拉引策略就是企业先通过广告等直接面向最终消费者，采取强大促销攻势，把新的产品或服务介绍给最终市场的消费者，使之产生强烈的购买欲望，形成急切的市场需求，然后“拉引”中间商主动要求经销这种商品。拉引策略的运作程序如图 6-4 所示。

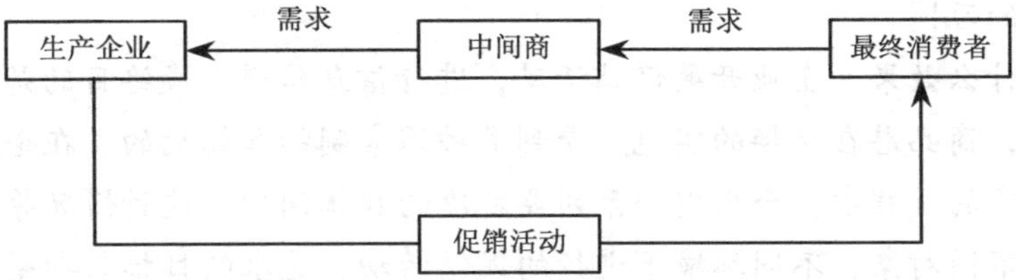

图 6-4 拉引策略的运作程序

（2）**推动策略**。推动策略是厂商以人员推销为主要手段，首先争取中间商的合作，充分利用中间商的力量把新的产品或服务推向市场，推向消费者。其运作程序如图 6-5 所示。

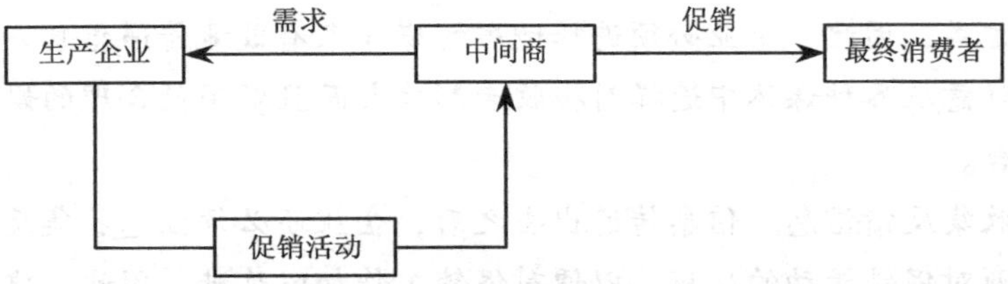

图 6-5 推动策略的运作程序

在营销过程中，由于中间商和生产企业对某些新产品或服务的市场前景存在不同的看法，在很多新产品上市时，中间商往往因为过高估计市场风险而不愿意经销。在这种情况下，生产企业通常采用拉引策略，先向消费者直接推销，然后拉引中间商经销。反之，推动策略是在生产企业与中间商对新产品或服务市场的前景看法比较一致，双方愿意合作的情况下经常采用的手段。运用这种策略，对生产企业来说，较之拉引策略风险小，而且推销周期短，资金回收快，但是其前提条件是必须取得中间商的共识与配合。

（3）**拉引策略和推动策略的配合使用**。通常情况下，企业把上述两种策略配合起来使用，在向中间商大力促销的同时，通过大量的广告刺激市场的需要，其运作程序如图 6-6 所示。

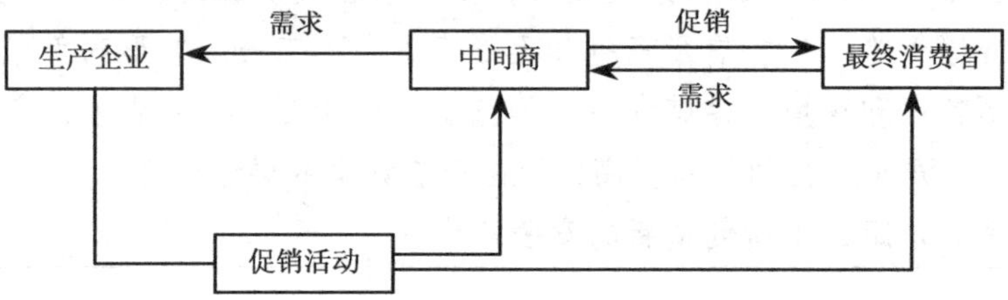

图 6-6　拉引策略和推动策略配合使用的运作程序

注意点

企业作为促销活动和信息沟通的主体，为了有效地进行促销，应该明确下述几个问题。

（1）谁是信息接收者。企业在开展促销活动之前，首先要明确把信息传递给谁，是中间商还是最终消费者？是特定商品购买者还是一般公众？是现实的购买者还是潜在的购买者？确定了谁是信息的接收者之后，还必须了解他们的需求、对企业及其产品的印象和接受信息的习惯。

（2）达到什么效果。企业开展促销活动，进行信息传递，最终目的是实现商品的潜在交换。但是，商品潜在交换的实现是受到多种因素制约和影响的。在企业试图克服这些不利影响因素的过程中，会出现一系列要解决的具体问题。这种情况导致了企业在不同时间、针对不同对象、不同环境下进行的促销活动、追求的目标与期望达到的效果是有所不同的。

（3）提供什么信息。这里要解决说什么和怎样说的问题。说什么，即传递什么样的信息来实现促销的目的。怎样说，即简要介绍还是详细解说，从这一角度还是从另一角度。

（4）选择何种媒体。一条信息传递的效果，不仅取决于信息的内容和结构，还取决于信息传递的方式，因此，企业必须选择适当的媒体来有效地传递信息。企业在制定促销策略时，应注意从各种媒体中选择对接收者影响大而且费用最合理的媒体，构成一套有效的媒体组合。

（5）如何收集反馈信息。信息传递出去之后，企业还必须注意收集反馈信息，了解消费者或中间商对促销活动的反应，以便对促销工作加以改进。因此，建立有效的信息反馈系统是一项非常重要的促销基础工作。

2. 人员推销策略

人员推销是一种古老的推销方法，也是现代产品销售中一种重要的促销方式。它是由销售人员直接与潜在顾客接触，以谈话的方式做口头说明、示范和表演，以达到销售产品的目的。人员推销应依据产品特点、市场供求状况及预期顾客的需求等情况的不同，采用不同的推销策略。

（1）**教育式策略**。这种策略是通过培训、示范等教育方式向消费者传授有关商品的知识，让其了解产品的用途、优点和使用方法，促使消费者购买。它适用于推销新产品、价格较贵的高档产品，以及有特殊效用、特殊使用方法或技术要求较高的产品。

（2）**“刺激—反应”策略**。推销人员事先并不了解顾客的需求，因而要有充分的思想准备，以应对各种类型的顾客。刺激是通过推销人员的演讲，激起顾客的兴趣，并观察其反应，然后根据其反应有的放矢地进行演讲，投其所好，从而激起顾客的购买欲望。这种策略适用于日用品的推销。

（3）**因人制宜的说服策略**。推销人员在尚未了解顾客需求的情况下采取试探性策略。对已基本了解其需求的顾客，采取针对性策略；对尚无明显需要或有顾虑的顾客，则采取诱导性策略。

（4）**平等互利，为顾客服务的策略**。推销人员在推销商品时应处处为顾客着想，向顾客提供必要的服务，真正做到把顾客当作上帝，这样成功的概率才会大大增加。

（5）**利用中介者推销策略**。它是通过顾客、有关企业和特聘人员进行再宣传的人员推销策略。具体方法有：利用顾客进行再宣传，即选择适当的顾客，在向他们推销产品的同时希望他们承担一定的再宣传义务；利用有关企业推销，即当企业力量不足时，可以寻找与自己业务相关的企业合作，互相宣传、推销产品；利用顾客偶像来推销，即利用顾客崇拜的偶像来提高企业产品的声誉。

本章要点

- 营销组合策划是营销策划中的重要内容。它是指在营销活动中，把产品、价格、渠道和促销及其策略有机结合，综合应用，为实现其营销目标而进行的一整套策划活动。
- 营销组合策略是组合策划的重要内容，它为企业营销组合策划提供了策略上的保障。其内容主要包括：产品生命周期营销策略、新产品开发策略、以需求为导向的定价策略、促销策略等。

练习题

（1）营销组合策划是营销策划中的重要内容，试阐述其定义及其包括的内容。

（2）假设你到市场上购买了一款 MP3 播放器，你认为它的歌曲播放功能代表产品整体吗？为什么？

（3）营销组合策略是组合策划的重要内容，其主要包括哪几个方面？

（4）你认为我国空调行业进入了产品生命周期的哪个阶段？针对此阶段空调企业采取了什么样的营销策略？对其策略进行评价。

实训项目：价格策划

【实训目标】

（1）培养学生营销价格策划的能力；

（2）培养学生营销组合策划的能力；

（3）培养学生实际动手能力。

【实训内容与方法】

在班内同学所带物品中挑选 5 件：一部手机、一支笔、一个书包、一块手表、一个 MP3。在班内再另外挑选 5 位同学，分别为 A、B、C、D、E，由他们猜测这些物品购买时的价格并陈述理由，按照接近程度得分为 5、4、3、2、1，让这些物品的主人作为裁判进行评分，评分表如表 6-7 所示。

表 6-7 评分表

	手 机	笔	书 包	手 表	MP3	总 分
A						
B						
C						
D						
E						

经典案例赏析

名创优品的营销组合策略

名创优品成立于 2013 年，至今在国内已经拥有 1 300 多家连锁门店。作为实体零售业的优秀典范，名创优品的商业模式更好地满足了消费者的需求。名创优品优秀的实体经营模式来自其正确的市场营销策略，包括产品的设计理念、企业的服务核心、创新的成本领先商业模式、工厂到门店的直营渠道模式及新媒体助力下的管理及宣传多方面。只有合理地运用正确的营销组合策略，才能实现企业的持续性发展。

（一）产品策略

1. 贴近生活的设计风格

名创优品的产品设计理念是营销的一大亮点，整体风格以简约、清新为主，让产品更贴近生活，并从视觉上为消费者打造舒适的购物体验。

2. 生活百货为主要经营产品

名创优品主要经营生活中所需的休闲百货，任意一款商品无论从外观、质量或是实用性来看，都具备很高的性价比。同时名创优品门店会保证每 7 天上线新品，这在一定程度上满足了消费者的日常生活用品需求，使消费者不必东奔西走，在一家门店就可以把自己需要的物品一次买齐，一方面增加了消费者购物的新鲜感，另一方面也可以做到随时调整商品线，从而增加消费者满意度。

3. 注重产品质量

为了保证“高质低价”的销售模式能持续发展，名创优品选择的供货源大都是主要为国外市场供货的供应商，这些供应商的优点就是对自己的货品要求及标准都很高。与此同时，名创优品会将设计过后的产品专门配送到工厂，对生产环节进行监督及跟踪调整，严加把控产品的质量。

4. 以消费者需求为导向

名创优品设计团队拥有 20 多位国际著名设计师；与国际知名品牌供应商合作；在产品生产之前，运用大量的时间和精力做市场调研和设计，分析当地市场热销产品，仔细讨论、研究新产品从设计、包装到使用的每一个细节，确保产品兼具美观和实用双重特性，因此，名创优品的产品能根据市场需求迅速做出反应，较好地迎合消费者。

（二）价格策略

名创优品走的是“成本领先”路线，在零售业“低成本、低价格、低利润”的背景下，名创优品从低成本着手，实行“高品质低价格”的价格策略。

1. 低成本

选择好优秀供应商之后，名创优品开始大规模采购原材料，同时通过买断的手段让采购成本大大降低。产品直接从工厂到实体店铺，省掉了中间各种分销费用，保证了产品的成本不上涨，又同时设有自己独立的物流管理体系，能够快速送货到店。

2. 低价格

名创优品的低成本得到保证，营销推广方面也尊崇零成本，让商品的成本和价格统一达到较低标准，从而促进消费者购买欲望。

3. 低利润

名创优品的商品从前期设计一直到后期销售都是自己的品牌，定价的权力自己掌控，商品所得的利润也就都属于企业自己，但因为商品低成本低价格，所以想要保证一定的利润，就要在营销方面加入销售量的增长策略，实行薄利多销的销售模式，通过不断扩张门店来实现规模化的经济效益。

（三）渠道策略

名创优品拥有独特的渠道销售模式，从供应商到工厂再到门店采取直接对接的模式进行经营，这样不仅降低了产品的成本，同时也保证了产品的成本价值不被恶意增长。

1. 线上线下合作——短渠道+网络化+新型供应商

产品采用的是工厂到门店的直营模式，直接对接外部供应商，砍掉所有中间环节，降低产品成本，减少商品的损耗率，降低商品价格。同时运用“互联网+”的网络化管理模式和采用“小前台大后台”的运作模式，使得其商品只需 21 天的流转时间，借助互联网整合各方资源，从而使整体效能达到最大化。与供应商合作方面的创新体现在“以量制价+买断定制+不压货款”：公司与供应商联合开发商品，买断版权，形成独家货源；再根据市场需求，对产品的采购数量和采购价进行大数据管控，使得供应商免去了库存之忧，并且保证货款及时发放。

2. 重新定义渠道——买断制

名创优品重新定义渠道采用的是“买断制”，砍掉中间商，直接从厂家拿货。本着“为渠道做减法”的原则，放弃除名创优品门店以外的其他销售平台，包括电商平台，顺利挤掉了“中间佣金”。“买断制”有别于以往的“代销制”，供货商既不用给渠道上缴“上架费”或者“门槛费”，也不用承担本该由销售商承担的销售风险，供货商自然而然愿意降低原先为了规避风险而抬高的采购价格，价格虚高的问题就此解决。

3. 供应链改革——建设配送中心和仓储物流系统

名创优品前期加大资金投入，建设起属于自己的商品配送中心和仓储物流系统，实现从工厂直达店铺仓储的物流链。出货时，结合计调数据和订货需求，严格分拣到客车货箱；配送时，严格按照发货单配送到每家店铺。店铺密集的地区，采用专车配送；店铺分散的地区，则采用拼车配送的方式，降低成本。此外，店铺高效周转，配送频率高。当拥有自己的商品配送中心和仓储物流系统配之后，配送中心加上在途货物可以支撑店铺半个月的销售，具备日配多次的能力。

4. 新零售——信息化系统

公司在运营前期就筹建了价值 3 000 万元的 IT 信息系统，由店铺订单系统、供应商登录系统、企业 OA 系统等十余个系统构成。在信息化系统支持下，名创优品的商品流通可压缩到 20 天。同时，互联网技术的大数据平台能帮助名创更好地定量分析消费者的需求，并反映出企业经营存在的问题，促使企业不断改进。

（四）促销策略

一方面，同传统促销策略一样，在“双 11”、三八妇女节、新年等大型节假日，通过买一送一、降价等促销手段吸引消费者；另一方面，通过互联网进行新媒体营销。名创优品通过让消费者扫描微信订阅号来快速扩大宣传，同时积累粉丝流量。此外，名创优品也很注重提升品牌知名度，通过微信公众号互动平台定时推送一些软营销商品，以及邀请当红明星做代言，从而提高消费者对品牌的关注度，这些方式都起到了很好的宣传效果。

资料来源：[1]唐倩. 名创优品的市场营销组合策略研究[J]. 中国集体经济，2019(32):59-60.

[2]曾皓梅. 名创优品在华的营销策略分析[J]. 商场现代化，2019(09):60-61.

[3]杨媛媛. 新零售模式下的渠道研究——以名创优品为例[J]. 现代营销(经营版)，2018(09):117-118.

思考讨论题

（1）该案例所反映的营销组合策划的要点是什么？

（2）你认为名创优品还应该做好其他哪些方面的营销策划工作？

（3）请参照本例再编写一个营销组合策划案例。

CHAPTER 7

第 7 章　营销定位策划

“夫用兵之道，攻心为上，攻城为下；心战为上，兵战为下。”

——《襄阳记》

学习目标

☑ 探讨企业如何让顾客记住其产品

☑ 解释企业希望产品或服务有什么特殊的定位

☑ 探讨企业能否与众多的竞争对手共存共荣

☑ 定义营销定位策划

☑ 描述企业的定位策略，并说明其与自身的地位是否相称

关键词：营销定位，品牌定位，产品定位，企业定位，细分，目标市场，避强定位，迎头定位，重新定位

7.1　认识营销定位策划

7.1.1　回顾“定位时代”

“定位”一词真正引起人们的关注，是从 20 世纪 70 年代开始的。当时美国《广告时代》杂志邀请了年轻的营销专家艾·里斯和杰克·特劳特撰写了一系列有关营销和广告新思维的文章，总标题就是“定位时代”。系列文章刊载之后，引起了全行业的轰动，于是，“定位”成了营销界人人谈论的热门话题。

营销学大师菲利普·科特勒也认为定位概念跳出了营销界一贯的思维方式，称其具有“革命性”，实在是当之无愧。定位理论提醒人们把“一致性”贯穿于“4P”的全过程。

（1）**定位影响产品**。沃尔沃（Volvo）当年做出了一个明智的决定——诉求安全，后来成就经典的沃尔沃“安全定位”。当初的瑞典小公司，今天已经成长为世界上最强大的汽车品牌之一（被福特收购的时候，沃尔沃也凭此卖得一个好价钱）。

（2）**定位影响价格**。哈根达斯（Haagen-Dazs）当年决定推出高价冰激凌系列，建立了高级冰激凌的定位，这在过去的几十年里一直是成功的定位案例之一。

（3）**定位影响促销**。星巴克（Starbucks）之所以成为中国消费者信赖的咖啡品牌，得益于它准确的定位策略，店面选址得当，产品迎合中国人的口味，这为其实施会员免费升杯、发放优惠券等促销活动提供了有力保障。

（4）**定位影响渠道**。可口可乐的成功证明了百年品牌也离不开渠道的定位与开发。公

司定位主张产品“无处不在”，实际上就是除了进行渠道深挖，还不断地更新渠道、开发新渠道的结果。

回顾定位时代，定位概念从被提出到现在已逐渐被人们所接受，并且在企业营销实战中发挥着越来越重要的作用。在今天，定位甚至超出营销范畴融入人们的生活中。

案例 7-1　艾维斯公司实行“对比”定位

在当今的市场竞争中，有时竞争对手的形象与你自己的形象同样重要，甚至更甚于你。定位时代一个早期成功的范例便是著名的艾维斯定位。“艾维斯定位”可作为一个建立“反向”定位的经典案例而载入营销史册。

过去的 13 年里，艾维斯一直都在赔钱，于是该公司承认自己应排在本行业的第二位，像艾维斯这样的定位是与其行业的领先者背道而驰的。自从“反向”定位以来，该公司每年都盈利。艾维斯能获得巨额利润就是因为它认清了赫茨汽车出租公司第一的地位，而没有与之硬碰硬地对抗。

“艾维斯只是汽车租赁业的老二。为什么选择我们呢？因为我们更努力。”

评述　许多营销人员都误解了艾维斯的成功经验，他们认为该公司的成功是更加努力工作的结果。其实，艾维斯之所以成功，是因为它把自己与赫茨公司进行了对比定位。

要想进一步理解艾维斯公司的定位为什么能成功，不妨先设想一下，预期客户的头脑里有一个标着“租车业”的产品梯子。梯子的每层都有一个品牌名称，赫茨公司在最高一层上，艾维斯公司在第二层，全美公司在第三层，如图 7-1 所示。正是因为认清了自己在市场中所处的位置，艾维斯才能制订出最合适的营销策划方案。

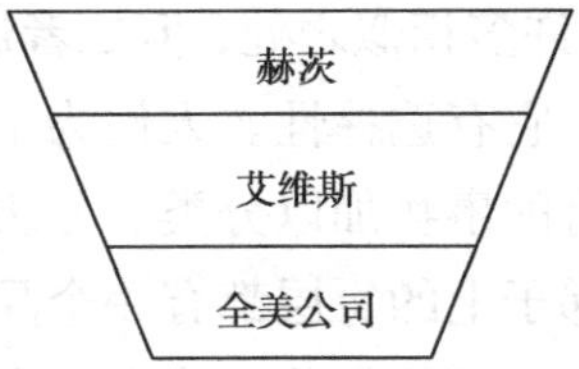

图 7-1　客户关于租车业的头脑“阶梯”

7.1.2　营销定位的基本问题

1. 营销定位的含义

艾·里斯和杰克·特劳特两位营销专家于 1969 年在《广告时代》发表的关于定位的系列文章中指出：“定位要从一个产品开始，那种产品可能是一种商品、一项服务、一所机构，也可能就是你自己。但是，定位不是你对产品做的事。也就是说，定位的对象不是产品，而是潜在顾客的思想，是你对潜在顾客心智所下的功夫，即你要为产品在潜在顾客的大脑中确定一个合适的位置。”

里斯和特劳特认为，一个公司无论有没有在广告中为其产品或服务进行定位，事实上，它的客户都会对这些产品或服务有一个整体的评价，从而形成自己对这些产品或服务的独特看法。即使一个公司已经对其产品或服务进行了市场定位，它可能还会惊奇地发现，客户对本公司产品或服务所形成的印象并非与公司的定位相统一。这就是说，无论一个公司是否意识到了产品的定位问题，其实对客户来说，不同的产品在他们的心目中都会占据不同的位置。

可见，定位并不是公司从自身的角度出发去考虑应该在目标市场上做些什么，而是要针对客户心理来确定在目标市场上应该传递和确立什么。在此基础上，菲利普·科特勒给定位下了一个简单的定义："定位就是对公司的产品进行设计，使其能在客户的心目中占有一个独特的、有价值的位置的行动。"

经典著作《行销定位》给定位所下的定义是："定位始于产品，但不是关于产品，而是关于顾客的心理，是关于你如何在顾客的心里替产品找到一个位置。"

综上所述，营销定位是指根据竞争者在市场上所处的位置，针对消费者对产品的重视程度，强有力地塑造出本企业产品与众不同的、给人印象鲜明的个性或形象，以满足别的企业未满足的消费者需求空档，从而使产品在市场上和消费者心目中占有一席之地。

2. 营销定位的基本思想

营销定位是营销观念的具体体现，是以了解和分析顾客的需求心理为中心和出发点的。其含义是为自己的公司或产品设定独特的、与竞争者有显著差别的形象特征，以引发顾客心灵上的共鸣，留下印象并形成记忆，而且力求使顾客心目中的企业或产品形象与企业希望的一致。

因此，定位又称"抓心策略"，即能够让产品或企业走进顾客心灵深处的方法。

人的心理就像计算机的储存库一样，有一格一格的空间用来储存所需要保存的信息、情报。在运作上，人脑和计算机有许多相似之处，但二者最重要的差别是：计算机"吃掉"所有你给它的资料，而人脑不同，它有选择性。人们为了应付日益复杂的事物，学会了简化一切。其简化方式，就是将所有的事物加以分类、分级。因此，我们可以想象，在顾客头脑中有一系列的梯子，在每个梯子上的每层都有一个品牌名称。如果有一个公司想要占据某层，就必须驱逐已经占据在它上面的品牌，或者把自己的品牌和其他公司相联结。定位就是教你如何爬上顾客心中的阶梯（见图7-2）。

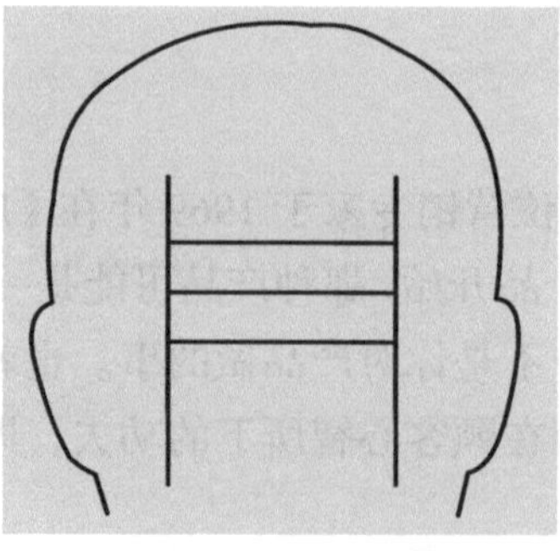

图7-2 人脑的阶梯

3．营销定位的原则

市场细分是否有效，营销定位是否准确，关系到营销策划的成功与否。因此，必须遵循一定的原则进行营销定位。

（1）**可进入性原则。**可进入性原则是指在市场营销策划中所确定的营销定位是企业能够达到的。一方面企业具有进占这一市场位置的资源条件和竞争能力，另一方面企业能够把产品信息传达给该市场的众多消费者。除此之外，产品还得能够通过销售渠道抵达目标市场。不能进入的细分市场不能成为营销定位的市场。

（2）**现实性原则。**市场营销定位的现实性原则是指作为营销定位的细分市场必须是现实的、可操作的。有许多细分市场，从理论上看是有潜力的、可行的，但在企业的经营实践中往往不能操作。在市场营销定位时，最危险的事情就是将理论市场当作现实市场进行操作，结果使企业蒙受损失。

（3）**价值性原则。**所谓价值性原则是指作为营销定位的目标市场，必须有可供开发的价值，尤其是经济价值。有许多市场，虽然非常广阔，却无开发价值，如果企业把营销活动盲目定位在这类市场上，后果也就不言而喻了。

7.1.3　营销定位策划的内容

营销定位策划主要是围绕营销定位展开的，针对营销“4P”组合策略进行的策划活动。企业的营销定位策划可分为产品定位策划、品牌定位策划和企业定位策划等。

1．产品定位策划

产品定位策划是营销定位策划的一个重要组成部分。产品定位就是在营销定位总体目标的要求下，根据竞争环境、营销战略定位和消费者的习性，为产品确立一个核心价值概念，同时辅以相应的外在形象，以此在目标消费者心中为产品占领一个稳定的位置。产品定位的具体内容包括：产品的质量定位、产品的功能定位、产品的造型定位、产品的体积定位、产品的色彩定位、产品的价格定位等。产品定位除了初次对消费者心理定位，还可以对现有产品进行再定位（Repositioning）。对再定位而言，策划人必须一开始就发展营销组合策略，使该产品特性能确实吸引既定目标市场中的消费者。

总而言之，无论产品初次定位，还是产品再定位，第一要素就是要设法填满消费者的心，使消费者因心中已有所属而无空隙再接受其他竞争者的产品。

2．品牌定位策划

美国营销学权威菲利普・科特勒认为：品牌就是一个名字、名词、符号或设计，或是上述各项的总和，其目的是使自己的产品或服务有别于其他竞争者。

品牌定位是勾画品牌形象和所提供价值的行为，以此使细分市场上的消费者理解和正确认识某品牌有别于其他品牌的特征。品牌定位，是指建立一个与目标市场有关的品牌形象的过程。企业在进行品牌定位之前，有必要先了解品牌决策的基本内容，包括使用已有品牌、使用谁的品牌、使用统一品牌还是单独品牌等。

基于品牌决策的内容，品牌定位一般可以分为两个层面：① 产品品牌定位，主要诉求产品的功能性利益，包括产品的品质，如北极绒保暖内衣强调保暖功能，邦迪创可贴主要突出“方便、可靠”的产品品质；② 企业品牌定位，当企业有多种不同的产品时，企业品牌就必须凸显出来，企业品牌定位往往不从产品的功能性利益考虑，而是给消费者提供一种心理属性上的利益，因为消费者除了要获得产品的功能性利益，还需获得一种心理上的满足。例如，动感地带就用“我的地盘我做主”进行情感定位，给消费者一种情感上的满足，这样能增强目标消费群的购买欲望。品牌定位策划有如下几个步骤。

（1）**确定品牌涵盖的产品线。**品牌不是产品，但品牌包含产品，品牌在产品之上增加了附加价值。因此，品牌定位必然离不开产品这个实体。如果一个品牌的旗下有多种产品，那么品牌定位就要考虑能够兼容这几种产品，找出它们的共同优势。即使只有一种产品，也要考虑这个品牌在将来是否还要发展更多的产品，将来的产品也要在共同的品牌定位之下。如果品牌在将来还要发展更多的产品，而品牌的定位又与之相冲突，那么这种定位就要重新设定。反复无常的定位对品牌有百害而无一利，除非原有的定位确实已经过时或被稀释，否则不能经常更换定位。

（2）**寻找产品本身的风格。**品牌定位包含产品定位，这种定位不是信手拈来的，而是来自产品与生俱来的特性，否则，定位就是站不住脚的。

案例 7-2　农夫山泉的品牌定位

农夫山泉的品牌定位是这样的：它是一种来自千岛湖水下70米深层的天然水，味道好喝有点甜，它提供给那些注重生活品质、能接受稍高价位的人。在我国瓶装饮用水市场上，娃哈哈、乐百氏早已稳居领袖地位，而作为后来者的农夫山泉，如何才能赶上甚至超过它们呢？农夫山泉没有进行跟随，而是选择了颠覆，开辟出一个新的市场——天然水，与纯净水平起平坐，至少在这个类别中，农夫山泉已经成为领袖，以独一无二的定位俘获了消费者的心。

农夫山泉“有点甜”及“天然水”的定位不是空穴来风，而是产品实实在在的特点，如果离开了产品的这些特点，这些定位只会成为不堪一击的笑料。

评述　只有根据产品自身的特点进行独特、恰当的品牌定位，才能抢占市场先机，俘获消费者的心。

（3）**击中目标消费者的心。**在进行品牌定位时，脑海中必须有一个清晰的对象，即目标消费者。不要以策划人自己的想法代替他们的想法。

（4）**审视品牌生态环境和企业资源。**品牌不是存在于真空中，它们与周围的环境息息相关，并且在很多时候，直接受到企业历史和现有资源的制约。天马行空的定位，终有一天会陨落。所以，品牌定位必须结合企业的规模、技术水平和实力等相关因素。企业一定要做“力所能及”的事。例如，企业要进军高科技产品领域，就必须有相应的高科技技术和研发能力；企业要定位为国际品牌，就要有雄厚的资金支持和全球市场的经营管理水平。

（5）**创造品牌差异**。市场领先法则说明："第一"要胜过"更好"。创造出一种新产品，在人们心目中先入为主，比起努力使人们相信你可以比旧产品首创者提供更好的产品要容易得多。按照一般的经验，最先进入人们脑海的品牌，平均而言，比第二品牌的市场占有率要多一倍，而第二品牌的市场占有率比第三品牌又要多一倍。品牌定位就是要找出这种"第一"，创造品牌之间的差异，否则就会给人以"模仿秀"的感觉。

（6）**持续的定位**。定位不是一项短期的工作，而是一项长期的工作，它需要不断地去传播、去强化。例如，力士一直定位于请国际影星做形象代言人，诠释其"美丽"的形象，长达 70 年之久；耐克一直定位于体育赞助，几乎不涉足其他活动。

3. 企业定位策划

一个理想的品牌定位虽然能够帮助一个企业在市场上推出一系列相关的产品和服务，但在许多情况下，一个企业可能需要多种品牌定位，并需要将这些不同的品牌定位统一到一个整体定位系统——企业定位上来。

企业定位就是要在顾客心目中塑造一个可信的、具有亲和力的、高尚的企业整体形象。例如，一提到笔记本电脑，大多数人会在头脑中立刻排列出 IBM、戴尔、联想等一系列企业的名字。因此，作为一个整体企业，应该设法在顾客心目中占据一个明显而突出的位置，这是公司整体发展的需要。

7.2　营销定位策划的基本流程

广义的营销定位策划涵盖的内容很多，并无整齐划一的流程可循。而其中的市场定位是营销定位策划的核心过程，所以，本节重点以市场定位来说明营销定位策划的流程（见图 7-3）。

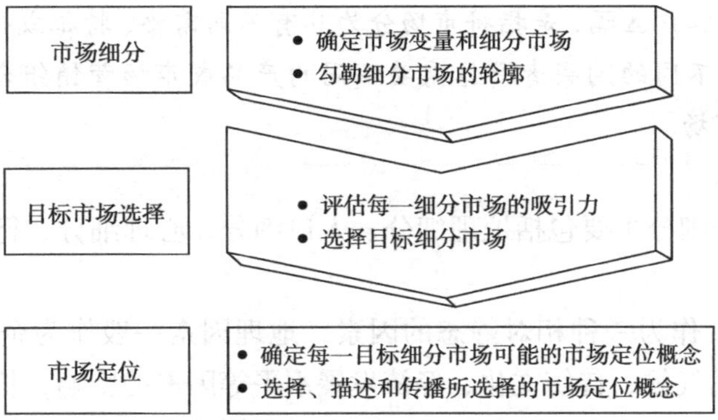

图 7-3　市场定位策划流程

7.2.1　市场细分——成功定位的必要准备

随着商品经济的繁荣，"千篇一律"的产品已无法满足消费者个性追求的需要，这是因为不同消费者有不同的欲望、不同的资源、不同的地理位置、不同的购买态度和购买习惯等。每个消费者实际上形成了一个单独的市场，所以按照理论来说销售者应为每个消费者设计一个单独的市场营销方案。例如，波音公司仅为几个主要的买主制造飞机，并且定制产品和营销方案以满足每个特殊顾客的要求。但是，绝大多数销售者面对的是数量众多的较小买主，因此，不值得进行彻底的市场细分，取而代之的则是寻找具有不同产品需要和购买行为的较宽的消费者阶层。

案例 7-3 舒适达：立足产品功能细分

舒适达抗敏感牙膏自1961年上市销售至今已有近60年历史。舒适达始终致力于提供有效治疗牙齿敏感症状的方法，成为全球口腔专家推荐的抗敏感牙膏。市场调查显示，2018年，在市场占有率方面，Top10品牌的销售占整个抗敏感牙膏市场的87.97%左右，12月销售额前三品牌分别是舒适达、冷酸灵、艾美适，分别占抗敏感牙膏市场的67.55%、9.08%、3.28%。舒适达抗敏感牙膏能在市场上保持这样的市场占有率，离不开它独特的市场消费者定位。

舒适达抗敏感牙膏将主要消费者定位为牙齿敏感，需要修护牙齿的消费群体，并将潜在消费者定位为20~30岁的中青年消费群体。这类消费者收入稳定，且开始对生活品质有所要求。舒适达精准定位于抗敏感牙膏市场，在中国市场填补了功能型牙膏的空白，并最终在市场上热销。

资料来源：https://guanwangdaquan.com/sensodyne/

评述 舒适达抗敏感牙膏将其功能作为其最大的卖点，获得了较大的市场份额，而不是依靠产品功能的大而全。

知识点

市场细分又称客户区隔，是指将市场分为具有不同需要、特征或行为的不同购买者群体的过程。这些不同的购买者群体需要不同的产品或市场营销组合，我们通常称之为细分市场或子市场。

一般来说，市场细分主要包括地理细分、人口细分、心理细分、行为细分和客户关系细分等几种类型。

（1）**地理细分**。作为一种相对静态的因素，地理因素一般作为企业进行市场细分的首选依据。由于自然气候、传统文化、经济发展水平等因素的影响，长期处于不同地理环境的消费者形成了不同的消费习惯和偏好，具有不同的需求特点，他们对企业所采取的市场营销战略、产品价格、分销渠道、广告宣传等市场营销措施具有不同的反应。例如，在化妆品需求方面，城市居民与农村居民、沿海居民与内地居民有明显的差异；在服装需求方面，南方消费者不同于北方消费者，山区、草原与平原地区的消费者也各有不同。

案例 7-4 太平洋保险按照地理因素细分保险市场

太平洋保险按投保者所处的地理位置、自然环境细分市场，把市场分为不同的地理区域，如国内市场与国外市场、城市市场与农村市场、沿海与内地市场等，并根据地理环境对人们需求的影响，相应地推出适合不同地区投保者需要的险种。

比如，在地处沿海，受台风威胁较大的地区，推行台风险能更受人们的欢迎；在地处河流的中下游、低洼地带的农村市场，有农作物遭受洪水摧毁的风险，推行农业险或农作物保险更受欢迎。

资料来源：https://m.xyz.cn/study/baoxianshichang-news-2229954.html

评述 按照地理位置细分保险市场，太平洋保险在市场竞争中取得一席之地。

（2）**人口细分**。人口因素是细分消费者群体最流行的依据。

知识点

人口细分是指根据各种变量，如年龄、性别、家庭人口、家庭生命周期、收入、职业、教育、宗教、种族、国籍等，把消费者分割成不同群体。

案例 7-5 王老吉的消费人群细分

王老吉凉茶为广药集团旗下产品。王老吉凉茶创立于清道光年间（1828 年），至今已有近 200 年历史。凉茶起源于广东，产品形式经历了水碗凉茶—凉茶包—凉茶粉—凉茶饮料等载体变化。除了红罐王老吉、绿盒王老吉，2012 年 10 月王老吉成功推出 500 毫升和 1.5 升的瓶装王老吉凉茶，2012 年 12 月 27 日王老吉凉茶家族再添“吉祥三宝”：固体凉茶、低糖凉茶和无糖凉茶，开创了凉茶产品新形态。

王老吉根据不同的年龄段、不同的兴趣对消费人群进行了细分，从而了解自己本身对不同阶段人群所具有的价值，并据此打出了不同的宣传口号。

对于儿童和青少年，王老吉打出的口号是“清热解毒”，从而受到家长们的热烈欢迎；对于上班族（青年，中年），王老吉宣传的是缓解压力；对老年人，王老吉宣传的则是预防上火。

资料来源：http://wenku.baidu.com/view/804c598c6529647d2728524b.html

评述 通过上述对不同消费人群的细分，王老吉凉茶把握了市场的脉搏，一举获得了成功。

（3）**心理细分**。心理细分是指按社会阶层、生活方式或个性特征等，把消费者分成不同的群体。处在同一人口因素群体中的人们也会有不同的心理构成。具体分类如表 7-1 所示。

表 7-1　消费者心理构成分类

生活方式	朴素型、追求时髦型、大众型
社会阶层	下层、中层、上层、上上层
个性	保守或激进、内向或外向、独立或依赖
社会风格	剖析型、表现型、驱动型、和蔼型

（4）**行为细分**。行为细分是指按照购买者对产品的了解程度、态度、使用及反应，把购买者划分成不同群体。由于消费者关注的产品或营销因素不同，他们对同一产品或服务的认知和反应自然也就不同。即便不同的消费者对同一组因素感兴趣，他们在购买决策中赋予各因素的权重也可能存在较大差别。因此，企业必须区分具有各种行为的消费者，并据此设计适合的营销策略。行为细分依据的变量主要包括利益、购买时机、使用状况、媒体习惯及营销组合等。下面介绍的是一个关于行为细分的案例。

案例 7-6　牙膏市场行为细分

一项有关牙膏市场行为细分的研究已经完成，这项研究划分了 4 种主要行为类型——注重防蛀、注重洁齿、注重产品的口味与外观及注重价格。

调查发现，注重防蛀类型的人群大多来自有孩子的家庭。他们特别关心龋齿发生的可能性，并且显示出对氟化牙膏的明显偏好，他们往往有点焦虑，在生活方式上不像其他类型的群体那样善于交际。这一类型被称为“焦虑型”消费者。

注重洁齿类型的人群由对牙齿光洁程度特别关注的人组成。与第一种类型的人差异很大，这一类型包括相当多刚结婚的年轻人。他们比其他类型消费者吸更多的烟，生活节奏更快，交际更频繁，生活方式非常活跃。这一类型被称为“社交型”消费者。

十分关注产品口味与外观的消费者所使用的薄荷牙膏常常超过平均使用量。他们比其他类型的消费者更以自我为中心，生活方式外向，善交际，但还没有达到快节奏生活的程度。他们被称为“感觉型”消费者。

最后是价格导向型的人群，这一群体中男性居于主导地位。他们使用牙膏比平均量要多。这一类人很少看到不同品牌的差别。他们比别人更容易换牌子，且喜欢买减价牙膏。在个性上，他们既感性又独立，喜欢考虑自己并靠自己判断选择牌子。他们被称为“独立型”消费者。

评述　只有通过对消费者行为进行细分，才更容易生产适销对路的产品。

（5）**客户关系细分**。现代企业逐渐发现，仅仅提供优质的核心产品与服务是远远不够的，它们必须了解客户的需要，并把客户看作一种能够提供收入流的资产，也就是要与客户建立良好的关系。

企业要想建立良好的客户关系，就必须了解客户与企业的现有关系，也就是要以关系为指标对现有客户进行细分。这些关系指标包括客户的终身价值、信任感、可靠性、交流程度等。下面简要介绍如何利用客户的终身价值指标对客户进行细分。

客户的终身价值又称客户寿命期价值，它等于对一个客户所期望的终生收益减去记忆该客户的终身成本。具有终身价值的客户的当前价值和增值潜力是客户价值细分的两个具体维度，由此可将整个客户群分成 4 类（见表 7-2）。

表 7-2 4 类客户的资源配置和保持策略

客户类型	客户对公司的价值	资源配置策略	客户关系保持策略
Ⅰ	当前价值低，增值潜力低	不投入	关系解除
Ⅱ	当前价值低，增值潜力高	适当投入	关系再造
Ⅲ	当前价值高，增值潜力低	重点投入	全力维持高水平的客户关系
Ⅳ	当前价值高，增值潜力高	重中之重投入	不遗余力地保持、增强客户关系

7.2.2 选择目标市场——寻找定位的“靶子”

细分的目的在于从客户分析中寻找企业的“财富之源”。企业不能只停留在对市场的划分上，还需要对各类细分市场进行评估，以决定设立几个及设立哪些目标市场。下面我们来看一下企业是怎样评估和选择目标市场的。

1. 评估细分市场

企业在评估各种细分市场时，必须考虑下列 3 个因素：细分市场的规模和增长程度、细分市场结构的吸引力、企业的目标和资源。

（1）**细分市场的规模和增长程度**。企业必须首先收集并分析各类细分市场的现行销售量、增长率和预期利润量信息。通常情况下，企业只对有适当规模和呈现增长特征的市场感兴趣。但是，适当规模和增长程度是一个相对量。大多数企业都愿意把销售量大、增长率和利润额高的市场作为目标市场。然而，对每个企业来说，并不是规模最大和增长最快的细分市场就是最具有吸引力的。有一些较小的企业会发现它们缺乏必要的技能和资源来满足较大细分市场的需要，或者这些市场里竞争太激烈，因此，这些企业需要考虑选择那些较小和较逊色的细分市场，其实这对它们来说更加有利。

（2）**细分市场结构的吸引力**。有时细分市场可能具备理想的规模和增长速度，但是在利润方面还缺乏吸引力，因此，企业必须分析影响细分市场吸引力的重要结构因素（见图 7-4）。

（3）**企业的目标和资源**。如果某一细分市场适合企业的目标，那么该企业还必须看其自身是否具有占领该市场所必需的技能和资源。如果企业缺乏赢得细分市场竞争所必需的力量，或者不能够适时地获得这些力量，那么该企业就无法进入这个细分市场。除必需的力量以外，企业还要有超过竞争者的技能和资源，才能在细分市场上最终获得胜利。只有当企业能够提供优越的价值并取得竞争优势时，企业才能进入细分市场。

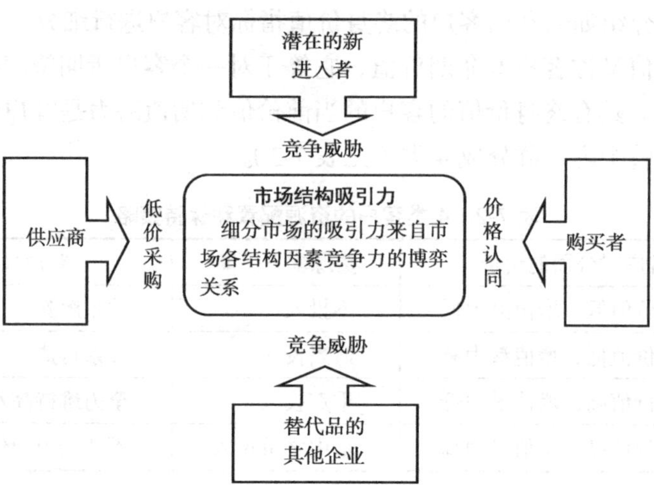

图 7-4　影响细分市场吸引力的重要结构因素

2. 目标市场选择的原则

在市场细分的基础上，企业所确定、选择的目标市场必须具有足够的潜力，能为自己带来足够的利润。因此，在确定目标市场时，企业应该遵循下述 3 个原则。

（1）所确定的目标市场必须足够大，或者正在扩大，以保证企业能够获得足够的经济效益。

（2）所选择的目标市场是竞争对手尚未满足的。

（3）所确定的目标消费者最有可能对本品牌提供的好处做出积极反应。

3. 选择目标市场的策略

对目标市场的选择是企业选择某一部分市场作为营销对象的决策，主要有以下 3 种策略。

（1）**无差异性营销策略**。这是指企业以整个市场（全部细分市场）为目标市场，提供单一的产品，采用单一的营销组合策略。这种策略的特点是企业只注重细分市场的共性而不考虑细分市场的特性，把整个市场看成一个无差别的整体。此策略的优点在于，能够通过单一产品的大批量生产降低产品成本和提高设备利用率，同时避免开发费用的过量投入，节省促销费用，利于用低价争取广大消费者。其缺点在于不能满足消费者各种不同的需要，只是停留在大众市场的表层，无法进一步发展；同时这种策略缺乏弹性，难以适应市场的频繁变化。

（2）**差异性营销策略**。这是指企业在对市场进行细分的基础上，根据各细分市场的不同需求，分别设计不同的产品并运用不同的市场营销组合，服务于各细分子市场。差异化主要体现在产品的差异、服务的差异、人员的差异、品牌的差异等方面。很多企业都采用此种目标市场策略。这一策略的缺点是，由于增加了企业产品种类和市场营销组合，会使企业用于设计、试制、制造和改进工艺的生产成本、管理成本、促销成本都大大提高。

案例 7-7　宝洁公司的差异性营销策略

宝洁公司（P&G）生产的洗衣粉类产品有强力去污的碧浪、汰渍，还有物美价廉的熊猫；洗发用品类产品有“去头屑专家”形象的海飞丝，宣称能从头皮开始营养再由发根滋润到发梢的潘婷，以头发飘逸柔顺为卖点的飘柔，宣称国际美发先锋、强调创新精神的沙宣等。宝洁公司生产多种规格、多种特色的品种，其目的是满足各种消费者的需要。通过不同的产品来满足各个细分市场可以为企业吸引到更多的消费者，提高企业的销售额，从而增强企业在市场上的竞争力。

评述　差异性营销策略由于扩大了企业的销售层面，提高了销售额，增强了企业竞争力，因而备受众多企业的青睐。

（3）**集中营销策略**。这是指企业集中全部力量于一个或极少数细分子市场，提供能满足这些细分市场需求的产品，以期在竞争中获得优势。大多数中小企业都采用这种策略。其优点在于可以充分利用有限的资源，发挥企业在某些方面的优势，以达到集聚力量、与竞争对手抗衡，从而提高产品的市场占有率的目的；其缺点在于集中市场营销策略需要承担较大的风险，由于企业所选择的目标市场的范围较狭窄，一旦市场情况突变，或者出现强大的竞争对手，企业可能随时陷入困境，而且没有回旋的余地。

7.2.3　市场定位——获取顾客

如果说市场细分是成功定位的必要准备，目标市场选择是寻找定位的“靶子”，那么定位就是将箭射向靶子——顾客的心（见图 7-5）。选择目标市场、确定目标顾客群只是企业一厢情愿的事，如何令顾客以同样的想法把你的产品作为购买目标才更为关键。为此，企业需要将产品定位在目标顾客偏爱的位置上，并通过一系列营销活动向目标顾客不断传达这一定位信息，让顾客注意到这一品牌，并相信它就是他们所需要的。

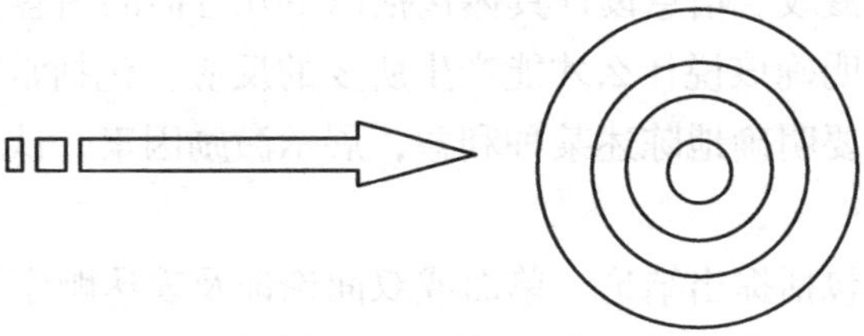

图 7-5　市场细分、目标市场和定位之间的关系

定位实施的过程是一个沟通的过程，即企业将定位诉求通过各种信息传播渠道向社会公众特别是目标顾客群告知的过程。定位的成功与否在很大程度上取决于沟通是否切实有效，即顾客对定位的反应是否与企业的预期相一致。定位沟通的实施步骤如下。

1. 寻找定位沟通的目标受众

在进行定位沟通之前，还应对信息传播的目标受众进行再确认，进一步了解目标受众的需要、态度、偏好及其他特征。因为目标顾客是一个不断变化的群体，所以选择目标市场不是一个静态的过程，而应动态地根据目标群体的需求变动进行调整。

2. 预设定位沟通的目标

为了有效地检验定位的效果，需要预先设立定位沟通的目标，这有利于定位的有效实施。根据人们从认识产品到购买产品的一般心理过程，可以在以下几个阶段分别设立目标。

（1）**引起注意**。如果大多数目标受众不了解某企业、产品及其定位，那么企业的首要任务就是引起他们的注意，如简练地重复其名字多次。这对新进入市场的或知名度低的企业和产品来说尤为重要。

（2）**寻求认知**。若目标受众已经注意到企业或产品的存在，但所知不多，尤其是对定位诉求知之甚少，那么建立顾客对企业或产品定位诉求的认识则是最迫切的沟通目标。在一种新产品或新服务刚上市时，往往以此为目标。

（3）**赢得喜欢**。若顾客对定位诉求感觉不深刻或印象不佳，则企业应搞一些活动来建立顾客对企业或产品的良好印象，这当然要以改善产品为前提。

（4）**建立偏好**。寻求建立顾客的偏好。一般通过宣传产品的品质、价格、性能及其他特征来招徕顾客。在竞争激烈的情形下，达到这一点非常重要。偏好一旦形成，即表示顾客已经在心目中对企业或产品做了排位，定位就算初步达成了。

（5）**树立信念**。如果顾客有了偏好，但还没有发展到购买信念，企业则要帮助顾客建立、发展购买信念。

（6）**促使购买**。引导顾客及时采取购买行动，如以较低的价格提供产品、奖金、有限的使用机会，或者发出“此商品很快售完”的信息等。

3. 设计适合对象的信息

如果对沟通对象了如指掌，那么向沟通对象传递信息的设计完全可以做到得心应手。如果对对方了解不多或该信息十分重要，一定要花些时间进行系统分析并有意识地运用分析结果指导信息设计的修改。信息设计具体包括以下几方面的内容。

（1）**信息的内容**。明确该说什么才能产生所要的反应。包括常用诉求、主题、构想或独特的推销主题等。需要明确地陈述某种利益，展示激励因素，认同目标受众思考做某件事的理由。

（2）**信息结构**。它包括提出结论、单面或双面论证及表达顺序等。

（3）**信息格式**。它与表达方式相关。例如，印刷品用文字、色彩、标点符号等；广播用语言、音响、声调等；电视用画面、色彩、造型、音响、语言等；人员用语言、动作、表情等；产品就做实物；包装就用质感、香味、大小及色彩等。

（4）**信息来源**。它是指由谁出面来传播信息。选择目标受众喜爱的、信赖的角色来传播信息是明智的做法。

4. 选择恰当的信息传播渠道

根据速度、传递准确度、成本、信息量、沟通对象人数、时效性和树立信誉能力等各方面的不同，传递渠道也应各不相同。针对不同对象，出于不同目的或基于不同特定情境，渠道也有优劣之分。

（1）**书面传递信息（较容易）**

① 展示繁复的财政数据；

② 说明法规、政策或手续的细节；

③ 减少不良情绪的宣泄。

当然，书面信息或电子邮件比社交软件正式。社交软件适用于同已经熟知的友人之间的日常通信，而使用纸张或电子邮件给第一次接触的人写信则比较正式。

（2）**口头传递信息（较容易）**

① 用感情打动说服对方；

② 将对方的注意力集中在某一点上；

③ 回答问题，解决冲突，达成共识；

④ 对原原本本呈现会令人难以接受的建议适当加以润色；

⑤ 敦促对方尽快将建议付诸实施或给予回复。

无论使用口头还是书面传递方式，传递的信息越正式，采用的传递方式就应该越正规。

5．获得反馈

（1）**判断消费者对定位沟通的主题知道多少。**消费者对主题的了解程度是很容易被高估的，如果你提供的信息对有的消费者来说完全是新的内容，那么你必须努力做到以下几点。

① 通过下定义、概念解释、举例子等方法将主题表达清楚；

② 将新的信息与消费者已有的常识相联系；

③ 通过分段或加小标题的方式使新的信息易于理解；

④ 用文件草稿在传递对象的抽样人群中进行试读，看他们能否领会和运用你所写的内容。

（2）**考虑消费者会不会持反对意见。**有主见的消费者通常对变化很反感。在将定位诉求传递给这些消费者时，你必须努力做到以下几点。

① 观点要清楚明确；

② 不要使用有煽动性的言论；

③ 减少说明或提出要求等内容的篇幅，有可能的话，下次沟通时再提出此类内容；

④ 说明你的建议是现有的最好的解决办法，但是它并不十全十美。

（3）**搞清消费者对定位诉求的语言、结构和格式有哪些期望。**

① 判断消费者喜欢什么样的诉求风格。好的策划人可以调整其风格以适应消费者的要求。

② 检查有没有激进或禁忌的词汇会令消费者反感。为得到诉求对象的认同，应避免对消费者使用情绪激烈的字眼，如"罪犯""非美国人""女权主义者""极端主义者""自由主义者"等，并应根据诉求对象不同的文化背景，替换那些敏感的词汇。

③ 了解消费者所需信息的具体程度如何。如果消费者认为定位诉求中提供的信息不够

具体，那么其定位也不可能成功。若认识对方，可以直接问清楚对方要求的具体程度，若不认识，则应尽可能提供所有的相关信息，方便对方的理解和实施。

④ 区分消费者习惯什么样的诉求结构。消费者的个性和文化背景不同，所偏好的篇章结构也会有所不同。按照消费者习惯的方式组织资料，能取得事半功倍的效果。

总之，有效的反馈，可以及时地发现定位实施中存在的问题，从而可以采取相应的措施调整出现问题的环节，为下一轮沟通做好铺垫。

7.3 营销定位策划的方法和策略组合

7.3.1 营销定位策划的基本方法

1. 避强定位（占领空档）

避强定位，是指企业力图避免与实力最强或较强的其他企业直接发生竞争，而将自己的产品定位于另一市场区域内，使自己的产品在某些特征或属性方面与最强或较强的竞争对手有显著的区别。

避强定位的优点在于，能够使企业较快地在市场上站稳脚跟，并能在消费者或用户心目中快速树立形象，而且市场风险较小，成功率较高，因此常常为多数公司所采用。但避强定位也存在不足之处，由于避强往往意味着企业必须放弃某个最佳的市场位置，因此很可能使企业处于最差的市场位置上。

案例 7-8 江小白的避强定位

互联网经济的发展给了江小白生机，但它的成功更加得益于它精准的市场定位。江小白的市场定位并不是一般的白酒，而是定位于“情绪饮料”，它提出了“不回避、不惧怕，任意释放情绪”的产品形象宣言。

这是一种“避强定位法”，可以让企业避免与强有力的竞争对手发生正面冲突，将自己的产品定位于竞争者未开拓的市场区域，产品的某些特征或属性就可以与竞争者的产品形成差异。江小白采用避强定位，用自己的特点在消费者心中树立独特的形象，以区别于其他品牌的白酒。

资料来源：https://www.sohu.com/a/258856872_100169107

评述 江小白针对自己的目标市场进行避强定位，这是对市场数据有效利用的结果。社会化的线下平台与互联网的线上平台有效结合，为企业实施市场定位精准化活动增加了新的可能，从而给企业带来巨大的竞争优势。

2. 迎头定位（对比定位）

这是一种与在市场上居支配地位的竞争对手“对着干”的定位方式，即企业选择与竞争对手重合的市场位置，争取同样的目标顾客，彼此只是在产品、价格、分销、供给等方面稍有差别。

（1）**迎头定位的含义。**迎头定位是指企业根据自身的实力，为占据较佳的市场位置，不惜与市场上占支配地位的、实力最强或较强的竞争对手发生正面竞争，从而使自己的产品进入与对手相同的市场位置。迎头定位可能引发激烈的市场竞争，因此具有较大的风险。但另一方面，由于竞争对手是最强大的，因此竞争过程往往相当惹人注目，甚至产生所谓的轰动效应，企业及其产品可以较快地为消费者或用户所了解，易于达到树立市场形象的目的，一旦成功，就会获得巨大的市场优势。如可口可乐与百事可乐之争，就是众人皆知的“对着干”的典型案例。

当然，迎头定位者必须准确估计自己的实力，这要求企业必须有与竞争对手不相上下的竞争实力。否则就是以卵击石，后果不堪设想。

迎头定位通常在以下情况下可以进行。

① 居民购买力发生了突然的增长，需求总量明显增加；

② 供给方面发生了结构调整，或者有可能推出新型的产品，或者公司有实力与竞争者抗衡。

（2）**迎头定位的条件。**迎头定位往往要求企业设法抢占制高点，这样花费的代价也是巨大的，因而企业必须具备以下几个条件。

① 有较强的实力，可与竞争对手进行较量；

② 有迅速攻击能力，能快速地发动进攻；

③ 以大面积市场范围为目标，市场太小会导致得不偿失。

3．重新定位

重新定位就是进行二次定位。重新定位的过程，实际上是重复定位的步骤。这包括重新进行领域界定、重新进行市场细分、重新选择目标市场、重新分析竞争对手、重新寻找自己的优势。例如，红罐王老吉从“药茶”到“功能性饮料”的转变。这一过程绝不是对上一次定位的简单重复，而是在原来基础上的一次扬弃。在重新定位之后，所有的营销传播工具，包括广告、渠道公关等必须重新整合，以配合定位诉求的改变。

（1）**重新定位的原因**

① 原有定位不能达到营销目标；

② 发展新市场的需要；

③ 竞争的需要。

从理论上看，某些定位是不错的，确实找到了市场空隙，或者发现了一块空白领地，但在执行过程中却遇到困难，达不到营销目标。一是传播的困难，原有定位不能如预期的被消费者所接受。二是定位的目标虽然实现了，在消费者心目中也辟出了一席之地，但无法借此达到营销的目标，市场占有率、利润等均不理想。如果这两种情况都以对定位策略的出色执行为前提，那么，失败原因只能是定位决策的根本失误。此时，企业要考虑改弦易辙，重新定位。

另外，市场形势的变化，如政府政策、法律、经济环境及消费者需求的变化，也会导致企业的原有定位对其自身的发展形成制约，无法实现营销目标。在这种情况下，无论原有定位曾经取得多么辉煌的业绩，企业都应根据实际情况，重新调整定位。

案例 7-9 香飘飘奶茶的重新定位

香飘飘于 2005 年在国内开创了杯装奶茶这一品类，并连续多年保持市场占有率首位。截至 2018 年底，累计销量已达到 111 亿杯。从经典的椰果奶茶，到创新多重口味的好料系奶茶。从杯装奶茶开创者，到中国奶茶第一股，香飘飘早已成为家喻户晓的国民奶茶品牌。

实施重新定位和品牌升级的原因，第一是消费者的消费观念在发生巨大的变化，以前的吃饱、吃好到营养健康，现在升级为体验享受，消费者在讲究体验、讲究享受；第二是消费人群在发生变化，收入的两极分化，使消费呈现出分层级的现象，现在的年轻人特别是 90 后、00 后已经成为消费的主力；第三是消费的环境在发生变化，经济在放缓，再加上大中城市的高房价导致消费市场疲软，大中城市的竞争非常激烈，中小城市和县乡镇变成兵家必争之地。

升级后的“休闲享受型”品牌定位，将有助于扩大香飘飘的消费人群覆盖范围和市场空间，也更符合当下及未来的消费趋势和消费心理。香飘飘围绕这一全新定位，在产品、渠道、价格、传播推广四大层面进行革新。

香飘飘的新产品主打“珍珠双拼”概念，据称，为保证珍珠的 Q 弹口感，公司进一步改良了研发工艺，且同时加入了芒果干、葡萄干等优选食材，以期为用户充分带来“够有料，更享受”的消费体验。

香飘飘珍珠双拼系列上市，将进一步丰富其奶茶产品矩阵，形成经典、好料、珍珠双拼三大系列，并将以差异化的产品概念、包装风格、口感体验及价格区间，覆盖和满足不同类型的消费需求，有力助推香飘飘品牌进一步扩张其奶茶业务版图。

资料来源：http://finance.sina.com.cn/stock/relnews/cn/2019-08-19/doc-ihytcern2007182.shtml

评述 在企业发展过程中，原有定位可能成为制约因素，阻碍企业渗透到相关行业、发展相关产品和开拓新市场。由于环境的变化，消费者新的需求不断涌现，企业也有可能获得新的市场机会，进入新的市场。面对新的市场环境和不同文化、社会背景的消费者，原有定位也可能变得不再适合。在上述情况下，企业出于发展和扩张的目的，也需要重新调整和改变原有定位。

（2）重新定位的具体操作步骤

① 重新界定领域。由于原来领域的条件已经变化，不再适合自己，或者在这些领域的扩展是自身条件所不允许的，或者这些领域是自己的弱项，此时企业就需要考虑是否从该领域退出。另外，企业还需要考虑新进入的领域是否可以用同样的定位诉求。

② 重新认识企业的优势，选择最具竞争优势的定位。企业必须仔细分析原有定位需要改变的原因，从市场状况、竞争对手、消费者行为及企业本身 4 方面着手，重新考察分析市场环境，看哪些因素发生了变化，发生了怎样的变化。根据这些变化，重新评价企业在市场中的地位，看与竞争对手比，企业有何明显的被消费者认同和重视的优势。新的定位

要有助于企业解决原有定位下面临的问题，获得良好的收益，同时新的定位要便于传播，容易获得消费者认同并与企业的一贯形象相符，新的定位还要有利于企业长期的发展，而不只是考虑短期利益。

③ 传播、巩固新的定位。这是最后一步，也是非常关键的一步。企业要将新的定位信息传达给消费者，并不断强化，使它深入人心，最终完全取代原有定位。这就要求企业将市场营销活动与产品定位相配合，以广告和促销为主要手段，通过广告将信息广为传播，通过促销让消费者在接触产品的过程中不断强化这一定位。

知识点

重新定位的内容包括：功能再定位，价格再定位，服务再定位，广告再定位，公关再定位，目标市场再定位，产品形象再定位，包装再定位。

7.3.2 营销定位策划的策略组合

定位的依据是顾客的心，由于各种因素的影响，要抓住顾客的心，就必须灵活地运用各种定位策略，包括产品定位策略、价格定位策略、渠道定位策略和促销定位策略等。

1. 产品定位策略

产品定位的实质就是使自己的产品与市场上所有其他同类产品有差异。为此，产品定位必须根据产品 3 个层次上的各个特征，如功能、价格、技术、质量、安装、应用、维护、包装、销售对象、销售渠道和售后服务等来进行，使它们或者一个，或者几个能与其他同类产品区别开来，且这种差异越大越好，最好能使这种不同之处鲜明突出，以满足顾客的需求心理，且使顾客铭记在心，变成顾客的一种感觉或印象。产品定位策略通常包括以下两个方面。

（1）**产品功能定位**。产品功能定位就是通过对自己产品各种功能的突显、强调，给顾客提供比竞争对手更多的收益和满足，借此使顾客对产品留下深刻印象，实现产品某类功能的定位。

案例 7-10　护肤品的永恒话题

中国人素有“要美就要白，要白才能美，一白遮百丑”的护肤观念。因此，各路商家纷纷加入“美白大战”，包括那些把太白的肤色当成不健康表现的欧美公司。诸如法国兰蔻（LANCOME）雪肤护理系列、法国 CD 高效美白护肤系列，以及资生堂与中国合资的欧珀莱美白系列等。

护肤品的另一热门话题是防晒。大家知道，肌肤衰老有两大原因：一是生理的自然过程，这是人类没办法阻止的；二是外部因素，诸如环境污染、不良生活习惯和阳光中的紫外线。因此白天的防晒措施是保持皮肤健康和让产品发挥功效的主要前提，防晒产品也就应运而生。“防晒”成为众多商家开发新产品的最好理由。

此外，“保湿”也有极强的号召力。水分能令肌肤柔软嫩滑，富有弹性，水分充足是健康肌肤的首要条件。正因为如此，含保湿因子的产品也颇受消费者的青睐。

综观护肤品市场的产品定位，不难发现，商家总是千方百计满足消费者的需要，并从理性角度激发消费者的潜在需求，从而创造市场，取得成功。

评述 不同的产品功能满足不同的市场需求，如果定位准确，能给顾客留下深刻印象，则该产品就会赢得一方市场。

（2）**产品品牌定位**。企业实施产品品牌定位的过程，是通过定位活动明确向消费者传达产品品牌的特定信息，消费者根据自己的品牌知识及接收的品牌信息建立起产品品牌形象的过程。产品品牌定位是一个互动的过程：一方面，消费者的动机、需求及心理基础决定产品品牌定位的传达方式；另一方面，产品品牌定位传达的方式和内容可以影响消费者对产品的态度、知觉和价值倾向。因此，要在深入了解消费者及目标市场的基础上，针对不同的消费群体，从他们的“期望需求”上找到与目标品牌的价值契合点，通过广告、公关、销售促进等手段大力宣传、重现、强化产品个性化的定位理念，才能不断传播产品品牌的利益点。

产品品牌定位传播的渠道和方式不是固定的，关键是要结合自己希望塑造的产品品牌形象进行整合，重视各策略（广告、公关、销售促进等）的相互配合。

2. 价格定位策略

价格定位就是依据产品的价格特征，把产品价格确定在某一区域，在顾客心目中建立一种价格类别的形象，通过顾客对价格留下的深刻印象，使产品在顾客的心目中占据一个较显著的价格档次。

一般情况下，价格定位要从实现企业战略目标出发，选择恰当的定价目标，综合分析产品成本、市场需求、市场竞争等影响因素，运用科学的方法、灵活的策略，去制定顾客能够接受的价格。其层次可以分为以下3种。

（1）**高价定位**。高价格是一种高质量的象征。只要企业或产品属于“高质量”的类别，高价位不但不会使顾客感到惊讶，反而能使顾客产生“一分价格一分货”的感觉，从而在购买过程中得到精神上的享受，达到良好的效果。

案例 7-11 顺丰的高价定位策略

顺丰的价格与其他快递公司相比相对较高，标准的价格是 19 元，比其他的快递贵30%~50%。这是由于它的目标客户对于价格的敏感度不高，但需要快速、准确、安全、经济、便利、优质的服务。顺丰的高价格刚好能满足其目标客户的特性。

资料来源：https://wenku.baidu.com/view/de0bce62bfd5b9f3f90f76c66137ee06eff94e22.html?from=search

评述 顺丰快递之所以获得成功，一是质优，二是定位准，使消费者感受到物有所值。

（2）**中价定位**。中价定位就是把自己产品的价格确定在目标市场顾客平均购买力所能达到的价格区间。

（3）**低价定位**。低价定位策略是用相对于商品质量和服务水平较低的价格来赢得市场份额的定位策略。低价定位策略一定要避免给人以劣质的印象，而要让人感觉到“低价超值”。例如，国产笔记本电脑品牌在不断降价过程中，要重点突出其高性价比的优势。

案例 7-12 春秋航空的低价定位策略

春秋航空是国内第一家民营资本独资的低价航空公司，也是国内最大的民营航空公司，平均客座率在95%左右。

春秋航空以“99”系列出名，即在航班上投放 9 元、99 元、199 元等不同价值的特价机票。“每个航班的投放比例约在 20%～30%，淡季甚至会投放更多。

春秋公司的这种打法就是低价定位。为了压低具体的成本，春秋航空采取了以下策略。

只配备 A320 一种机型。这样飞机和零部件都可以拿批发价。而且人员培训、维修保养只需要设立一个标准，费用大大降低；服务全砍掉。没有免费餐饮，没有免费毛毯，行李的免费托运额度非常低，空姐还在飞机上卖东西。由于飞机停得离候机大厅远一点比较便宜，所以乘客登机的时候只能坐接驳车过去或者自己走过去；去掉头等舱和商务舱，全部改为经济舱；飞机运营时长高于其他航空公司。

通过以各种方式降低运营成本，春秋航空的低价定位取得成功，利润率稳居中国所有航空公司第一名。

资料来源：https://www.sohu.com/a/237655693_100002975

评述 消费者始终追求的是低价格高品质的商品，企业要想迎合这一点，必须在降低经营成本上下工夫。

另外，根据产品质量的不同，价格定位的策略可以分为 9 种：高质高价定位、高质中价定位、高质低价定位、中质高价定位、中质中价定位、中质低价定位、低质高价定位、低质中价定位、低质低价定位。如图 7-6 所示，图中 1 区代表优质高价的定位策略，2 区代表劣质低价的定位策略，中间无标示区域代表中质中价的定位策略。企业采取哪种价格定位应根据自身情况和市场环境灵活决定。

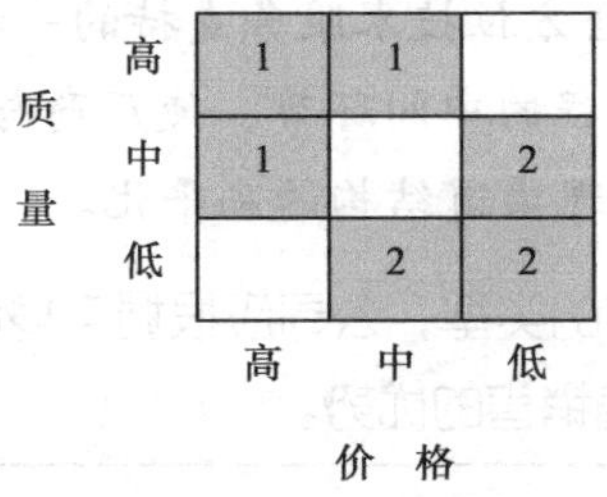

图 7-6 价格—质量定位矩阵

3．渠道定位策略

产品从公司生产出来再到顾客手中的过程，是通过一定的渠道实现的，即在“特定的时间”“特定的地点”，以“特定的方式”提供给“特定的顾客”。营销渠道又称分销渠道，是指产品从生产公司向顾客转移过程中所经过的一切取得使用权或协助使用权转移的中介组织和个人，即产品使用权转移过程中所经过的各个环节连接起来而形成的通道。营销渠道的起点是产品的生产者，终点是顾客，中间环节包括各种代理商、批发商、零售商、其他中介组织和个人等。在市场营销中，由于公司、中间商及顾客等多种因素的影响，产品营销渠道也就形成了多种多样的状态。即便同一种产品，也有可能通过不同的营销渠道销售。一般而言，营销渠道有直接、间接、长、短、宽、窄等多种类型。不同的公司可根据自己的人力、物力及财力等因素选择适合自己的营销渠道。

案例 7-13　金长城渠道结构扁平化

金长城服务器营销中心销售模式自运行以来，收到了良好的市场效益，服务器渠道内销售量每月递增120%；行业大客户需求量显著增长，在教育部“校校通”工程中屡获大单；其高质量的产品、强大的技术支持、完备的售后服务体系赢得了包括教育、军队、企业、电信等在内的更多行业用户。

金长城服务器营销中心作为长城和用户的中间环节，起着承上启下的作用。其直接享受长城的全方位支持，同时需要主动加强地方渠道的建设，开拓地方二级市场。因此，金长城服务器营销中心非常重视对周边市场的产品推广和服务支持，以实现长城对二级市场的把握。据介绍，服务器营销中心在实现对二级市场的建设和支持中，充当了多重角色：作为产品展示中心、产品及方案的演示中心和宣传中心，它有效提升了长城服务器的品牌形象，以此抓住末端渠道、增大市场销量；作为产品及解决方案的培训中心，为二级分销商提供技术支持，帮助其向客户提供更多的技术增值服务，从而赢得了更多行业大用户；提供充足货源，不仅是对二级市场强有力的分销中心，也是直接面向最终端用户的销售中心。另外，金长城服务器营销中心还拥有全面而强大的网络系统集成能力，是一个系统的服务中心。在金长城服务器营销中心运行3个月后，已占据地方分支渠道（经营国内品牌服务器）总量的30%～40%。

金长城服务器营销中心是基于服务器产品涉及解决方案等多方面的特殊性，专为二级渠道和用户提供全套解决方案、全方位技术服务支持的一种全新销售模式，旨在充分整合、优化渠道结构，通过减少销售流程的中间环节，使厂商与用户之间的信息流、物流、资金流、技术流高效通畅地流通，实现渠道结构的扁平化。

评述　营销渠道有不同的类型，公司应根据自身的情况选择适合自己的营销渠道，金长城营销中心就充分发挥了渠道销售的优势。

4．促销定位策略

促销定位策略就是在营销定位总体目标的要求下，根据竞争环境、营销战略定位和消费者的习性，结合产品定位、价格定位、渠道定位，确定用何种方式、以多少量传达产品核心价值概念，为产品树立良好外在形象，从而达到提高市场占有率、促进销售的目的。

促销实质上就是要实现营销者与产品潜在购买者之间的信息沟通。营销者为了有效地与购买者沟通信息，可以通过发布广告的方式广为传播有关产品的信息；通过各种营业推广活动传递短期刺激购买的有关信息；通过公共关系手段树立或改善自身在公众心目中的形象；还可以派遣推销员面对面地说服潜在购买者。广告、人员推销、营业推广和公共关系 4 种因素的组合和综合运用就称为促销组合。

案例 7-14　快餐业的促销定位策略

在快餐服务业的促销策略中，企业形象的建立与知名度的提升相当重要。除了通过经营者提供的商品带给消费者的感觉，广告与促销活动更是经营者争取消费者认知与印象的重要策略。因此，广告策略与促销战略的综合运用，乃是促销定位策略的主要课题。

麦当劳、肯德基的促销组合策略对比如表 7-3 所示。麦当劳非常重视公共关系，在报纸上大力寻找刊登消息的机会，这些消息有的微不足道，有的则经过精心设计，以显示麦当劳的“威力”，如“将所卖的汉堡包连接起来，可来回月球几次”等。麦当劳另一项刻意塑造的是麦当劳在汉堡包界的权威，如发表全国性民意调查，统计美国人平均一星期吃多少汉堡包——数字精确到小数点后好几位，连美国肉食协会都视这项资料为主要参考依据。

表 7-3　促销组合策略对比

	电视广告	营业推广	实战策略
麦当劳	掀起购买热潮；大量投入电视广告；密集强打	合作促销、生日餐会；赞助、回馈社会活动	利用话题性信息；传播塑造精神人物或偶像
肯德基	较保守，不过分强打电视广告；着重企业形象塑造	打折；赠送礼品；运用 DM	以地区性市场推广为主；走市场机会者的定位策略

评述　促销组合策略的综合运用，可以提高产品的销售量，提升企业的形象与知名度。■

7.3.3　营销定位策划的误区

1．营销定位落入“FWMTS”陷阱

成功的定位需要始终如一。然而，每当一家公司打赢了一场漂亮的定位战后，往往会掉进我们所谓的“FWMTS”陷阱，即“忘记了使他们成功的根本”（Forgot What Made Them Successful）。

2．营销定位就是市场划分

很多企业一说定位，就喊出“我们做什么行业，不做什么行业”，然后把市场再分成高中低档市场，开大会小会讨论到底做哪个市场，哪个已经做了，哪个还没做等问题。其实，这些问题在业务战略或市场细分、目标市场选择时就应该解决。因为市场细分时，这个变量是不可或缺的，所以营销定位不是市场划分。

3. 营销定位就是寻找市场空白

企业进行营销定位时，最常见的一种错误就是认为营销定位就是找到市场空白。其实，在现实中，消费者的每个需求在脑海中都会有几个品牌对应，空白基本不会存在，所以寻找差异才是最重要的。要知道，差异和空白是两个完全不同的概念，空白是现成的，差异则需要凭借特殊的眼光、意识和观念，对原有领域有全新发现。如海底捞进入火锅市场时，全国大大小小的火锅店提供的食品和服务千篇一律，难有差异，而海底捞在创新产品的同时提出了“服务至上、顾客至上”的理念，免费为顾客提供美甲、擦鞋等服务，迅速与其他火锅店形成了差异，成为火锅市场上的佼佼者。

4. 营销定位只要“一厢情愿”

营销定位事实上不是一厢情愿，不要以为企业怎么想，消费者也会怎么想。营销定位要兼顾企业与消费者两方面的利益，不能一厢情愿。

5. 营销定位就是弄清产品想卖给谁

市场细分针对的不应该是自然群体，而是消费群体。如果一群老人和小孩在消费方面无差别，则他们就是一个群体。而一群老人，如果消费方式有差别，那么他们也不是同一群体。

营销定位依靠的就是这种市场细分，让产品占据消费者的头脑，但并不是说企业想好了把产品或服务卖给哪个人群就完成了营销定位工作，只有把自己的优势和特色发挥出来，并吸引相应的消费群体，才是完整的营销定位。如百事可乐的“新一代的选择”就属于比较清晰的市场定位。可乐作为饮料，主要消费群体还是年轻人。“新一代”一词既指产品，又指消费者，一语双关，成功塑造了百事可乐充满活力、时髦新潮的形象，赢得了年轻人的喜爱。

6. 营销定位仅仅是广告 USP 策略

这是一些广告人常常持有的看法。尽管广告独特销售主张（Unique Selling Proposition，USP）策略是建立营销定位的重要手段和方法，但营销定位的地位和内容绝对不是 USP 可以代替的。

宝洁公司推出了很多洗发水，其广告宣传也大都采用了 USP 策略。海飞丝、飘柔和潘婷各自宣传其去头屑、柔顺、营养的功能，定位为“去头屑专家”“柔顺专家”“营养专家”，乍看起来两者好像没有太大的区别，而实际上 USP 只是一种策略，营销定位则是高于 USP 卖点的概念，它要面向消费者和竞争对手，是整合营销中具有战略意义的一步。营销定位指明了产品应该向哪个方向走，要针对哪个目标市场，因而也就决定了它的前途与发展，而以后的工作是战术组合的问题，USP 只是其广告策略的一部分。而且，建立营销定位也不是非用 USP 不可，可以有不同的角度和类型，如价格、质量、使用者、产品类别、情景、竞争者、文化等。“去头屑专家”“柔顺专家”和“营养专家”因市场空隙而产生，产品也就相应有了它们各自的利益点，USP 就是针对这些利益点对产品所做的传播工作，用以强化这些定位。

总之，USP 广告策略有助于建立和强化营销定位，但并不等同于营销定位。

本章要点

- 认识营销定位策划，了解其内容、原则及特点等。
- 掌握营销定位策划的流程，并能够将其运用于营销策划实践中。
- 了解营销定位策划存在的许多误区。

练习题

（1）你能说出多少饮料品牌？你认为企业是如何让你记住其产品的？

（2）试举一个营销定位策划失败的案例，分析其失败的原因并阐述营销定位策划应遵循的原则。

（3）蒙牛对自己的定位是一个相当成功的案例，上网搜索相关资料分析其品牌定位策划成功的原因，并思考营销定位策划还有什么其他内容。

（4）营销定位的方法有许多，去图书馆或到网上搜索更多的营销定位方法，每个方法列举一个成功案例，与同学们进行交流。

（5）列举营销定位策划的误区，观察我们周围的企业是否出现这些误区。

实训项目：市场细分与选择目标市场

【实训目标】

（1）培养学生市场调查的能力；

（2）培养学生市场细分的能力；

（3）培养学生选择目标市场的能力。

【实训内容与方法】

全班同学以 5 人为一小组，假设每组为一家服装公司，每家公司现在都想向市场推出自己的新品牌，需要对市场进行细分和选择目标市场。每个小组写一份策划提纲，并回答下列问题。

（1）营销定位策划的流程是什么？

（2）运用所学知识，阐述自己进行市场细分的依据，你还知道其他市场细分的依据吗？

（3）怎样对细分市场进行评估？应该遵循什么样的原则？说明自己的理由。
（4）你选择目标市场采用了什么样的策略？对此提出自己的建议。
（5）相互交换策划提纲进行交流。

经典案例赏析

可口可乐的定位之路

很难相信一个可乐的品牌可以这样永葆青春。对于当下追求变化的年轻人，一个百年都只有一种味道的饮料，何以让消费者掏钱？可能消费者已经不仅是为了解渴才去喝可口可乐，而是可口可乐的精神在刺激着消费者去购买它。正是可口可乐成功的品牌定位，让它于众多的饮料品牌中屹立不倒。

可口可乐的广告发挥着至关重要的作用，紧贴市场的广告策略为其建立最有价值品牌功不可没。作为广告核心内容，广告语是品牌定位的一种明确表达方式，可口可乐广告语的变化所折射的品牌定位变化有以下几个方面。

当可口可乐处于初级发展阶段时，需要更多的人去品尝可口可乐，“请喝可口可乐”成为其活动的主题，它主要从产品的功能层面去宣传，强调解渴、好味道、清凉的特性。

20世纪二三十年代，随着可口可乐产品被更多的人接受和认知，广告语的宣传越发趋于感性，在功能性的诉求基础之上，增添了更多的内容和含义，如欢乐、友谊等。但这个时期仍是一个产品推广阶段，真正的品牌地位还未完全建立起来。第二次世界大战结束后是可口可乐的快速成长期，美国在世界各地推行其民主思想和生活方式，可口可乐成为美国文化的重要组成部分。可口可乐参与重大体育赛事，进行多种形式的广告宣传和促销活动，其知名度和各地市场的占有率得以巨大提升，品牌价值节节攀升。这个时期的广告语有“我拥有的可乐世界”“可乐加生活”等。

1978年第一批可口可乐产品进入中国市场，当时的中国处于改革开放初期，许多中国人还不习惯这种有“中药味道”的饮料，并且这种饮料价格偏高。于是，可口可乐把市场的重点放在了几个主要城市，在夯实各项基础工作的同时，采用了全新的营销理念，可口可乐也以“贵族”的身份受到部分人的青睐。“挡不住的感觉”是当时最为流行的广告语，也表达了可口可乐要带给人们一种精神层面的感受，实际上也代表了人们对西方文化的好奇和向往。

1996年亚特兰大（可口可乐总部）奥运会是可口可乐在中国市场最为辉煌的时刻。当时，可口可乐在全中国已有23家装瓶厂，可口可乐品牌成为最有价值的品牌，产品经常供不应求，在中国市场每年保持20%以上的高速销量增长率。

可口可乐的渠道重点由批发向直营转移，要求在市场中进行更大面积的渗透，对业务执行要求更高，产品陈列面要大，品种要多，广告材料要丰富，客情关系要好。“无所不在、物有所值、情有独钟”成为可口可乐市场营销的主打宣传语，销售工作也从过去的引导消费变为促进销量。实际上这个时候可口可乐才真正找到品牌的形象定位。既有传统和古典的一面，又不乏激情与活力。

进入 21 世纪，可口可乐开始感觉到前所未有的竞争压力。随着国内饮料行业的逐步成熟，以非常可乐、旭日升、健力宝等为代表的国产饮料品牌出现，提前占据了许多二、三级市场；百事可乐从“新一代的选择”到“畅想无极限”的广告语分刮了许多青少年消费对象；消费者消费的多样性，使得可口可乐不得不改变市场策略。以不变应万变，还是以变应变？

“每刻尽可乐”是基于当时的市场环境提出的。“刻”体现在时间上，体现可口可乐紧跟时代步伐的特点，将目标锁定在青少年一代，以此达到抗衡百事可乐的目的。“尽”体现在空间上，一方面公司从碳酸饮料向全饮料公司转型，全方位地开发茶、果汁、纯净水等产品；另一方面开发二、三级市场，并开始拓展农村市场，价位越发趋于大众化、平民化。

最近几年，可口可乐更是与时俱进，不失时机地寻找市场机会。开展网络营销、体育营销等方式吸引消费者的注意，同时根据一些事件设计广告语。例如，“抓住这感觉，可口可乐节日‘倍’添欢乐”“看足球，齐加油，喝可口可乐”“每个回家的方向都有可口可乐”。纵观可口可乐的发展历程，不难发现，其广告语的变迁，总是与品牌的市场定位紧密相连。

可以说，可口可乐的成功来源于长期明确的市场定位，通过产品系列开发、包装的变换、新渠道的建立、营销手段的不断更新，特别是广告内容和形式的创新，赋予这个百年品牌新的生命和活力！

资料来源：http://blog.sina.com.cn/s/blog_50e12ad401008o35.html

思考讨论题

（1）该案例运用了哪些营销定位的方法和策略？

（2）假如让你去策划可口可乐的产品定位，你有哪些建议？

CHAPTER 8

第 8 章　服务营销策划

“你所做的一切，就是让你的顾客满意。”

——山姆·沃尔顿

学习目标

- ☑ 描述服务营销策划的定义和特点
- ☑ 说明服务营销策划的策略
- ☑ 探讨服务营销策划的技巧

关键词： 服务营销策划，服务有形化策略，服务技巧化策略，服务可分化策略，服务关系策略，服务规范化策略，服务差异化策略，服务可调化策略，服务效率化策略，服务满意化策略

8.1　服务营销策划概述

20 世纪 60 年代以来，服务业在整个社会经济中飞速发展。据世界银行统计，发达国家的服务业生产总值占国民生产总值的 70%以上，中等发达国家的服务业生产总值平均占国民生产总值的 50%左右。菲利普·科特勒曾指出，服务将是未来市场营销管理学研究的主要领域之一。随着服务业重要性的日益凸显，服务营销及其策划活动也以其自身的特点为世人所瞩目和重视，成为企业提高核心竞争力的有效手段。服务营销是营销策划活动的重要组成部分。

8.1.1　服务与服务营销

1．服务的定义及特点

服务活动自古有之，但是将其纳入一个学科范围而加以研究还是近几十年的事情。1960 年，美国市场营销学会把服务定义为：用于出售或同产品连在一起进行出售的活动、利益或满足感。

20 世纪 90 年代，国际知名的芬兰服务营销学家格罗鲁斯对服务做出了如下定义：服务一般是以无形的方式在顾客与服务职员、有形资源商品或服务系统之间发生的，可以解决顾客问题的一种或一系列行为。

在本书中，我们引用《服务市场营销》一书对服务的定义：服务，是指用以交易和满足顾客需要的、本身无形和不发生实物所有权转移的活动。它具有以下几个特点。

（1）**无形性**。服务产品的存在形式有两种：一种是以实物形态存在的物质产品，如作者的书、饭馆提供的菜肴等，它们可脱离服务产品的生产者而独存，并进入现实的商品流通；另一种是为满足顾客的非主要需求，以“活动”形式提供的无形服务，旨在提高顾客满意度的附加值，如购买电脑所提供的安装、保修等服务。

（2）**生产与消费的并行性**。物品从生产、流通到最终消费，要经过一系列中间环节。生产与消费这两个分离的、继起的过程具有时间间隔。然而，在服务业市场，生产者与消费者直接相关，生产过程也是消费过程，服务人员提供服务给顾客之时，也是顾客消费、享用服务之时。两者在时空上不可分割，具有并行性。

（3）**服务的差异性**。服务的差异性是指服务的构成成分和其质量水平经常变化，难以统一认定。服务差异性既由服务人员素质的差异性所决定，也受顾客本身个性特色的影响。正如著名的美国服务经济专家所说：“消费者的知识、经验、诚实和动机影响着服务行业的生产力。”

（4）**不可存储性**。服务不能像有形物品一样被储存，以备未来出售。虽然提供服务的各种设备可以在需求前准备，但生产出来的服务如不及时被消费，就会造成损失。例如，车船、电影院的空位现象，其损失表现为机会的损失和服务设备折旧的发生。

（5）**不可运输性**。服务与实物不同，不能被运输，如酒店服务不能被送至外地消费，顾客也不能购买后携带回家。

（6）**服务业的相互替代性**。服务产品同其他实物产品之间有很强的相互替代性，如在获得物品的维修服务后，则不用再购置新商品。服务业同实物商品存在相互补充、相互促进的关系，如电脑等耐用消费品的普及会扩大与其相关的服务业市场。另外，各类服务产品间也可相互替代，如各种运输服务方式可相互替代，要去某地只需选择其中一种交通工具即可。

2. 服务营销的定义及特点

服务营销理论作为整个市场营销理论体系的一个分支，专门研究服务业营销的普遍规律。服务营销是企业为充分满足消费者需求而在营销过程中采取的一系列活动。其核心理念是通过取得顾客的满意和忠诚来促进相互有利的交换，最终获取适当的利润，实现企业的长远发展。服务营销的运用不仅丰富了市场营销的内涵，更提高了企业在知识经济中的竞争力，在企业营销策略中起着举足轻重的作用。

案例 8-1　意料之外的票房

随着人民生活水平的提高，收入中用于精神消费的部分也逐渐增多，电影是人们日常的娱乐休闲消费之一。由于电影消费具有无形性、不可分析性及不可存储性等特征，不仅要求电影本身具有独特的魅力，也要求其营销策划具有独特性。2019 年 9 月，电影《哪吒》票房突破 50 亿，在网络上瞬间火爆起来，业已成为中国动画电影史票房新高。那么，《哪吒》是如何逆袭的?

1. 情怀营销为电影奠定服务营销基础

电影《哪吒》上映以来，在宣传营销上使用了“国漫崛起”“国漫之光”“东方的神话IP”等相关字眼来唤起网友们的民族认同感和神话情怀。该影片的人物原型来自中国流传千年的神话传说，并在此基础上进行创新改变，赋予其新的生命力，在引起观众怀旧情怀的同时吸引眼球。在民族认同感和神话情怀的驱使下，网友在受到官方的宣传感染之后，便开始进行无偿的转发和宣传，电影借力情怀营销获得大量的宣传流量。

2. 口碑效应将电影推向“热度高潮”

《哪吒》电影在动画效果上将书中讲述的天马行空，绚烂多彩的场景充分渲染，给观众身临其境的观影体验。哪吒变身为勇敢表达且具有现代年轻人精神的人物，这个亦正亦邪的有趣少年呐喊着“我命由我，不由天”的心声，正好与现代年轻人的价值观高度契合，引起观众共鸣，被观众接受、认可和推崇。同时，在这部电影中，我们看到的是一个“小人物”努力与社会偏见抗衡的故事。童年记忆里可爱活泼的哪吒，不仅外表大变，更是多了一些“丧”和“颓”的气质。制片方对于这一人物的改造，使其更符合现代人的价值观和审美。该片通过正能量的传达充分满足了消费者精神层面的需求，观众也为该片带来了很多正面的评价，很多观众观影之后纷纷在朋友圈、微博等社交平台发表自己的观影感受，迅速提高了该电影在消费者中的话题度和热度。

3. 引发大众兴趣推动市场驱动

大众感兴趣的话题才是进入市场的敲门砖。传统剧情中敖丙和哪吒是冤家，但该片营销一反传统，将两者组成“CP”，打造“藕饼CP”超话，制造话题，引发大众好奇心；精美的海报，以及扎心、热血的“打破成见，做自己的英雄!”的宣传文案也是吸引观众眼球的一大利器；点映采取饥饿营销，在正式上映前四天，该片就停止了点映，再加上“大V”、明星的转发宣传，用四天的时间让话题发酵，吊足观众胃口，使该片上映首日便获得1.37亿票房。这一系列激发消费者兴趣和需求的服务营销使得电影《哪吒》取得了惊人的票房和丰厚的利润。

评述 服务营销是企业为充分满足消费者需求而在营销过程中采取的一系列活动，电影《哪吒》充分抓住了现代消费者民族自豪的情怀、勇敢奋斗的抗衡精神及反传统的年轻个性等心理，采取了一系列的服务营销活动，最终实现了口碑和票房的双丰收。

8.1.2 服务营销策划

有营销活动就有策划活动。营销策划是对企业的营销活动做出的预先筹划和谋略，我们可以将服务营销策划理解为针对服务业的营销策划活动。

1. 服务营销策划的特点

与一般实体产品营销策划相比，服务营销策划具有以下几个特点。

（1）**服务营销策划以提供无形服务为目标。**无形是服务最明显的特点。如果说有形产品是一个物体或一样东西的话，服务则表现为一种行为、绩效或努力。顾客在购买服务之前是看不见、尝不到、摸不着、听不见、闻不到的，因此，他们难以感知和判断其质量和效果，更多的是根据服务设施和环境来衡量。服务营销策划必须以提供无形服务为目标。

（2）**服务营销策划以顾客为核心。**服务的不可分离性决定了服务产品的消费与服务产品的提供是同时进行的，即服务的消费者要直接参与服务的生产过程，并与服务提供者密切配合，也即顾客成为服务的一部分。在这一过程中，服务绩效的好坏不仅取决于服务者的素质，也与顾客个人的行为密切相关，这就使得服务营销工作复杂化。服务营销者在努力提高自己的素质，创建良好信誉的同时，还要时时注意揣摩消费者的心理、喜好，用以区别不同类型消费者对同一服务的需求差异特性，有针对地开展服务营销工作，以增加消费者的满意度，消除和弱化其不满和抱怨情绪。

案例 8-2　盒马鲜生：新零售业以人为本的营销逻辑

说起新零售，我们会不禁想起，最早主张新零售理念的盒马鲜生（下称：盒马）。为什么盒马能在短短几年里，如火如荼地发展起来？它背后暗藏的营销逻辑到底有多强大？

一、注重以人为本，赢得消费者芳心

盒马的营销摆脱了传统零售营销以商品、价格为主体的营销逻辑，而以打动消费者心智，激发目标消费者感应为目标。盒马营销的核心是人，盒马的营销目标是与目标消费者建立心智的连接，以盒马品牌的内涵打动消费者。例如，现代人对于做饭要求的是便捷、健康及美味，更加注重取悦身心。盒马拒绝低价大量批发的营销策略，把包装做小，保证一餐吃完的份量，并按加工程度进行分类，使消费者可以各取所需。这些都是站在新时代消费者角度出发的成功营销策略，所以盒马能够深得人心。

二、注重用户体验，赢得消费者欢心

在卖场里，盒马提供给消费者亲自打捞水产品和拎着水产品送到厨房的体验，很好地体现了“鲜活”一词，消费者的参与性被放大。在蔬菜区，所有包装上都贴了包装时间，真正体现产品的新鲜度。对于线上购物的消费者盒马更是做到了无微不至，线上购买，线下门店马上出货，30 分钟送到，迎合了消费者对新鲜的追求。

愉悦舒心的购物环境也是盒马营销的独特之处。在盒马线下门店内，你可看见可爱憨厚的河马形象散布其中；随处摆放着各种新颖的自动售卖机，小杯葡萄酒贩卖机；不到几十米就有一个自助结账机，让人告别了排队等待；场内既有商超也有餐饮，服务功能丰富。盒马购物环境始终传递给消费者轻松、舒适和有趣的形象，打造安全感与信任感，吸引众多追求高品质的消费群体。

三、注重品质，赢得口碑

现代人追求绿色健康的生活理念，盒马抓住消费者的需求，通过大海鲜 30 分钟到家模式、连续不断的 DIY 活动等，展现了创新零售、创新生活、品质化生活零售的形象。进而推出的“盒区房”营销概念、地铁广告，目的是能够进一步有效触动消费者。在此基础上逐步构建“日日鲜品”的营销理念，强调生鲜只卖一天，鲜奶只卖一天，注重品质化的营销概念，不断加深目标消费者对盒马品牌的认知，增强消费者的正面口碑响应。

评述 很多在盒马鲜生消费的顾客都认为，盒马鲜生在服务顾客和满足顾客需求方面是无与伦比的。

（3）**服务营销策划注重的是服务质量的整体控制**。“服务是人与人之间的游戏。”由于人是服务的一部分，服务的质量很难像有形产品那样用统一的质量标准来衡量，因而其缺点和不足也就不易被发现和改进，因此，全面意义上的服务质量需从以下两方面来描述。

① 技术质量。以服务操作规程来描述和控制。

② 功能质量。以顾客感受和获得的满意度来描述。

知识点

可评价服务质量的6项标准如下。

（1）职业特性与技能（技术测量度）。

（2）态度和行为（功能测量）。

（3）方便与灵活性（功能测量）。

（4）依赖性和可靠性（功能测量）。

（5）补救措施（技术测量）。

（6）信誉与可信度（形象）。

由于在服务过程中，顾客与服务者之间广泛接触和互动影响，现代服务营销管理由此扩展到内部营销、外部营销及顾客管理的整体控制。

（4）**服务营销策划具有时间局限性**。由于服务的不可感知形态，以及生产与消费的同时进行，从而使服务具有不可储存性。虽然服务设备、劳动力等能够以实物形态存在，但它们只代表一种服务供应能力而非服务本身。服务的供过于求造成服务供应力的浪费，供不应求则又使顾客失望。因此，如何使波动的市场需求与企业服务供应能力相匹配，并在时间上相一致，便成为企业服务营销管理的一项课题。另外，在服务市场上，既然服务生产和消费过程是由顾客与服务提供者面对面进行的，那么服务的推广就必须及时、快捷，以缩短顾客等候服务的时间，因为等待时间过长会引起顾客的厌烦，使其对企业的服务质量及形象产生怀疑。可见，服务营销中的时间因素对提高服务效率和顾客对服务的评价起着重要的杠杆作用。

（5）**分销渠道的不同**。由于服务的不可分离性、不可储存性，对服务分销渠道的要求和对工业品分销渠道的要求不同，其渠道模式也不同。服务一般都采用直接分销的方式或由中介机构组建分销渠道，如旅游、运输、保险、金融等行业，就是采用这种方式。

2．服务营销策划的内容

服务营销作为一门新兴的学科，由制造业的营销活动导入，在导入的同时，“4P”理论也被服务业采纳。目前，学者们普遍认为，“4P”理论仍然为服务营销的基础，但它还不能完全体现服务业的特点。1981 年布姆斯（Booms）和比特纳（Bitner）建议在传统“4P”理论的基础上增加 3 个“服务性 P”即人(people)、过程(process)、有形展示(physical evidence)，以便较为完整地体现服务营销的特点。

（1）服务产品策划

服务产品的存在形式有两种：一种是以实物形态存在的物质产品；另一种是以“活动”形式提供的无形服务。菲利普·科特勒认为：“服务产品往往依附于有形的物品，而有形产品里面也含有服务的成分。”服务产品和有形产品相比，具有几个不同的特点（见表 8-1）。

表 8-1 服务产品和有形产品的比较

	有形产品	服务产品
实体性	实体	非实体
形式相似性	形式相似	形式相异
生产分销与消费的过程	生产分销与消费分离	生产分销与消费同时进行
消费者参与	消费者一般不参与生产过程	顾客参与生产过程
存储性	可以存储	不可存储
所有权	所有权可以转让	所有权不能转让

由此可见，服务产品大都是无形的、不可感知的，并且是消费与服务处在同一生产过程之中的。正因为服务产品的这些特点，服务产品策划的内容才包括多个方面。服务产品策划，主要包括以下内容。

① 服务项目策划。它是指对企业以何种服务形式、服务方式和服务种类进入服务业进行的策划活动。一个良好的服务项目策划能够给顾客带来较高的价值，它是服务竞争取胜的首要因素。

② 服务新产品开发策划。在制造业存在新产品开发，同样，在服务业也有服务产品开发策划。开发新的服务产品，是为了适应不断变化的市场需求，是企业生存和发展的有效途径。

③ 服务品牌策划。品牌代表利益认知、情感属性、文化传统和个性形象等价值观念，只有一个具有丰富文化内涵的品牌才具有持久的生命力。例如，IBM（IBM 就是服务）、海尔（真诚到永远）都是服务品牌的受益者。因此，品牌是服务产品形象和文化的象征，好的服务品牌策划能够使企业保持长久而旺盛的生命力。

④ 服务质量策划。服务质量是判断一家服务业公司好坏的最主要依据。一个好的服务质量策划对于一项服务产品的设计具有十分重要的作用，它能有效地提高顾客对服务质量的感知度，提高顾客满意度，从而使他们成为忠诚顾客。

⑤ 服务的有形展示策划。服务虽然是无形的，但服务设施、服务设备、服务人员、顾客、市场信息资料、定价目标等都是有形的，这些有形物都可为无形的服务提供有形的展示。因此，一切可传达服务特色及优点的有形组成部分都可称作有形展示。它包括服务环境的装修、色彩、氛围、布置、服务设施用品和有形线索等，它直接影响顾客对服务质量的评价。因此，良好的有形展示策划是提高顾客对服务质量感知度的最有效途径。

案例 8-3 海底捞：餐饮企业优质服务

餐饮企业在为顾客提供具有特色的菜肴之外，还需要提供优质的服务。餐饮企业的经营理念要满足顾客的需求，只有这样，才能给顾客留下良好的第一印象，吸引顾客走进餐厅用餐。

海底捞在候餐区为等待用餐的顾客提供无限量的小零食和各类饮料、杂志报纸、WiFi、电脑，甚至提供擦鞋及美甲服务，同时提供打发时间的折纸游戏。针对儿童，海底捞提供免费的小型游乐园和棋牌类游戏。顾客落座后，服务人员为顾客提供收纳衣物、擦眼镜等贴心服务；整个用餐过程中，服务人员态度和蔼、语气柔和；餐后，服务人员会为顾客提供薄荷糖。海底捞将服务做到方方面面，不仅是物质上的关怀，更注重对顾客心理上的关怀，设身处地地为顾客着想。这种无微不至的高质量服务拉近了企业与顾客的情感距离，为营销推广奠定了良好的基础。

评述 服务是无形的，但海底捞用自己独具特色的服务方式为无形的服务提供了有形的展示，有效地提高了顾客对其服务质量的评价。

（2）服务价格策划

① 服务价格的含义。有形产品的价格是产品价值的货币表现，那么我们就可以认为服务的价格是服务价值的货币表现。有形产品是可见的，它的质量、外观是可感知的，其价值也是可衡量的，具有客观性。而服务是无形的，顾客对服务质量的感知，是人的主观能动感受，而这一感受又因人而异。所以，服务的定价不仅要考虑成本、需求和竞争因素，更要注重顾客的感知服务质量，这就要求做好服务的有形化，使顾客对服务质量的感知趋于一致。

② 服务价格策划的内容。服务的价格策划主要包括服务价格的制定策划和服务价格的调整策划。

③ 服务特征对服务定价的影响。服务业的特征对服务产品的定价有很大的影响。在不同的服务形态和市场状况中，这些特征所造成的影响也不同。因此，制定服务产品的价格，除了要考虑成本、需求、竞争因素，还必须考虑服务业的特征，如航空公司的边际定价策略。在需求处于低谷时，服务企业往往需通过优惠价格或降价方式来吸引顾客（见表 8-2）。

表 8-2 服务特征对服务定价的影响

服务特征	对服务定价的影响
无形性	使顾客在购买服务产品时，不能客观、准确地检查无形无质的服务，这使服务产品的定价远比有形产品的定价更为困难
不可存储性	使服务的供求始终难以平衡，产生了不同时期有差别的服务产品价格
需求的不稳定性	顾客往往可以推迟消费某些服务，甚至可以自己来实现某些服务的内容，类似的情况往往导致服务卖主之间更激烈的竞争

续表

服务特征	对服务定价的影响
服务的同质性	使价格竞争更加激烈。一般而言，越是独特的服务卖方越可以自行决定价格，只要买主愿意支付此价格。另外，服务质量具有很大的差异性，服务与服务之间没有统一的质量标准来做比较
不可分性	使服务受到地理因素或时间的限制。而且消费者只能在一定的时间和区域内才能接受服务，这种限制加剧了企业之间的竞争，也直接影响服务的定价水平

（3）服务渠道策划

由于服务的不可分离性，所以服务渠道的策划和产品渠道的策划有较大区别，服务渠道的策划较少考虑渠道结构，而主要着手服务渠道和服务位置的选择（见表 8-3）。

表 8-3 服务渠道及位置选择

服务渠道选择	直销渠道	无中间商
	经由机构的分销渠道	代理、代销、经纪人、批发商、零售商
	创新服务分销渠道	租赁服务、特许经营、综合服务、准零售化
渠道位置选择	与位置无关的服务业	如移动通信服务
	集中的服务业	如中心医院、学校
	分散的服务业	如上门维修

案例 8-4 从商店到社区服务中心——台湾 7-11：将想象力发挥极致

在我国台湾，约有 1 万家便利商店，这种密度在世界上是数一数二的。调查公司的数据显示，7-11 是其他便利店最可怕的对手，80.2%的人最常去的便利商店就是 7-11，而比例高达 84.5%的人对 7-11 印象最佳。多样化的产品并不是 7-11 独占鳌头的唯一原因，真正使 7-11 得以成功的其实是其独到的创新服务。

在这里，除了一般的商品，顾客还可以买午餐、夜宵；缴电话费、水电费；复印、传真、取网络商店订的书、购买保养品，甚至提款。顾客来购物时可以顺便做很多事，逐渐地也有很多人因为可以方便地享受缴费等服务，经常来这里买东西，甚至宁可牺牲一点点购物的方便（如舍近求远），也要来享受 7-11 提供的其他服务的方便。依靠互补产品和服务，7-11 不但使消费者得到了更大价值，厂家也由此获益，从而形成了多赢的局面。例如，预订服务，秋天，顾客可以在我国台湾的 7-11 预订内地的大闸蟹。由于提前确定了送货时间和数量，厂家就可以实现照单发货，既减少了浪费，又节省了运输时间。在服务上不断推陈出新是 7-11 的一大特色，未来 7-11 希望向社区服务中心的定位发展。7-11 和警察局共同设立了警察社区联络服务站，为居民和旅客提供道路指引、旅游服务等帮助。每年的 7 月 11 日是“7-11 并肩工作日”，7-11 还将在社区进行大规模的清扫行动。社区服务中心代表着方便、安全和关怀。试想象一下，当你可以在 7-11 里领取政府表格、交学费，甚至购买金融保险时，是多么紧密地融入了你的生活。

评述 服务综合化是现代服务业的发展趋势，7-11 正是在这方面不断地创新，从而拓展了服务渠道，使顾客在获得便利的同时，让自己和合作厂家实现了双赢，共同获得了巨大的利益。

（4）**服务促销策划**

服务业的促销活动与产品的促销活动大致相同，用于产品促销的工具、策略和策划步骤也适用于服务促销，在这里，我们只把服务促销和产品促销的不同点做一个比较。

产品促销和服务促销由于受其本身特征的影响，具有许多差异。这些差异大致可分为两类：一类是服务行业特征造成的差异；另一类是服务本身特征造成的差异。

① 服务行业特征造成的差异。服务行业因类型不同而各有其特点。因此，找出所有类别的共同差异是一件不容易的事。

实用链接：产品和服务的促销区别

- 营销导向不同。有些服务业是产品导向的，因而企业不十分清楚营销措施对业务有多大程度的帮助，只把自己当作服务的生产者，而不是提供顾客需要的东西。这类服务业的经理人，大多未受过训练，也欠缺技术，当然更不懂促销在整体营销中应扮演的角色。
- 专业和道德限制。在采取某些营销和促销方法时，可能会遇到专业上和道德上的限制。传统习俗可能会阻碍某些类型促销的运用，以至于被认为“不适当”或“品位太差”。
- 许多服务业务规模很小。许多服务业公司规模很小，认为自己没有足够的实力在营销或在特别的促销方面花钱。
- 竞争的性质和市场条件。许多服务业公司并不扩展其服务范围，因为现有范围内的业务已经用尽了其生产能力。这些公司普遍缺乏远见，不认为在目前状况下促销可以维持稳固的市场地位，也不认可促销具有长期的市场营销意义。
- 对于可用的促销方式所知有限。服务业公司对于可利用的广泛多样的促销方式所知有限，可能只会想到大量广告和人员推销方式，而根本想不到其他各种可能更适当、有效且花费较少的促销方式。
- 服务本身的性质可能会限制大规模使用某些促销工具。例如，广告代理服务业公司极少会去使用大众媒体广告。服务的种类、特定服务业的传统，在某些服务种类中对某些促销方法的限制，使得许多促销方法不能自由发挥。

② 服务本身特征造成的差异。服务的若干特征具有不同的营销含义，所以从顾客的观点来看，消费者对产品营销和服务营销的反应行为，有着很大的差异。

- 消费者态度。消费者态度是影响购买决策的关键。服务业的非实体性是营销上一项最重要的要素。消费者在购买时，往往是凭着对服务与服务表现者或出售者的主观印象，而这种对主观印象的依赖性，在购买实体性产品时，则没有那么重要。服务销售者和服务业在两方面与制造业不同，即服务产品被视为比实体产品更为个人化和消费者往往对服务的购买不满意。

- 采购的需要和动机。在采购的需要和动机上，制造业和服务业大致相同。不论购买实体性产品还是非实体性产品，同类型的需要都可以获得满足。不过，有一种“个人关注的欲求”，对产品或服务都是很重要的，凡能满足这种“个人关注的欲求”的服务销售者，必能使其服务产品与竞争者之间产生差异。
- 购买过程。在购买过程上，制造业和服务业的差异较为显著。有些服务的采购被视为有较大的风险，原因是买主不易评估服务的质量和价值。另外，消费者往往也容易受到其他人（如对采购和使用方面有经验的邻居或朋友）的影响。而这种影响，对服务营销而言有比较大的意义，尤其在服务的供应者和其顾客之间，有必要发展形成一种专业关系，以及在促销努力方面建立一种“口传沟通”方式。这两项做法，势必可以使各种服务促销的努力更有效率。

案例 8-5　英派斯健身俱乐部的服务促销

英派斯健身俱乐部是中国目前连锁规模最大的高档会员制健身中心，拥有先进齐全的训练设施、领先时尚的健身模式，除了提供全面、科学、专业的健身服务，英派斯健身俱乐部还经常举办登山、攀岩、郊游、游泳等活动，极大地丰富了会员的业余生活，锻炼了会员的意志，使会员的身心得到极大活跃，为会员的假期提供了一个良好的旅游场所。有些活动还邀请会员的亲朋好友一起参加，在加强交流的同时，还使更多人通过朋友的介绍与俱乐部建立了良好的关系，从而提高了英派斯健身俱乐部的知名度。

评述　用活动来进行服务促销，可以有效降低消费者的认知风险，便于加强沟通，使自己的服务在潜移默化中更好地被接受。

（5）服务人员策划

在提供服务产品的过程中，人（服务企业的员工）是一个必不可少的因素，尽管有些服务产品是由机器设备提供的，如自动售货服务、自动提款服务等，但实际上零售企业和银行的员工在这些服务的提供过程中仍起着十分重要的作用。对那些要依靠员工直接提供的服务（如餐饮服务、医疗服务等）来说，员工因素就显得更为重要。一方面，高素质、符合有关要求的员工的参与是提供服务的一个不可或缺的条件；另一方面，员工服务的态度和水平也是影响顾客对服务满意程度的关键因素之一。

服务人员策划的内容主要包括对人员的招聘、培训、激励和管理。其实，服务人员策划的内容就是服务人员策划的流程。

① 服务人员招聘。在选择前线员工时，不能像招聘普通员工那样只看重经验和技能，而更应考察态度、资质和个性等一些能为服务人员带来成功的因素。

② 培训。员工招聘只是企业人力资源管理的开始，如何使新员工成为符合企业要求的

服务提供者，这是企业内部培训要解决的问题。

实用链接：员工培训的内容

（1）技能培训。许多企业为培训员工而开办了专门的学校，如假日酒店大学、麦当劳的“汉堡包大学”等，这些学校为本企业的员工培训制订专门的培训计划，配置专门的培训人员，学校的一切活动都围绕培训企业需要的人展开，只要是企业需要的，哪怕是细微的方面也会配合。

（2）交往培训。企业除了对员工进行技能培训，还应对员工进行交往培训。由于员工在与顾客交往中可能遇到的问题难以预料，因此很难在培训中对这些问题全部加以模拟解决，所以在服务组织的培训中，交往技巧的培训在某种程度上比技能培训更重要。例如，许多航空公司对乘务员进行事件分析培训，以帮助乘务员在意想不到的情形下处理好顾客提出的苛刻要求。还有一些企业把角色扮演、创造性技巧和冲突的模拟作为培训方法。

（3）企业文化培训。灌输企业文化，使员工对一些与企业发展有关的事给予更多关注，企业文化培训不仅是企业制定战略方针的思想指导，也是对企业员工日常工作的指导。

③ 员工管理。管理人员所要面对的员工各不相同，并非每个员工都能很好地完成自己的工作。在这种情况下，管理人员应学会帮助员工改变工作方法，做好工作。而对员工来说，为了更好地服务顾客，他们往往需要来自管理人员的反馈信息，无论这种信息是正面的还是负面的。因此，管理人员应及时评价员工的工作并帮助他们改正错误。

如果管理人员没有直接参与员工的工作，就应该对员工与顾客的接触给予更多的关心。这样管理人员可以获得有关员工的第一手资料，第一手资料能使管理人员更加真切、全面地了解员工及他们遇到的问题。但在实际工作中，许多管理人员仅仅满足于有关实际工作的二手资料，而这些二手资料往往带有有关人员的主观看法，管理人员难以从中发现员工所遇到的问题。

（6）服务沟通策划

服务的无形性也给沟通带来了较大的困难。研究者发现，沟通中存在 4 个层次的潜在难题，即语言、非语言行为、价值观和思维过程这 4 种差异。在这 4 种差异中，因语言差异产生的难题最显而易见，也最容易克服。非语言行为会影响服务质量，这个比较难以理解且容易被误解。因此，在国际营销沟通中，对不同文化的了解和认知更为重要。

（7）服务有形展示策划

由于服务的不可感知性，它不能实现自我展示，必须借助一系列的有形证据向顾客传递相关信息，顾客才能据此对服务的效用与质量做出判断和评价。一般来说，服务企业的有形展示包括环境、设计和社会 3 类要素，通过这些要素的组合运用，将有助于实现其服务产品的有形化、具体化，从而帮助顾客感知服务产品的利益，增强顾客从服务中得到的满足感。

8.2 服务营销策划的策略与方法

由于服务本身的无形性、不可分性、易变性和不可存储性，导致我们在开展服务营销策划时，要避免其对服务营销产生的不利影响，尽量使服务有形化、可分化、关系化、规范化和可调化，同时又要应用其灵活性的特点，做到服务的技巧化、差异化和效率化，从而提高顾客的感知服务质量，提高顾客满意度。

8.2.1 服务有形化策略

服务有形化是指服务机构有策略地提供服务的有形线索，以帮助顾客识别和了解服务，并由此促进服务营销。服务有形化策略包括服务承诺化策略与服务包装化策略两种类型。

1. 服务承诺化策略

服务承诺，是指公布服务质量或效果的标准，并对顾客加以利益上的保证或担保。服务承诺化，是指服务机构通过对服务过程各个环节的质量予以承诺，以促进服务营销。

对服务做出承诺，可以降低顾客因服务的无形性而需承担的认知风险，因此可以降低顾客由此产生的心理压力，增强顾客对服务的信任，从而促进服务营销，进而激发和扩大顾客需求。

案例 8-6　拉斯维加斯的网络“鞋王”

在网上卖鞋能卖到 8 亿美元？这绝非天方夜谭。在美国，年仅 32 岁的美籍华人谢家华从网络卖鞋做起，6 年来业绩从 160 万美元增涨到将近 8 亿美元，也使自己的公司 Zappos.com 成为拥有 500 万名客户的美国最大的网络营销公司之一。为顾客提供最优质的服务是其竞争的武器，其中最让人称道的是严格实施服务承诺化。首先，Zappos.com 奉行“鞋合适即穿，不合适便换”的宗旨，Zappos.com 承诺：如果顾客不满意已经购买的鞋子，可以免费为顾客退货，全额退款包括邮寄费用，从而使顾客得到更好的服务。尽管它不是第一家提供免费退货服务的网站，但是这一招最终成为 Zappos.com 获得成功的法宝。其次，送货速度非常迅速。Zappos.com 承诺最多只需一晚，货物就可以送到客人手中；如果不满意，再免费退货。为此，2007 年 Zappos.com 仅运输费就花掉了 1 亿美元。再次，最低的价格。Zappos.com 承诺，如果顾客发现在 Zappos.com 买的鞋子比其他地方卖的同款鞋子价格高，那么 Zappos.com 将退还 110%的差额。从 18 岁到 80 岁的顾客都能从 Zappos.com 买到适合自己的好鞋。凭借真诚的承诺和优质的服务，Zappos.com 得以迅速发展，2007 年销售额突破 8 亿美元，占据美国市场 1/5 的份额。

评述　网上购物有一定的风险和不确定因素，Zappos.com 对自己的服务做出真诚的承诺并严格遵守，有效地降低了消费者的顾虑，增强了消费者的信任，从而取得了巨大的成功。

2. 服务的包装化策略

服务包装，是指服务环境。服务包装或环境，作为服务的有形线索，能够提示它所包装的服务信息。服务包装或环境是有价值的，它可以使服务增值。

服务包装化，在某种意义上，是指服务环境的“营销”，即有策略地设计和提供服务环境，让顾客通过接触环境来识别和了解服务的理念、质量和水平等信息，从而促进服务的购买或交易。简言之，服务包装化就是让顾客在接受服务前先接受服务的包装或环境。例如，自1996年年底中国建设银行开始全面导入企业形象识别系统以来，中国工商银行等金融服务企业也完成了此项工作，在客户心中树立了良好的企业形象。

案例 8-7　茑屋书店：崇尚服务环境和氛围营销

日本代官山茑屋书店被称为“世界最美书店之一”，通过精准定位和特殊服务实现书店和顾客的“链接”。书店开在一个小小的坡地之上，建筑周围种植了很多绿色植物。玻璃外观的设计不仅利于采光，还通过反射绿叶形状来营造“藤蔓满屋”的意境。店内完全采用“日式现代中产阶级家庭”格调和暖色调的照明，家具等尽量选择有质感但让人放松的物件。而且拥有阳光充足的大窗户，使得室内与室外的边界变得模糊，并在窗边安放了沙发座椅，独处的恬静与开阔的心境在这里可以兼得。此外，还专门打造极致生态的绿色休憩区，布置多种绿植，眼睛看得累了休息一下，遇到喜欢的绿植也可以购买带走。为了方便读者，这里的书可以拿出营业空间，自由带到另一栋楼里。无论是建筑、内部装饰及书的摆放，还是园区留出来的林荫道，都是为了让用户感到舒适。代官山茑屋书店以优美盎然的环境、惬意的咖啡、沁人心脾的音乐来满足熟年消费者对生活品质的追求。与其说茑屋是书店不如说它是生活方式提案者。

评述　作为服务的有形展示，服务环境能给顾客带来良好的服务体验，实现企业的服务增值。

8.2.2 服务技巧化策略

服务无形性的背后是服务的技巧。一切服务业归根结底都是靠自身的、其他行业难以替代的服务技巧生存和发展的。服务技巧化，是指培养和增强服务技巧，利用服务技巧来吸引和满足顾客，充分发挥技巧在服务营销中的作用。服务技巧化，主要体现为服务的技能化。

服务技能，是指服务人员服务的熟练程度、技艺、能力等。服务技能化，旨在培养和增强服务人员的技能，利用服务技能来吸引和满足顾客，充分发挥技能在服务营销中的作用。对重视服务技能化的服务机构来说，其营销在一定程度上就是服务技能的营销。服务技能是服务产品价值的核心来源。技能是技巧的主要组成部分，服务技能的增强可以从根本上增强服务营销的吸引力。

案例 8-8　汽车服务技能成揽客新招

随着我国汽车市场的不断发展，在品质大同和价格重叠的今天，消费者购买的侧重点已经更多地放在了产品附加值——服务上。换句话说，如今的车市已经进入后营销时代，服务已经成为市场竞争的左右手。纵观车市，有些企业已经注意到了服务的重要性，从服务建设入手，用差异化售后服务手段，向消费者提供更直接、更实惠的服务。

例如，一汽大众的“严谨就是关爱”、上海大众的“大众关爱”、克莱斯勒的“关爱随行”、海马的“蓝色扳手”等服务，尽管理念各有不同，但以服务为竞争关键的做法却是一致的。

评述　在市场竞争愈加激烈的情况下，汽车企业应该将服务作为未来核心的竞争武器，在这点上，“蓝色扳手”的成功给业界带来了很大启发。而以服务为导向的车市才是成熟的车市，目前的汽车市场也正朝着真正有利于消费者的方向发展。

实用链接：实现服务技能化的途径

（1）加强内部营销。职称评定等激励手段常被用作鼓励服务人员钻研服务技能的方法，从而提高员工的服务水平。例如，杭州解放路百货商店给营业员评定技术职称，以激励营业员不断钻研和提高柜台服务技能。

（2）举办或参与服务技能的交流和竞赛活动。服务机构可以通过组织内部技能竞赛或参与外部的服务技能交流活动来推动服务技能水平的提高。例如，上海女性用品商店在营业员中成立了服务艺术研讨小组，经常举办服务艺术演讲会，通过研讨和演讲有效地提高了员工的服务技能。

（3）开展服务技能培训。培训是培养和增强服务技能的根本途径。例如，麦当劳快餐店，从 1955 年创建开始就非常重视员工技能培训，1961 年开办了第一所汉堡包大学，对人员进行严格培训。现在的汉堡包大学占地 82 英亩，有 6 个剧场式的教室、17 间会议室、22 种语言同声传译和先进的声像教学设备。汉堡包大学现在每期培训 6 天，学员来自世界各地的麦当劳分店。

（4）采用服务技能定价。服务机构可以根据服务技能的不同进行服务差别定价。例如，上海众多医院根据医生的医技水平实行差价收费，以满足不同病人的需要，并激励医生提高技能水平。

（5）以服务能手为榜样，带动一般人员提高技能水平。

8.2.3　服务的可分化策略

服务的可分化是指在服务过程中让服务生产者与服务消费者之间实行部分的分离。服务的可分化主要体现为服务的自助化。

服务的自助化，是指服务生产者向顾客提供某些服务设施、工具或用品，让部分服务由顾客自行完成，以便服务生产者与消费者之间实现一定程度上的分离。服务的自助化有利于增强服务消费者在服务过程中的自主体验和责任。使顾客的自主体验经历增强，这样会加深其对服务过程的兴趣和激情，从而有助于服务的再次购买。同时，顾客对服务的自我责任感增强，对服务提供者的责任期望则会相对降低，这对服务营销而言是有利的。

案例 8-9　宜家：让顾客自己动手

宜家（IKEA）是在北美和欧洲广为人知的大企业。在瑞典及欧洲各国，乃至美国、加拿大等国家，常会在电视上、报刊上及商场门前见到“自己动手”的广告词语和一只眼睛、一把钥匙加一个“啊”字的徽记。这就是宜家公司经常做的广告。

在产品销售方式上，宜家别出心裁。宜家出售的家具多数不是成品，而是各种组件。消费者买回去以后，将利用宜家提供的图纸、特殊工具，组装成自己满意的家具。由于这种经营方式具有新奇性，迎合了西方国家人们在近代形成的“自己动手”风气，因此生意自然兴隆。宜家的广告宣传是“自己动手”，但顾客进入该商店却觉得一切都很方便。家具组件一般是比较大的，商店为了便于顾客搬动，在商店入门处准备有许多灵活的小车，顾客可以用来选购组件。另外，商店里还设有小孩“寄存”处，顾客如带有小孩来，可将小孩“寄存”在有很多玩具的大箱子里，孩子们可兴高采烈地玩耍，不必跟随父母进商店找麻烦。同时，商店里提供有各种产品说明书和组合图、记录本、铅笔、带尺，以便顾客选购组件时使用。商店里所提供的样品和图片，是从全世界 1 500 多家家具厂生产的款式中精选的，顾客在宜家所有分店可选购到各种款式的家具组件，所附的各种图解说明均用英文、德文、法文、瑞典文和丹麦文写明。产品品种之多、样式之繁可谓荟萃世界各国的精华，同时又以极方便的方式服务于消费者。

评述　营销要注重消费对象的需求变化。近几年已经出现了新型的消费者，这些新型的消费者不但购买他们所想或所需要的东西，还希望从购买行为中获得满足或欢乐。宜家“自己动手”的家具营销理念，正好满足了该类消费者的需求。

8.2.4　服务的关系化策略

服务的不可分性对服务营销存在有利的一面，服务生产与消费不可分，在客观上成为服务业的一种要求，使得服务业比制造业更需要关心顾客的需求，更需要改善与顾客的关系等。为了利用这有利的一面，服务营销采取关系化策略，即在服务营销中通过强调关系营销、内部营销、口碑沟通、公共关系、与顾客接触“真实瞬间”的服务质量等来实现对顾客的优质服务，而服务细微化的实现是服务关系化的重要策略。

知识点

优质服务的理念：

（1）在接到要求时：多一点准备，通过专业帮客户解决问题，满足客户的理性需求。

（2）在提供服务时：多一份关怀，通过优秀的服务创造良好的感觉，满足顾客的感性需求。

（3）在客户满意时：多问一句话，通过好奇寻找问题的根源，满足客户的硬性需求。

服务细微化是指服务机构或人员从细微处关心顾客、贴近顾客，从而使服务关系进入更深的层次。“见微知著”是古人对服务细节精辟的提炼，服务机构只有通过对细微处的观察，才能满足顾客的真实需要或偏好，从而使服务营销更加有效。

服务的细微化有利于增强顾客对服务质量的感知。服务质量较大的主观性会影响服务过程的每个具体细节，因而会对整个服务过程的质量产生根本性影响。服务的细微化可使顾客提升对服务者的主观感受而产生优质服务的印象。

案例 8-10 王永庆卖米

王永庆 15 岁从小学毕业后，到一家小米店做学徒。第二年，他用父亲借来的 200 元钱做本金自己开了一家米店。为了和隔壁那家日本米店竞争，王永庆颇费了一番心思。当时大米加工技术比较落后，出售的大米里混杂着米糠、沙粒、小石头等，买卖双方都是见怪不怪。王永庆则多了一个心眼，每次卖米前都把米中的杂物拣干净，这一额外的服务深受顾客欢迎。王永庆卖米前不仅把米中的杂物拣干净，他还在一个本子上详细记录了顾客家有多少人、一个月吃多少米、何时送米上门、何时发薪等。算算顾客的米该吃完了，就送米上门；等到顾客发薪的日子，再上门收取米款。他给顾客送米时，并非送到就算，还会帮人家将米倒进米缸里。如果米缸里还有米，他就将旧米倒出来，将米缸刷干净，然后将新米倒进去，将旧米放在上层。这样米就不至于因陈放过久而变质。他这个小小的举动令不少顾客深受感动，铁了心专买他的米。就这样，他的生意越来越好。从一家米店起步，王永庆最终成为行业的“龙头老大”。

资料来源：http://wenku.baidu.com/view/39b2dd094a7302768e99394c.html

评述 同样是卖米，为什么王永庆能将生意做到这种境界？关键在于他用了心。由此我们更可以看出服务的价值。顾客从其他米店也可以买到米，但从王永庆的米店里买米，会感觉自己的所得是超出产品价值的，这超出的价值便是服务。令人感动的服务绝不仅仅是一个微笑所能涵盖的，它融合在工作的每个细节里。

8.2.5 服务的规范化策略

服务的规范化是指在服务过程中建立规范并用规范引导、约束服务人员的心态和行为，以保持服务的稳定性。服务规范化主要包括服务理念化和服务标准化两个环节。

1. 服务理念化

服务理念化是指服务机构建立自己的理念并用理念来规范服务人员的心态和行为。公司理念（Mind）是指公司用语言文字向社会公布和传达自身的经营思想、管理哲学和企业文化，主要包括企业宗旨、使命、目标、方针等内容。

服务机构的理念通常借助文字的有形形式向消费者公布和传达服务的有形信息。例如，汉堡王公司的“任你称心享用”、联合航空公司的“你就是主人”等，都生动、形象地表达了各自的营销理念，提高了消费者对其服务产品的信任，同时有利于体现服务特色和企业的内部营销。

注意点

服务机构理念的设计必须注意以下几点。

- 针对性。理念是向社会传达的，因此，应明确受众，要针对受众设计理念。例如，联合航空公司的“你就是主人”就是针对乘客而设计的。
- 继承性。优秀的理念应秉承社会和公司的优良传统。例如，天津劝业场继承百年老店的传统，提出“做生意更要做朋友”的服务理念，简朴的话语透露出真切，同时体现出一种厚重的文化渊源。
- 具备个性，特色鲜明。个性是识别优秀理念的灵魂，理念通常是公司创始人或历史上重要人物个性的鲜明写照，同时应体现该服务行业的特色和公司在该行业中的特色。例如，英国西北共同人寿保险公司的理念，既用“最安全”体现了人寿保险业的特色，又以“宁可要质量而不要数量”体现了自己的独到之处。
- 哲理性。简洁、深刻、有一定哲理性的优秀理念能给人带来一种启发和精神上的激励。例如，中国工商银行湖北某分行通过有哲理性的“聚沙成塔，边缘交叉，移花接木，背靠大树，润滑链条，疏渠活水”24 个字，就将银行营销活动中的各种辩证关系简洁地表达了出来。

2. 服务标准化

服务标准化是指服务机构系统地建立服务质量标准并用它来规范服务人员的行为。

服务标准化是服务理念化的实现形式，二者之间有着内在的联系。有的实施性较强的服务理念与服务标准区别不大。在实行规范化营销时，应避免重标准而轻理念的现象。因为服务理念是服务标准的灵魂，缺乏理念的服务标准不管制定得如何全面细致，也是冰冷呆板的，而让服务人员执行缺乏灵魂的服务标准，自然难以取得理想的效果。所以，服务营销的开展，既要重视标准化，也要重视理念化，以及把握好二者间的内在关联。

服务标准可以为顾客提供客观依据，便于服务质量管理收集有效的反馈信息，从而有利于改进服务质量的管理。而服务标准又与服务品牌化、服务承诺化密切相关，从而使服务更便于识别。

案例 8-11 海尔服务的标准化

在家电制造企业，海尔的服务是出了名的。海尔以服务作为它的核心竞争力，不仅仅在惨烈的家电市场竞争中立于不败之地，而且深深地赢得了中国乃至全世界消费者的心。

海尔的服务目标是：把用户的烦恼减少到零。海尔在售后服务方面建立了严格的服务标准，其服务标准是，一是按照约定的时间准时上门服务，既不早到也不迟到；二是限时完成。安装服务 2 小时以内完成；维修服务 1 小时以内完成；三是一次就好，一步到位。安装保证人货同步到达、送货安装一次到位；维修做到通过周密的预算做到上门后为用户一次服务到位。

为了使服务的标准化能够落地执行，需要很好的基础设施及相关配套系统的支持。为此海尔建立了国内一流的信息处理中心和强大的海尔四级服务网络。海尔信息处理中心由网络化的多媒体呼叫系统、专业化服务流程及在线诊断流程组成，满足不同用户群的不同需求。海尔发达的四级服务网络分别是特约服务网点、星级服务中心、社区营销服务一体中心及技术服务中心。

评述 家电标准化是家电发展壮大，走向世界的必经之路。在中国家电行业产品品牌同质化竞争的时代，海尔建立起以服务为核心的营销模式，通过给消费者提供标准化的服务，建立起强大的竞争优势。

实用链接：消除服务质量差距的措施

服务营销人员理解的服务标准与顾客期望，对不同场合的不同消费者来说往往是有差异的。如果服务人员不能灵活运用标准提供服务，就会使顾客觉得没有得到期望的服务。

消除服务质量差距的措施如表 8-4 所示。

表 8-4 消除服务质量差距的措施

服务质量差距	消除差距的措施
顾客期望与管理者认识的顾客期望的差距	进行市场调查，收集顾客有关信息数据，管理者与顾客直接接触，了解顾客期望 管理者主动与一线员工面对面沟通，鼓励员工与顾客直接联系，保持信息传递渠道的通畅 服务组织结构应尽量扁平化，以减少上下沟通的环节
管理者对期望的认识与服务质量标准的差距	分析顾客期望的可行性，在确定顾客的需求期望重点之后设置或修改服务质量标准 根据企业特点制定服务质量标准，对重复性的、非技术性的服务实施标准化
服务质量标准与实际传递服务的差距	加强员工培训，使员工具备胜任本职工作的能力和合作精神 建立有效的监督控制体系 为员工提供培训和必要的信息，避免员工在企业和顾客之间产生角色矛盾

续表

服务质量差距	消除差距的措施
提供服务与外部沟通之间的差距	搞好服务的有形展示 企业广告和营销人员的宣传要与实际相符 不要过度承诺和隐瞒信息 不惜代价兑现承诺
实际传递服务与顾客感受的差距	加强企业内部门之间、员工之间的信息沟通和相互合作，以实现企业的整体目标 注重提供个性化服务

8.2.6 服务的差异化策略

服务的易变性为服务营销创造了有利的一面。服务（产品）作为人的活动，具有易变性，这要求服务业应比制造业具备更强的“以变应变”能力，即适应市场环境和顾客需求变化的能力，只有这样才能适应市场营销的需要。为利用服务易变性的有利一面，服务营销应采取差异化策略，其具体表现为服务多样化和服务特色化。

1. 服务多样化

服务多样化是指服务机构或服务人员针对不同的顾客或同一顾客的不同需要提供不同的服务。不同的顾客或顾客群（细分市场）对服务的不同需求，是采取服务多样化策略的一个原因。此外，市场需要的多层次化也是采取服务多样化策略的一个原因，因为同一顾客对一家服务机构的服务也有多种不同层次的需要。

案例 8-12 女性餐饮市场

如今，越来越多的女性走上了社交舞台，在餐桌的应酬场合，也有女性频频光顾。有眼光的餐馆、饭店开始将注意力转向女性。在上海餐饮市场，率先瞄准女士的是“沈记靓汤”。该店公开挂牌“男汤”“女汤”，所谓的“女汤”口味清淡，并注明有“明目养颜”“清热解毒”功能，由此引来众多女回头客。上海“南华火锅楼”宾客盈门，其原因在于推出了迎合女士饮食习惯的女士火锅。除此之外，在上海许多餐馆还能喝到一种带有苹果味的女士啤酒，叫“茜得尔”女士啤酒，这种女士啤酒在欧洲大陆已风靡多时，被引进上海餐饮市场后，受到职业女性的普遍欢迎。“女士风”的吹起，说明上海餐饮界已经在进行市场的性别细分了，同时说明餐饮服务呈现出了一种多样化的发展趋势。

评述 不同顾客有着不同的多层次需求，需要市场提供多样化的服务来满足这些需求，谁先迎合了顾客，谁就抢占了市场先机。

2. 服务特色化

服务特色化是指服务机构或人员向顾客提供独特的、体现自己个性的服务，主要包括以下几方面的内容。

（1）**专业特色**。例如，上海图书公司开设的上海图书城设计书店，就体现了广告、时装、室内装潢、建筑、工艺美术和装饰品等与设计密切相关的专业特色。该店汇集了 1 500 余种设计类专业图书，形成了“专书专卖”的服务特色，深受专业读者的欢迎。

（2）**交叉特色**。不同的行业交叉打造独特的服务特色。例如，上海宝山区的工业旅游，将旅游与参观“宝钢”相交叉，也颇具特色。

（3）**传统特色**。例如，有 120 多年历史的上海豫园“老饭店”，始终坚持以上海本帮菜的服务特色招揽顾客。

（4）**环境特色**。例如，智利首都圣地亚哥造型别致的双蜗牛商场，利用该商场“两只蜗牛”的特色建筑设计，使顾客在购物过程中不知不觉穿行于底层与顶层之间，顾客不必走回头路，便于人员流通，科学又实用，而且建筑形式新颖、独特，给人留下难以磨灭的愉悦感受。

（5）**顾客特色**。顾客特色源自目标市场的细分与定位。如《希望》《青春》《少女》等众多时尚期刊都以服务青少年读者为主，以确定其在该细分市场的特色定位，促使营销目标得以实现。

（6）**人员特色**。利用服务员工的共有特点来树立服务的特色。例如，清一色的男性服务生成为上海某食府鲜明的服务特色，这一特色使其与其他同类竞争对手相区别。

（7）**活动特色**。活动特色的优点是有较高的促销价值，可以摆脱价格战的困扰。例如，广州晓港公园极富特色的“婚礼公园”主题，使其在广州的众多公园中独树一帜。公园里设有举办中、西式婚礼活动所需的草坪、中式花园、欧式花园、教堂区、总统套房、婚纱影城等特色设施以招揽游客。

（8）**地域特色**。地域特色的优点在于特色鲜明，且具一定的历史文化内涵，易于表现，它常与传统特色联系紧密。例如，上海豫园“老饭店”的本帮菜特色，既可以说是传统特色，又可以说是地域特色。

案例 8-13　茶饮界的文创店：茶颜悦色

在快饮市场追求产品转型的当下，2014 年诞生于湖南长沙，具有中式文艺范的茶颜悦色让人眼前一亮。茶颜悦色区别于其他茶饮品牌最鲜明的标签，就是其文化属性。在北欧风盛行的现代市场，茶颜悦色能够在众多网红奶茶品牌中脱颖而出，离不开茶颜悦色独树一帜的“中国风”。茶颜悦色率先瞄准了中国古代宫廷风，成为都市审美中的一股“清流”，复古的店面风格因此成为其一个绝佳的营销噱头。

茶颜悦色在字体选择上、店面装修设计上、杯子画风上、海报宣传上、产品名称上乃至室内摆设上等已经形成了独特的中式传统文化风格，处处透着一股文雅之气。茶颜悦色最大的特色之一，是每款茶杯都很美很梦幻，仿佛卖的不是普通的茶，而是艺术品。每一款茶品，都用不同色调的杯子来装着，并且每款茶品也是五彩缤纷，连名字都取得优美动听，如幽兰拿铁、声声乌龙、风楼绿桂、蔓越阑珊，每一个名字都能给顾客无穷无尽的想象。

评述 服务特色化可使企业标新立异，给目标顾客与众不同的体验，以此招揽目标顾客，实现营销目标。

8.2.7 服务的可调化策略

服务的可调化，是指服务机构通过对服务时间、服务地点的调整和对服务供求的调节来克服不能用服务储存来平衡供求矛盾的困难。服务的可调化策略重点表现在服务时间可调化和服务地点可调化两个环节。

1. 服务时间可调化

服务时间可调化，是指服务机构通过对服务时间的调整来满足服务需求和平衡服务供求的矛盾。服务时间可调化策略常表现为延长和调整服务营业时间、提供预约服务等。

案例 8-14 永和豆浆的“时间之道”

在北京王府井大街上，有一家“四海永和豆浆大王”快餐店，敢于和这条繁华大街上的麦当劳、肯德基竞争。其竞争优势，除了中华传统饮食文化的感召力和相对低廉的价格，还在于它是这条街上第一家24小时营业的中式快餐店。这家店调研发现，王府井地区的夜间消费潜力还是很大的，不要说附近的东华门夜市、香港美食城等地方的客流会持续到深夜，仅仅是在附近大饭店娱乐消费的当地客人和下夜班的饭店员工，也会形成很大的客流量。另外，“24小时营业”本身又是所有“永和豆浆”店的一个特色，这种特色使“永和豆浆”在倡导休闲文化方面具有了某种号召力。现在，夜里拿本小说在店里坐上半天的客人、点上几样小吃与恋人对坐到天亮的客人等，在“永和豆浆”店屡见不鲜。“永和豆浆”的“24小时营业”正在改变北方居民的消费习惯。

评述 市场有哪方面的服务需求，满足这种需求的服务就会应运而生，从而达到供求平衡。

---

2. 服务地点可调化

服务地点可调化，是指服务机构通过对服务地点的调整来满足服务需求和平衡服务供求的矛盾。服务地点的调整，主要包括多地点服务、流动服务、跨区布点和服务品牌输出等方式。

8.2.8 服务的效率化策略

服务效率化，主要表现为服务时效化、服务多功能化。服务时效化是提高服务的时间效率，而服务多功能化则是提高服务的空间效率。

1．服务时效化

服务时效化，是指服务机构充分利用服务的时间资源提高服务的效率。它有利于服务机构捕捉服务机会和实现服务增值，从而提高服务质量。

案例 8-15　联邦快递的服务时效化

全球最大的速递运输公司联邦快递以及时性、准确性和可信赖性为原则提供航空快递服务，它可以把包裹邮件“绝对肯定地隔夜送达”世界任何地方。该公司已实现了下述各项服务：客户可通过网络直接进行邮寄手续的办理，快递公司的员工在最短的时间内上门取货，让客户足不出户也能寄送包裹；货物送达客户手中的时间精确至分钟；从北京办理货物运送手续起至送达美国客户手中，时间仅为两天；实现信息共享，为合作伙伴提供系统环境和服务器权限，让每个合作伙伴可随时跟踪货物运行状态、地点等情况。

评述　高效率的服务是企业快速发展的助推器，联邦快递的服务时效化就是很好的例证。

2．服务多功能化

服务多功能化，是指同一家服务机构对同一个（同一群）顾客提供多种不同但相互关联的服务，以便提高机构的服务效率或顾客服务消费的效率。例如，北京金源新燕莎 Mall 就是集购物、餐饮、住宿、休闲、娱乐和观光旅游为一体的“一站式”消费场所，服务的多功能化为生活节奏快的现代都市人节约了时间，提高了服务效率，倡导了一种时尚的生活方式。

8.2.9　顾客满意化策略

顾客满意是指顾客对一件产品或一项服务满足其需要的程度与其期望进行比较所形成的感觉状态，实现顾客满意的重点在于提高顾客满意度。服务营销的最终目标就是提高顾客满意度及忠诚度。要想提高顾客满意度及忠诚度，需做到以下几点。

1．塑造“以客为尊”的经营理念

“以客为尊”的服务经营理念，是服务顾客最基本的动力，同时它又可引导决策，联结公司所有的部门共同向着顾客满意的目标奋斗。例如，美国新港造船和码头公司的创办人杭亭顿之所以成为市场的大赢家，就是因为他深刻认识到一个重要的事实：“以客为尊”才是一家公司欣欣向荣的基本要素。而麦当劳成功的关键也是它始终重视顾客，千方百计让顾客满意，不断践行质量、服务、卫生和价值的顾客经营理念。

2．开发令顾客满意的产品

顾客满意策略要求企业的全部经营活动都要以满足顾客的需求为出发点，把顾客需求作为企业开发产品的源头。所以企业必须熟悉顾客，了解用户，要调查他们现实和潜在的需求，分析他们购买的动机和行为、能力、水平，研究他们的消费传统和习惯、兴趣和爱好。只有这样，企业才能科学地顺应顾客的需求走向，最终确定产品的开发方向。

3．提供令顾客满意的服务

热情、真诚为顾客着想的服务能换来顾客的满意，所以企业要不断完善服务系统，以令顾客满意为原则，用产品的魅力和一切为顾客着想的体贴去感动顾客。售后服务是生产者接近消费者的直接途径，它比通过发布市场调查问卷来倾听消费者呼声的方法要有效得多。由此不难看出，今后企业的行为必须以“顾客满意”为焦点。

4．耐心地倾听顾客的意见

顾客是企业的生存之本，只有耐心倾听顾客的意见，才能最大限度地满足顾客的需求，让顾客满意。这是改善服务、提高顾客满意度的一条捷径。

本章要点

- 服务营销策划可以理解为针对服务业的营销策划活动。它具有以提供无形服务为目标、以顾客为核心、注重服务质量的整体控制等特点。
- 服务营销策划的主要内容包括服务产品策划、服务价格策划、服务渠道策划、服务促销策划、服务人员策划、服务沟通策划和服务有形展示策划。
- 提高顾客的感知服务质量，令顾客满意，关键在于强化服务的有形化、技巧化、可分化、关系化、规范化和差异化等策略。
- 顾客是服务营销策划之本，耐心倾听顾客意见是提高顾客满意度的一条捷径。

练习题

（1）回想你所去过的餐馆、超市等场所和所接受的服务，说明服务都有哪些特点？

（2）和一般实体产品相比，服务营销有怎样的特点？

（3）服务营销策划的内容是否遵循“4P”理论？还应当补充什么样的内容？

（4）奔驰轿车优质的服务享誉世界，为其带来了巨大的成功，收集相关资料，对其服务营销策划进行评价。

实训项目：服务营销策划的策略与方法

【实训目标】

（1）加深学生对服务营销的理解；

（2）培养学生服务营销策划能力；

（3）增加学生的实践经验。

【实训内容与方法】

（1）认真研读教材上有关服务营销策划的策略与方法，对其内容充分了解并能一一列出。

（2）利用课余时间实地调查一家服务型企业，了解其服务营销的做法。

（3）运用学过的内容，对上述被调查企业采用的服务营销策划的策略与方法进行分析与评价，找出优点与不足。

（4）针对上述情况编制一份新的服务营销策划方案。

（5）将你的服务营销策划方案反馈给企业，让企业对你的策划方案进行评价。

（6）全班同学进行心得交流。

经典案例赏析

向星巴克学习优质服务

“星巴克正用咖啡毒害这个世界。”美国《商业周刊》这样写道。的确，星巴克的增长速度让人们感到不可思议。在全球各地，星巴克一周销售 4 000 多万杯咖啡饮料，每月销售差不多 2 亿杯，按每杯 3 美元算，咖啡销售每月就达 6 亿美元销售额。星巴克凭借自己独特的经营理念和咖啡哲学建立品牌价值，当仁不让地成为服务业品牌的标杆。

1．以顾客为本

优秀的顾客服务应该具备情感。星巴克在对顾客进行细分的基础上，将咖啡产品的生产系列化和组合化，根据不同的口味提供不同的产品，实现一种“专门定制式”的“一对一”服务，真正做到真心实意为顾客着想。星巴克还将咖啡豆按照风味分类，让顾客可以按照自己的口味挑选喜爱的咖啡。口感较轻且活泼、香味诱人，并且能让人精神振奋的是“活泼的风味”；口感圆润、香味均衡、质地顺滑、醇度饱满的是“浓郁的风味”；具有独特香味、吸引力强的是“粗犷的风味”。这种对产品的“深加工”，从根本上提高了产品的附加值，使顾客对咖啡的体验成为有源之水、有本之木。

2．互动式服务

星巴克深知每个进入店中的顾客都是最直接的消费者，应该努力使之成为常客，为此，星巴克对其服务人员进行了深度的培训，使每个员工都成为咖啡方面的专家，以便和顾客进行深度互动。工作人员可以和顾客一起探讨有关咖啡的各类知识，包括种植、挑选、品尝，还讨论有关咖啡的文化甚至奇闻逸事，回答顾客的各种询问，使顾客逐渐有了这样一种感觉：除服务和环境氛围外，在星巴克还可以得到很多有关咖啡方面的经验，并能以此为据向自己的朋友和家人讲述。而服务人员也可以借此机会把从顾客身上了解到的兴趣爱好、问题反映给公司，从而使公司得到最准确的资料，以便更有效地制定销售策略。这种互动使得双方的关系更加密切。不仅如此，星巴克在与顾客的互动上还具有独到之处。例如，星巴克的柜台一定摆放在离门口不远的地方。星巴克要求员工：当有顾客进店时，吧台服务员再怎么忙，都要回头与顾客进行眼神接触，笑着说“欢迎光临”。一些星巴克分店还在放糖和牛奶的吧台上，放一张让顾客提意见的信函，上面写着“让我们做得更好”。只要顾客回函，星巴克就一一给予答复，并记录在案，且适时邀请他们参加公司组织的活动。星巴克建立了熟客俱乐部，主要吸引自发加入的会员。星巴克与这些会员大部分是通过网络进行沟通的，会员每月会收到星巴克寄送的资料。

3．自助式服务

星巴克十分强调自由风格，因此它采用的是自助式的经营方式，顾客在柜台点完餐后，可以先去找个位置稍加休息，也可以到旁边的等候区观看店员调制咖啡，等顾客听到服务生喊自己点的东西后，就可以满怀喜悦地去端取。在用品区有各式各样的调味品，如奶糖、奶精、肉桂粉，以及一些餐具，可以自行拿取。自助服务让消费者摆脱了长长的等候队伍，减少了等候时间，并给了他们更多的自主权。让星巴克如此吸引人的正是这份自由的体验。

4．顾客关系

星巴克认为他们的产品不单是咖啡，还有咖啡店的体验，而体验与人有密切关系，所以星巴克把顾客关系当成公司的一种资产，与顾客建立良好的关系成了星巴克战略的核心部分。

星巴克完善的顾客关系管理体现在以下几个方面。

一是星巴克特别重视在咖啡店中同顾客的交流，尤其是咖啡生同顾客之间的沟通。每个咖啡生都要接受24小时培训——顾客服务、基本销售技巧、咖啡基本知识、咖啡的制作技巧。咖啡生需能够预感顾客的需求，在耐心解释咖啡的不同口感、香味的时候，大胆地进行眼神接触。

二是顾客在星巴克消费的时候，收银员除了品名、价格以外，还要在收银机键入顾客的性别和年龄段，否则收银机就打不开。这样，公司可以很快知道顾客消费的时间、消费了什么、金额多少、顾客的性别和年龄段等。除此之外，公司每年还会请专业的咨询公司做市场调查。星巴克的“熟客俱乐部”，除了固定通过电子邮件发新闻信，还可以通过手机发短信，或者让顾客在网络上下载游戏，一旦过关可以获得优惠券，很多消费者将这样的信息转发给其他朋友，产生一传十、十传百的效应。同时，星巴克也通过征求顾客的意见，加强了与顾客的关系。

思考讨论题

（1）星巴克的优质服务体现在哪些方面?

（2）星巴克是如何策划服务营销，赢得顾客认同的?

（3）面对激烈的竞争和复杂多变的市场环境，你认为星巴克是靠什么维系顾客关系的?

CHAPTER 9

第9章 企业形象策划

“形象是本，策划是魂。”

——佚名

学习目标

☑ 定义企业形象和 CI
☑ 解释企业形象与 CI 的关系
☑ 描述企业 CI 导入策略
☑ 描述 MI、BI 和 VI 策略

关键词：企业形象，CI，MI，BI，VI

9.1 企业形象策划概述

在同质化竞争激烈的今天，面对同类产品，顾客往往很难选择，这时企业在社会公众心目中的形象就成为影响消费者选择的重要因素。企业信誉好、知名度高，消费者对它的产品就会有认同感，这样的企业才能在激烈的市场竞争中赢得优势。因此，重视企业形象塑造、制定企业形象战略已经成为企业经营管理的重要内容。企业形象策划是策划理论在企业形象塑造过程中的具体运用，它是营销策划的一个重要组成部分。

9.1.1 企业形象与 CI

1. 企业形象与企业形象策划

从心理学的角度看，形象是人们通过视觉、听觉、触觉、味觉等各种感觉器官在大脑中形成的关于某种事物的整体印象，简言之是知觉，即各种感觉的再现。形象不是事物本身，而是人们对事物的感知，不同的人对同一事物的感知不会完全相同，因而其正确性受到人的意识、认知过程及所处环境的影响。由于意识具有主观能动性，因此事物在人们头脑中形成的不同形象会对人的行为产生不同的影响。

企业形象是企业内外对企业的整体感觉、印象和认知，是企业状况的综合反映。它是企业在与社会公众（包括企业员工）通过传播媒介或其他接触的过程中形成的，其形成机制包括公众印象、公众态度和公众舆论 3 个层次（见图 9-1）。

企业形象策划是指以分析预测为基础，以形象目标的确定和形象定位为重点，确定企业形象塑造活动的战略和策略，并制订最佳计划方案的过程。其内涵可以从以下几方面来理解。

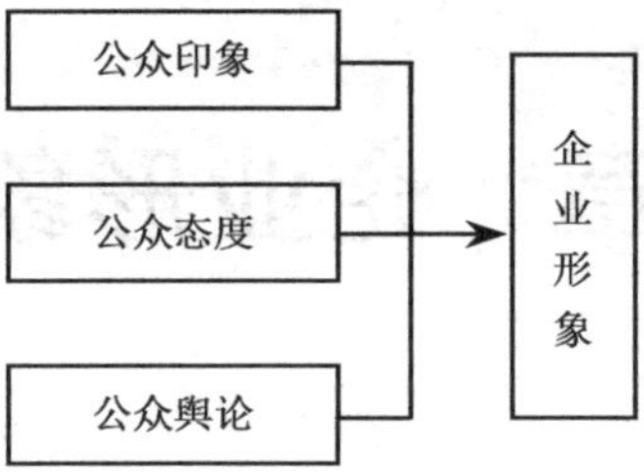

图 9-1　企业形象的形成机制

（1）**企业形象的策划人通常由具体操作者、组织指挥者、专家 3 类组成。**

（2）**企业形象策划的基础是分析预测。**这就是说，对企业形象进行科学的策划，必须以对环境的调查研究分析为依据，并对可能达到的结果做出预测。企业形象策划的分析预测包括企业形象分析、企业能力分析、企业环境分析等。企业形象策划是企业形象塑造活动的一个阶段、一个方面，所以，离开分析预测，就不可能有企业形象策划。

（3）**企业形象策划的重点是企业形象目标的确定和形象定位。**所谓企业形象定位，是指通过形象调查得到的数据分析，确定企业在公众心目中的实际位置。只有实现正确的企业形象定位，才能进一步明确企业的形象目标，制定塑造企业形象的战略、策略并制订计划方案。

（4）**企业形象策划应包含战略、策略及计划方案等内容。**企业形象是社会公众对企业的总的看法和评价。从企业的形象地位和形象要素看，企业形象是企业的总体形象和特殊形象的统一，因此，需要从战略高度制定具体策略并制订实施计划，安排好后续的一系列活动。

2．CI 的含义

CI 理论诞生半个世纪以来，各专家学者对其分别有不同的理解和研究侧重点，因而对 CI 的定义或解释不尽相同。

CI 是英文“Corporate Identity”的缩写。“Corporate”是指一个单位、一个团体、一个企业。“Identity”则有如下两层含义：一是指主体的识别性，指主体有别于其他同类的个性化特征；二是指主体的个性化特征要有完备的统一性，共同表达主体的识别性。可见，其基本意义是识别。因此，在大多数场合，CI 被译为“企业识别”。

所谓企业识别，就是一个企业借助直观的标示符号和内在的理念等证明自身主体性与内在统一性的传播活动，其显著的特点是统一性和差异性。正如日本学者山田理英所说：“从主体性的观点来看，Identity 就是‘我是谁’的疑问和解答；从统一性的立场来看，Identity 是企业自身某些事物的共通性。”

CIS 即英文“Corporate Identity System”的缩写，一般译为企业识别系统、企业形象战略，这是日本学者赋予 CI 的新解释。CIS 战略的出现，使企业差别化战略摆脱了单纯依赖视觉差别设计的情况，成为企业整体的、全方位的、系统的经营战略。

在我国，目前还没有一个关于 CI 的标准译法，为了避免混乱，本书仍直接使用英文缩写 CI 或 CIS。

CI 是随着社会的进步和发展而逐步成长起来的概念。CI 的最初表征是：设计与展示一套区别于其他企业，体现企业自身个性特征的标识系统，以突出企业形象，并借此在市场竞争中取胜。

随着时代的发展，CI 也经历了长期的发展与变革，但它始终围绕“为企业解决问题”这一核心理念在运动，它解决问题的方式就是不断变革，创造新的企业形象以改善和推进企业与社会、自然的关系，并以此推动社会发展，维护企业、社会、自然的动态平衡。因此，CI 战略的根基始终放在企业自身形象的设计与开发上，所以日本的加藤邦宏说：“CI 就是对企业整体进行设计的工作，以企业整体的活动作为设计对象，使企业本身、个性的表现合乎时代潮流。”从这种立场出发，加藤邦宏认为：“为了塑造企业的形象而以设计开发为中心的活动才是所谓的 CI。”

综上所述，我们认为：CI 是将企业的经营理念和个性特征，通过统一的视觉识别和行为规范系统，加以整合传达，使社会公众产生一致的认同感与价值观，从而达成建立鲜明的企业形象和品牌形象、提高产品市场竞争力、创造企业最佳经营环境这一目标的一种现代企业经营战略。

3. 企业形象与 CI 的关系

企业导入 CI 的目的是塑造良好的企业形象，然而 CI 与企业形象分属于两个不同的概念。

CI 设计的起点是将构成企业形象的要素转化成统一的识别系统，然后借助信息传达将其准确、清晰地展示在公众面前，在信息传送者和接收者之间反复的相互作用过程（信息传递与信息回馈）中形成符合 CI 设计的企业形象。由此可见，“企业形象”既是 CI 的出发点，也是 CI 达成的目标。具体来讲，二者之间的关系可以概括为如下两个方面。

（1）CI 并不等同于企业形象

① 概念不同。CI 与企业形象的概念在英文中的表述不同。企业形象的英文是“Corporate Image”。CI 是英文“Corporate Identity”的缩写，汉语的译法是企业识别。

② 内涵不同。企业形象是指社会公众和企业职工对企业的整体印象和评价，也是企业的表现和特征在公众心目中的反映，这种印象和评价是公众综合认识的结果。而 CI 则是传达、塑造企业形象的工具与手段，是塑造企业形象的方式、途径。

③ 构成要素不同。企业形象要素体现于产品形象、环境形象、职工形象、企业家形象、公共关系形象、社会形象、总体形象之中，也就是说，企业形象是由上述形象要素组成的。而企业识别系统要素则由理念识别（Mind Identity，MI）、行为识别（Behavior Identity，BI）和视觉识别（Visual Identity，VI）构成，显然比企业形象具有更丰富的内涵。

CI 是企业在行业结构和社会结构中的特定地位或个性化特征，它是通过不同的传播方式方法使公众心目中对企业产生认同或共有价值观的结果。

（2）CI 是塑造企业形象的重要手段

由于公众印象与企业形象之间的不一致会造成企业形象的不稳定，甚至出现企业形象的扭曲和颠倒，因此，企业有必要利用 CI 的整合功能，使企业形象得以矫正和提升。

CI 是塑造企业形象最为快速、便捷的方式和手段，但它并不是一种万能的形象塑造手段，更不是企业经营本身。CI侧重企业的传播，与营销、公关、广告相比，CI更具有系统性、整体性。

综上所述，我们可以清楚地了解CI的基本含义，其本质是一种以塑造企业（或其他组织）形象为目标的组织传播行为。所以，应该说CI的最终目的就是不断地推进和开创企业新形象，它是企业形象策划的重要手段。

实用链接：企业CIS的3种境界

- 新姿绰约，别具一格。这是企业成功开发CIS的最初境界。这样的企业偏重于VIS设计，MIS和BIS尚处于初级阶段。它们致力于对自身新形象的宣传，给社会公众带来新气象，显示了企业的发展活力，给人耳目一新的感觉。
- 左右逢源，独擅风流。这是企业成功开发CIS的中级境界。在此状态下，企业完成了VIS的对外宣传而偏重于BIS的策划和实施，企业通过真心实意为社会及公众服务的重大举措的实施，扩大了知名度，提高了信任感，赢得了社会的支持、认同和欢迎。
- 桃李不言，下自成蹊。这是企业成功地开发CIS的目标境界。企业的CIS及其3个构成部分均已定型，企业的美好形象牢牢地矗立在市场上，企业已拥有大量的忠诚者。

这3种境界是循序渐进的。企业形象策划的目的就是促进企业从表面引入深层，从形式导向实质，从设计推向实施，从投入驱向产出，使企业不仅以全新的面貌自立于市场，而且以骄人的业绩奉献给社会。

9.1.2 企业形象策划的原则

企业形象管理工作是否有效，在很大程度上取决于策划的成败。因此，企业有关人员在进行企业形象策划时，不可随心所欲，应遵循以下一些基本原则。

1. 全方位推进原则

企业形象策划，导入CI战略，是涉及企业各方面的一件大事。因此，企业形象设计必须从企业内外环境、内容结构、组织实施、传播媒介和是否符合企业发展战略等方面加以综合考虑，MI、BI、VI并重，具体措施合理配套，全面地贯彻落实，这就是全方位推进原则。

2. 以公众为中心原则

许多企业奉行“顾客至上”原则，这是因为它们意识到了产品和服务的对象即消费者对企业生存发展起决定性作用。在企业形象策划时，也要讲“以公众为中心”，这是基于公众对企业形象的决定性作用。在CI的设计过程中要进行准确的公众定位，努力满足公众的需求。

公众的主体是现实和潜在的消费者，这些消费者包括自然人、政府采购部门、供应商、经销商等。是否充分体现公众利益，为消费者着想，是否充分地发掘了需求，是市场营销策划能否成功的关键。因此，坚持以消费者为中心的公众性原则是市场营销策划原则中非常核心的一环。其首先要了解公众需求；其次要发掘公众需求；最后必须满足公众需求，同时不能欺骗消费者。

3．实事求是原则

实事求是原则就是要显示改善不足的诚意，拿出解决问题的措施，树立一个真实可信的企业形象。这在 CI 设计中是非常重要的，做得不好很有可能造成严重的后果。

4．求异创新原则

求异创新就是塑造独特的企业文化和个性鲜明的企业形象。个性是企业文化的生命力，个性特色是企业形象存在的价值。因此，建设独具个性的企业文化，进而塑造与众不同、特色鲜明的企业形象，是对 CI 设计的基本要求。

5．两个效益兼顾原则

企业作为社会经济组织，应做到经济效益与社会效益兼顾。这是企业开展一切活动都必须遵循的原则，同时应在 CI 设计中得到充分体现。

9.1.3　企业形象策划的基本内容

企业形象的组成因素虽然繁杂，但可将其归纳为 3 个层次，即理念形象、行为形象和视觉形象，如图 9-2 所示。

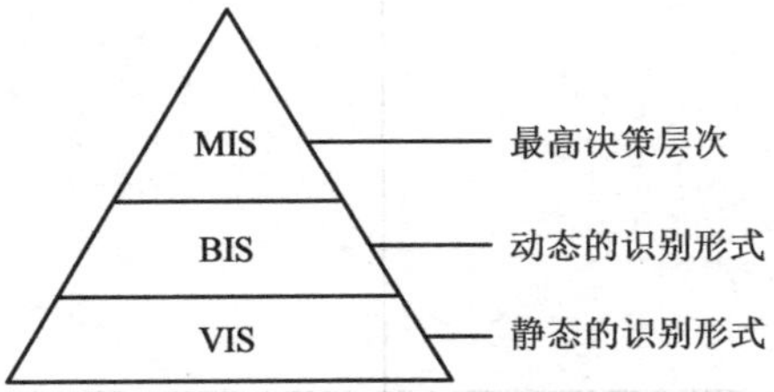

图 9-2　企业形象的内涵

在企业形象的 3 个子系统中，理念形象是最深层次、最核心、最为重要的部分，它决定行为形象和视觉形象；而视觉形象是最外在、最易表现的部分，它和行为形象都是理念形象的载体和外化；行为形象则介于上述两者之间，它是理念形象的延伸和载体，又是视觉形象的条件和基础。如果将企业形象比做一个人的话，那么理念形象就好比他的头脑，行为形象是其四肢，视觉形象则是其面容和体形。

1．企业理念形象

企业理念形象通常由企业通过对内外部的形象调查、市场调研、产品分析、经营实绩的分析来确定，是由企业哲学、宗旨、精神、发展目标、经营战略等理念因素构成的企业形象子系统。MIS 的内涵如图 9-3 所示。

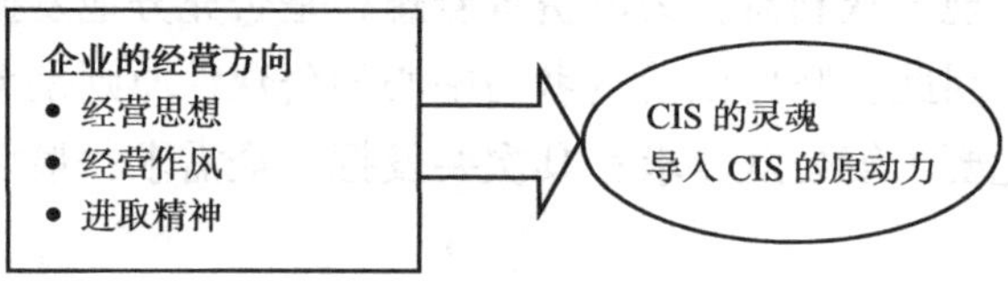

图 9-3　MIS 的内涵

2. 企业行为形象

企业行为形象是由企业组织及组织成员在对内和对外的生产经营管理及非生产经营性活动中表现出来的员工素质、企业制度、行为规范等因素构成的企业形象子系统。对内行为包括员工招聘、培训、管理、考核、奖惩，各项管理制度、责任制度的制定和执行等；对外行为包括采购、销售、广告、金融、公益等公共关系活动。BIS 的内涵如表 9-1 所示。

表 9-1　BIS 的内涵

对内行为	对外行为
管理者教育	市场调查
员工教育	产品开发
服务态度	公共关系
接待技巧	促销活动
作业精神	流通对策
生活福利	代理商对策
工作环境	股市对策
内部营销	金融业对策
生产设备	公益性活动
公害对策	文化性活动
发展研究	……
……	

3. 企业视觉形象

企业视觉形象是由企业的基本标识及应用标识、产品外观包装、厂容厂貌等构成的企业形象子系统。其中，基本标识是指企业名称、标志、商标、标准字、标准色；应用标识指象征图案、旗帜、服装、口号、招牌、吉祥物等；厂容厂貌指企业自然环境、店铺、橱窗、办公室、车间及其设计和布置。上述这些要素组成企业独特的视觉识别手段，可将企业信息向外界传达，从而树立企业的良好形象。VIS 包括基本要素系统和应用要素系统，其内涵如表 9-2 所示。

表 9-2　VIS 的内涵

基本要素	应用要素
企业名称	建筑外观、橱窗
企业造型、象征图案	招牌、旗帜、标志牌
企业品牌标志	事务用品
企业品牌标准字体	办公用品
企业专用印刷字体	员工制服
企业标准色	交通工具
企业宣传标语	包装用品
广告用语	广告制作
市场营销说明书	……
……	

9.2　企业形象策划的策略与方法

企业形象策划对成功地塑造企业形象起着十分关键的作用，如果没有一个科学、完整的策划方案做向导，企业形象设计将会偏离企业的经营宗旨。企业形象策划的过程是企业在充分调查研究的基础上对企业的形象目标、具体活动项目及实际操作进行谋划或设计的过程，是企业形象塑造的必经环节。为了更加有效地塑造企业形象，有必要了解和掌握企业形象策划的一些基本策略和方法。

9.2.1　CI 导入策略

1. 导入 CI 的前期工作

CI 导入的前期准备工作主要包括 CI 目标的设定、确定 CI 导入的时机、CI 机构设置和保障 CI 导入的顺利实施几个部分。

（1）**CI 目标的设定**。CI 目标的设定直接影响 CI 导入计划的制订，为避免“专家”的主观臆断或直觉判断，CI 目标设定可遵循以下 4 个步骤，以发现、确认具体问题和目标。

① 现状整合和设计标准化。不必改变原本象征其企业设计的基本要素，而以整合现状及导入标准化系统为目的进行 CI 开发。在原有标志不变的基础上，进行视觉形象整合和理念系统的建立与开发，并在原有标准化管理基础上，实施行为规范，以取得明显效果。

② 对当前使用的企业标志或标准字体等基本设计要素，勇于修正，以适应新环境的需要。同时，在视觉识别应用要素的开发中要做到系统、规范、科学和富有冲击力，其工作重点主要集中在 VI 方面。

③ 导入企业信息传达系统。在本阶段，CI 导入要从企业全局出发，注重企业信息传达战略、标志战略和前卫性设计等。简言之，就是通过 CI 导入，有组织地创造企业适应高度发达的信息化时代的“企业信息价值”。

④ 导入文化战略程序。通常情况下，企业视自身为经济组织，并以这种观念为标准来思考和评价自己的行为。

上述4个步骤，是从CI理论的角度设定的一般规则，每个企业导入CI的具体情况不同，所以企业应从实际情况出发设定CI目标。例如，新兴的企业可以从创业之初就导入CI，以全新的形象设计出现，令人耳目一新，很快建立起企业形象与品牌；而老的国有大中型企业，则适宜用革新调整的方式导入形象战略目标。

（2）**确定CI导入的时机。**纵观目前大多数企业导入CI的情况，大致可归纳为以下几种。

① 新公司成立。新的公司成立，初步进入市场，需要传达给消费者一个全新的整体形象，从而可以吸引消费者的“眼球”。此时，是导入CI的最佳时机。

② 新领导上任。企业新领导（新班子）上任之时，为了让干部及员工服从新的领导层，通常请企业外脑CI专家来导入CI，统一思想，整合企业的价值观念，重塑企业形象，以利将来企业新领导的统一指挥。

③ 体制改革、完善与发展。企业科学管理、企业ISO质量体系认证、企业品牌战略，均需另请专门机构协助企业展开，这也是目前不少企业迫切需要解决的问题。如果企业已经进行了管理体制改革、ISO质量体系认证，若再迅速补上CI战略这一块，则可使企业充满活力，从而增强整体竞争力，实现持续发展。

④ 经营多角化。企业出现多角化的经营，或者企业厂房等硬件有了很大的改变，原有的形象识别系统明显落后。为协调各子公司、各部门或新合并公司的关系，使它们归属于统一的规范之下，只有进行CI的重新整合，才能适应企业新形势下的发展需求。

⑤ 新产品上市。新产品、新品牌进入市场，当务之急是建立品牌形象，因为广告是产品的包装，CI是广告的基础。品牌后面需要CI的支持，有CI基础的广告才是有质量、有品牌效应的广告。

⑥ 重塑企业形象。企业如果以前已导入CI，现在因企业的发展及经营环境发生了很大的变化，在新形势下，CI需重新整合，部分应用内容需重新策划设计，以跟上新时代发展的步伐。或者企业过去曾导入CI中的VI工程，但根据目前状况，需要再增补导入CI中的MI工程，以重塑企业思想及企业文化。

（3）**CI机构设置。**CI的成功导入离不开强有力的组织结构做保障，一般情况下，CI机构由CI委员会、CI执行小组、内部员工和专业CI公司等组成（见图9-4）。其中，CI委员会是企业CI导入的决策机构，它由CI导入企业的主要负责人和CI专家共同组成。CI执行小组是隶属于CI委员会的一个具体从事CI策划、设计与导入推广工作的专门机构。CI委员会负责CI设计的大政方针制定、信息提供和后勤保障，CI执行小组则专司CI导入的具体工作。

（4）**保障CI导入的顺利实施。**由于CI导入工作浩繁、负担沉重及技术要求高，因此，有必要聘请专业性的企业识别设计公司进行策划设计，让其主要负责：导入计划的安排与制订；企业识别系统的管理方法；对企业内部员工的调查，特别是对决策层的调查；视觉识别基本项目要素和部分应用项目要素的设计与开发。

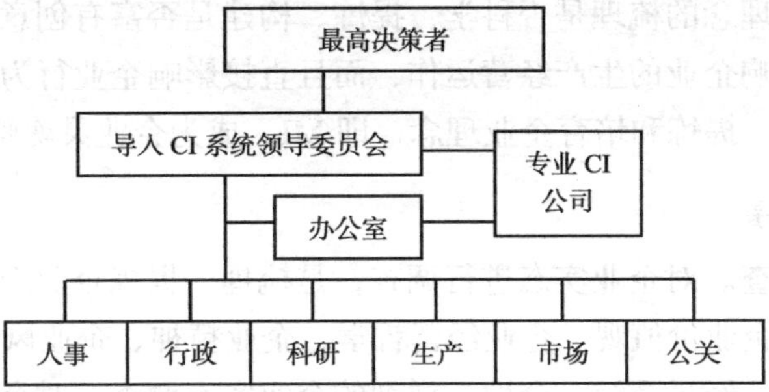

图 9-4　CI 的组织机构

2. 导入 CI 的基本程序

（1）**前期准备**。以公司最高负责人为中心的筹备委员会，先拟订 CI 计划，明确公司必须施行 CI 计划的理由，了解 CI 计划施行的意义和目的。然后，决定 CI 计划的大概范围，是只改变企业标志等视觉要素，还是要彻底、重新改变整个企业理念。在决定施行 CI 计划后，就要组织 CI 委员会，以设计今后的计划。

（2）**企业现状调查与形象分析**。通过企业现状调查，发现企业形象现实问题，有针对性地提出企业形象策划方案，从而成功地塑造企业形象。企业现状的调查可以从多个角度展开，其主要调查对象有：企业的决策层、员工的观念或意识，企业形象的内外部情况及企业信息传递活动的实际情况等。

（3）**企业整体形象的确定**。在企业形象与现状分析的基础之上，确定企业整体形象和企业理念，预测企业发展的纵深领域，同时将现存的企业理念与未来相对照，据此明确企业活动的方向。

（4）**整合行为识别和视觉识别系统**。行为识别是指通过企业结构的整合过程，必须表现出新的企业活动。在员工行动方面，可积极地推行内部促进运动，开展全公司企业理念的贯彻实施计划，使企业整体行动统一化。

视觉识别是指人看到的信息传递媒体。心理学的研究表明，在人摄取外界信息的 5 个感觉中，视觉获取的信息约占八成，所以，应特别注意视觉识别系统的统一，以统一的视觉识别系统把企业的理念有效地传递给社会公众。

（5）**实施与导入阶段**。排定导入实施项目的优先顺序，按照策划的行动步骤，进行策划方案的实施。

（6）**监督与评估阶段**。在落实过程中，发现问题及时纠正，确保企业形象策划的顺利实施。另外，若发现原有的策划设计有缺陷，应及时修正。

以上几个阶段基本涵盖了企业导入 CI 的一般过程，其具体内容与方法，本节后面将详细介绍。

9.2.2　企业理念识别策略

企业理念策划是企业形象策划的第一步。企业理念是企业的灵魂和核心，是企业运行的依据。因此，企业理念的梳理是否科学，提炼、构建是否富有创意，培育是否得法和尽心尽力，不仅直接影响企业的生产经营运作，而且直接影响企业行为策划、企业视觉策划的效果。所以，梳理、提炼和培育企业理念，即MI，成为企业灵魂塑造的重中之重。

1. MI的梳理程序

（1）**企业实态调查。**对企业实态进行调查，是梳理、提炼企业理念的起点。可以以企业宗旨、企业使命、企业价值观、企业经营哲学、企业精神、企业风格为中心进行调查。

（2）**构筑总概念。**经过系统、全面、详细的企业实态调查，对企业实际运行系统，尤其是企业已有的理念系统，如企业宗旨、企业使命、企业价值观、企业经营哲学、企业风格、企业精神等情况有了清楚的认识，在此基础上重新评估企业理念，构筑新的企业理念。

（3）**设定企业本质——MI定位。**明确企业经营领域，企业经营领域有多种表达，简言之就是企业生产什么产品或提供何种服务。企业经营领域是确定企业理念的最基本考虑因素，必须十分明确地表达企业产品及其服务的价值。

注意点

MI的提炼原则：

- 目标原则。企业固然要追求投资回报率，但更应满足人类的自我追求和实现自我的理想。
- 卓越原则。创新前进，追求卓越，应成为支配个人或公司生命和灵魂的精神力量。
- 一致同意原则。决策有命令、共商和一致同意3种形式，管理者只有充分利用群众智慧，才能做出有效决策，获得一致支持。
- 绩效原则。赏罚分明，除物质奖励外，精神上的支持和肯定也是员工向上的动力。
- 操守原则。领导者必须行正言端，有诚信，有操守，才能获得属下信赖并愿为其效力。

2. MI的提炼技法

MI的提炼依据在于企业理念的树立或变革。在对企业目的的确认和企业使命的设定完成之后，便可基本明确公司是什么企业，公司将是什么企业，公司应是什么企业。企业是一个开放的社会群体，它不可避免地受到社会理念和其他企业理念的影响。另外，构筑企业理念还须立足企业所处的环境、内部的历史文化积淀、物质技术条件和结构、员工整体素质、创业者能力、企业所处的社会政治体制等背景。

知识点

优秀企业的宗旨应陈诉以下几个方面内容。

（1）顾客——谁是企业的主要顾客。

（2）市场——企业主要在哪些地区和行业展开竞争。

（3）技术——企业的主导技术是什么。

（4）产品或服务——企业的主要产品或服务是什么。

（5）激励程度——展开的企业宗旨能否有效激励企业员工。

（6）组织哲学——企业的基本信仰、价值观和愿望是什么。

（7）自我意识——企业的长处、短处和竞争优势分别是什么。

（8）对公众形象的关注——企业期望给公众塑造一个什么样的企业形象。

（9）对企业生存、发展和盈利的关注——对企业短期、中期、长期经济目标的态度。

（10）利益协调的有效性——是否有效地反映了顾客、股东、公司员工、社区等相关群体的利益。

3. MI的培育技法

企业、企业家对企业理念的提炼、构筑、培育正是“精诚所至，金石为开”精神的体现。企业理念策划这种理性化的存在形式只有转化为企业的具体行动，渗透于组织的各个部门和环节之后，才能起到规范企业运作、指导企业行动的作用。要使企业理念真正成为企业的共有价值，成为企业行动的指南，企业理念的培育渗透工程是必不可少的运作程序。

知识点

企业理念的实践阶段：

（1）了解企业理念。要使企业理念内化为企业及其员工的信念和自觉行动，必须尽快让全体员工知晓企业的宗旨、使命、经营方针、发展目标、价值观等，以便使企业理念至少在表层上能为员工所接受和把握。

（2）领悟企业理念。企业员工了解企业理念及其具体内容只是理念实施过程的起点，要使员工从表层接触到心灵的契合，还要求员工对企业理念达到领悟的程度。

（3）实践企业理念。实践阶段作为企业理念实施的阶段至关重要，它既是企业理念系统运作的起点，也是企业理念系统运作的归宿。

企业理念的实施、培育和渗透工程，目的就是真正有效地将企业理念转化为企业共同的价值取向、员工共同的心态及其行为，其基本方法如下。

（1）**“反复唱和”法**。这是将条文化、标语化、口号化、诗歌化、座右铭式的企业理念反复地朗诵、吟唱，以提高对全体员工的刺激频率，加深员工印象的一种方法。

（2）**“理念翻译”法**。理念翻译并不是指企业理念的文字语言互译，而是指就现代的立场而言，应该如何结合自己的切身体验阐释公司的理念，或者依据公司理念进行自我设计，使企业理念和自己的思想融为一体，并在企业理念的指导下，重新审视和设计自己工作岗位上的行动方针，由规章制度化的纪律转化为员工的自律。企业理念“翻译”实质上是一种企业文化的自我教育和熏陶，通过这种自我教育和熏陶来达到使企业员工行为自律的目的。

（3）**“环境熏陶”法**。将企业理念视觉化、环境化，即以图案来象征企业理念，或做成匾额，或绘成海报，也可以做成巨幅壁画，高置于办公室、工厂或其他地方的墙上，打造一种“象征性环境”。通过视觉化、环境化、艺术化的方式，潜移默化地向人们传达企业理念。

（4）**“仪式游戏”法**。公司定期或不定期地组织各种形式的午餐会、讲演会、表彰会、体育比赛、文艺演出等。经营成功的企业往往格外注重这些富有特色的象征性活动，它在表达企业文化、构筑企业理念方面有其独到的功能。

（5）**“领导表率”法**。企业领导人在塑造企业文化、培育企业理念的过程中，既要充当企业价值观的倡导者，又要扮演企业价值观最忠实的执行者。

企业的理念要素确定之后，要将理念要素的草案在企业内外进行适当的测试，需要对企业内部的主管与员工进行测试，对有关消费群众做小组深入访谈，并就测试结果对理念系统基本要素及应用要素做修正案，然后根据修正案制定企业的理念系统手册。

案例 9-1　中国南方电网有限责任公司的 MI 策划

企业宗旨：坚持以人民为中心的思想，坚持全心全意为人民服务。

基本原则：始终践行为人民谋幸福的价值追求，把满足人民对美好生活的电力需要作为公司一切工作的出发点和落脚点，发挥电网企业联系千家万户的基础服务作用，体现公司作为现代国企、能源央企的服务属性和人民情怀，坚持一切为了人民，一切依靠人民。

座右铭：人民电业为人民。

口号：万家灯火，南网情深。

9.2.3　企业行为识别策略

BI 是指在企业理念指导下的企业行为识别。如果说 MI 是企业的“想法”，那么 BI 则是企业的“做法”，即通过企业的经营行为、管理行为和社会公益行为来传播企业的思想，使之得到内部员工和社会大众的认同，从而建立起良好的企业形象，创造有利于企业生存和发展的内部条件和外部环境，实现 CI 的总目标。

1. 企业内部的行为识别

（1）**管理者教育**。企业的管理者是企业的中流砥柱，对企业形象塑造起着至关重要的作用。他们首先是企业形象的主要代表者，有些公司的名称就是企业家的名字，如日本的松下电器公司、美国的耐克运动鞋、中国的李宁运动品等；其次，管理者还是企业精神的主要塑造者，管理者通过自己的价值观、道德观、个人素质等开创并影响企业精神。

（2）**员工的教育与培训**。凡是优秀的企业都重视对员工的教育和培训，把对员工的教育和培训当作培养人才、选拔人才、统一思想、加强管理、形成企业凝聚力的手段。从 CI 的内在意义上说，企业本身的自我认同，尤其是员工对企业的认同，是从思想认识上统一企业的经营思想、经营宗旨和经营目标。因此，企业的员工教育与培训是 BI 的重要内容。企业对员工的教育和培训是伴随着企业的经营事业而发展的一项长期工作，具体方法如表 9-3 所示。

表 9-3 员工的教育和培训

方 式	要 点
CIS 说明书	• 这份综合性的说明书必须包括企业导入 CIS 的背景、经过，以及新制定的企业理念和企业识别 • 每位员工均分配到某一部门，召开说明会，做 CI 导入内容的说明
员工教育用的幻灯片	• 利用视觉效果，如 AV（视频）工具等，说明公司有关 CI 导入的背景、经过，以及新制定的企业理念和企业识别 • 公开举办说明会
利用“公司汇报”或“CIS 消息”之类的公司内部媒体	• 利用公司现有的媒体，来传递信息、解释说明等 • 利用这种媒体的最大优点，是能将员工本身的反应和意见简单记录下来
员工手册	• 编印说明公司新理念、新企业标志的手册，让员工可以随身携带
公司内的宣传海报	• 在公司的宣传海报中提出改革的口号，让员工有心理准备，提高员工的士气 • 除了海报，还可利用徽章、帽子、发饰、展示板等，机动性地展现 CI 的飞跃和变革，增强视觉效果，提高员工的归属感
公司内部的沟通	• 奖励“爱用公司产品”活动 • 晨日汇报：增加企业的会议机会，使之制度化，举办“说真话会议” • 设置公司留言板，促使公司内部信息的传达与联络
促进自我启发	• 实施教育研习：举办真正使 CIS 理念能融入计划中的公司员工与主管讲习会，举办公司内部非正式的研习聚会 • 从事 TQM（全面质量管理）活动及其连续活动：在进行小集团运动和 CIS 连续活动时，可考虑采取以“推广提高工作环境形象”为主题的活动，并在 CI 导入中带入 TQM 活动
公司的积极公关	• 交换名片以利宣传：公司员工和外界人士接洽时，要留意向对方索取名片，索取对方名片时也要主动递出自己的名片。公司有新的公司名称时，要露出新的标志使对方加深印象 • 企业工作网的奖励：公司职员若能常常出席企业同行研修交流会，定能增长其见识，所以要积极奖励员工参加同行交流会以形成企业风气
彻底改善做法	• 改善员工电话应对态度：应对态度无内外之分，使用电话的部门应该对如何应对电话的问题做彻底的研究，制作并分发公司通用的“电话应对手册”，举办讲习会 • 推行礼貌运动：彻底推行日常礼貌运动

2．企业外部的行为识别

（1）**新闻宣传**。借助新闻媒介宣传企业形象是条最佳途径。新闻宣传在我国比广告宣传更具权威性和可信度，不少企业在导入CI时就明确提出塑造企业新闻形象的计划。

（2）**广告活动**。以塑造企业形象为直接目的的广告称为企业形象广告，旨在向社会公众宣传本企业特征，表明企业对社会所负的责任和为社会所做的贡献。企业形象广告的类型多种多样，如企业实力广告、企业理念广告、公益广告、企业时间广告、企业礼仪广告等。

（3）**社区交往**。按企业形象由近及远的传达规律，首先要与当地居民搞好关系。如何提高企业在其所在社区的形象呢？一般做法有：优先聘用当地居民；积极参加防止公害、保护当地自然景观与文化等公益活动；参与地方开发；欢迎各种社团参观和了解企业的一般作业状况；积极参与当地重大经济决策或建设项目；设立消费者窗口和服务地方社会的部门；关爱社区老人、儿童等。

（4）**大型活动策划**。企业通过大型活动策划来传达企业理念，宣传企业实力。在策划大型活动时，企业应首先确立自己的市场目标，然后针对目标顾客的需要开展相关活动。其次，对合乎企业身份的活动必须深入研究。活动必须含有深刻意义，且准备充分，细微之处不可马虎。一旦策划活动开始，就必须坚持到底。而且举办活动应成为每年的大事，维护企业形象不可半途而废。

案例9-2 支付宝借“锦鲤”热词营销

2018年国庆假期前一天，支付宝在微博借势营销，发起了“中国锦鲤”这一抽奖活动，规则为在10月7日从转发的用户中抽取一名幸运者，送上丰厚的礼包。在微博发出一小时内，200多家企业和机构迅速占领了评论区，除了提前安排的品牌官方微博，其他品牌也看到了联动营销的聚合力，自发在评论区送出奖品，为“中国锦鲤”增加礼物。据微博官方数据显示，该微博不到一天内转发量就破了百万，最终微博的转发数量超过了300万，评论数量超过了80万，点赞数量超过了30万。

支付宝此次营销活动取得了巨大成功的主要原因有两个：第一是支付宝借势了“锦鲤”这个自带传播性的概念，将“中国锦鲤”作为核心文案，可以带动用户的直接参与。第二是品牌的集中式参与和转发，进一步放大了此次活动的势能，同时也为品牌自身赢得了增量级曝光，共赢效果显著。活动开始一小时后，支付宝制作了礼品清单长图，丰富多元的礼品直击主流消费者的痛点，有效地撬动了用户的参与热情，引发了二次传播。中奖结果公布后，幸运儿“信小呆”及其发的微博“我下半生是不是不用工作了”又制造了强势话题，在活动的收尾阶段再次引发病毒式传播。

评述 支付宝“锦鲤”活动利用微博生态的流量和聚合能力，联合多家企业共同发力，通过社会化营销创意撬动裂变式传播，增强了与用户的互动，大大提高了品牌知名度。

9.2.4 企业视觉识别策略

企业视觉识别系统（VIS），是企业标志、标准字、标准色、名称等感觉、知觉信息传达要素的整合和统一。它是企业 CIS 的静态识别符号与具体化的传达形式，同时也是企业全部 MI 和 BI 集中而直接的反映。因此，在企业进行 CI 设计、导入及开发的过程中，VI 的设计是项目最多、层面最广、技术性最强和效果最直接的 CI 操作流程，也是决定 CI 设计成功与否的关键。

案例 9-3　拼多多 APP——VI 设计

拼多多 APP 的图形以喜庆且醒目的大红色为底色，内部由多个白色三角形组成了“爱心”形状，图形中央有一个剪纸“拼”字，使得整个图形既融合了现代折纸艺术与传统剪纸艺术，又呼应了品牌名称，同时表达了品牌对消费者的用心与爱心。除此之外，图形中每个三角形的内部用简洁的图标表现出了平台涵盖的数码电器、服饰箱包、食品饮料、美妆护肤、家居生活、水果生鲜等商品类目，这种通俗易懂的视觉传达方式更易让三四五线城市的消费者所识别和接受。

评述　拼多多 APP 的 VI 设计成功传达出了以客户为中心的经营理念，塑造了极具亲和力的电商平台形象。

VI 基本要素的系统设计方法包括如下几个方面。

1. 品牌名称设计

品牌名称设计应表现出企业性质、事业内容、经营理念、企业规模、产品特征等企业的基本形象特点。如果品牌名称与企业的理念精神、经营实态不符，就会失去符号的指称意义。

品牌名称设计的基本技巧如下。

①品牌名称设计应注重文化意蕴。有丰富文化意蕴的品牌名称，可以激励企业全体成员创造品牌的主动性、积极性，缩短企业及其产品与公众之间的心理距离，赢得公众的理解、认同和厚爱。如“同仁堂”蕴含“同修仁德”之意；“海尔”蕴含“海尔是海”“海之胸怀”之意等，这些有着丰厚文化意蕴的品牌，都会产生强大的感召力和激发力。

②品牌名称设计应注意选择正能量的字眼，避免出现负面的字、词及其谐音，否则在拓展市场的时候容易受阻。

③品牌名称设计不可哗众取宠，取“怪名”。与众不同的品牌名称虽然能增加企业的吸引力，但一味求“奇”追“怪”只会适得其反，严重者还会损害企业形象。

注意点

设计品牌名称时，应注意：

（1）名字要单纯、简洁、明快，易于和消费者进行信息交流，而且名字越短，就越有可能引起公众的遐想，含义更丰富，企业及其品牌的名称要能够准确表达企业及其品牌的实质信息。

（2）品牌名称应具备独特的个性，力戒雷同，避免与其他企业或品牌混淆，品牌名称设计要有新鲜感，跟上时代潮流，创造新概念。

（3）品牌名称要响亮，易于上口。难发音或音韵不好的字、难写或难认的字、含义或意译不佳的字、字形不美的字，都不宜用作产品或企业的名称。例如，可口可乐、劳斯莱斯、沃尔沃等名字元音与辅音间隔，音节回环往复，犹如诗歌一般，朗朗上口，便于记忆。

总之，一个好的品牌名称，必须具备以下特点：易读易记，利于传播；内外合一，名副其实；超凡脱俗，与众不同；字义和谐，搭配得当；寻求规律，力求创新；讲究韵律，富有美感；打破常规，灵活多变；古今文化，相互结合（字音、字意、字形、美学、民俗等）。另外，为企业、产品、商标取名前还需要考虑当地文化、民族文化、国际化市场需求、市场开拓的便利性等。然而，要达到此目的，还应重视“单一名称的张力”。单一名称的策略有助于突出品牌形象，以最小的广告投入获得最佳的传播效果。

案例 9-4 宝马中国——品牌名称设计

BMW 的是英文“Bayerische Motoren Werke”的缩写，翻译成中文是巴伐利亚汽车制造厂的意思。1916 年，两位工程师卡尔·拉普和马克斯·佛里茨在德国慕尼黑创建了巴依尔飞机公司。1918 年，公司更名为巴伐利亚发动机制造股份公司并公开上市。

1992 年之前，BMW 汽车在中国市场上被音译为“巴依尔”，但是，公司通过调查发现中国消费者对这一名字普遍感到陌生，于是，BMW 汽车把“巴依尔”改为“宝马”，既突出了宝马车系高贵豪华的气质，又与中国的传统称谓“宝马香车”相符合，同时发音也与 BMW 相差不大，因此受到了消费者的广泛关注。

评述 宝马的名字既契合了音译，又简洁明了、神形兼备，推动了 BMW 在中国的发展。

2. 标志设计

标志是企业（产品）精神内涵的形象表达，即运用特定的造型、图案、文字、色彩等视觉语言来表达或象征某一企业（产品）的形象。标志分为企业标志和产品标识两种。企业标志是从事生产经营活动的经营实体的标志，产品标识是用于区别不同生产者和经营者的商品和服务的标志，注册后又叫商标。企业标志和产品标识可以是分离的，也可以是统一的。当代社会，由于传播信息的日益繁杂和国际化的市场营销趋势，越来越多的企业采取了企业标志和产品标识合为一体的统一化市场策略，以便于消费者在不同场合对企业和产品的认知，使企业和产品的知名度相辅相成，发挥整合传播的作用。

知识点

标志设计的题材与形式：

- 以企业品牌名称为题材；
- 以企业品牌名称字首为题材；
- 以品牌名称或图案与字首组合为题材；
- 以企业文化或经营理念为题材；
- 以企业品牌名称的含义为题材；
- 以企业品牌的传统历史或地理环境为题材；
- 以企业经营内容或产品造型为题材。

3. 标准字设计

标准字种类繁多，作为视觉符号，能表达丰富的内容。无论含义丰富的拉丁字母，还是风格多样、变化无穷的汉字书法或美术字，在标准字的设计中都要求精细独特，在线条粗细、笔画搭配、字距宽窄、造型均衡等方面有周密的安排，使之具有美感和平衡感。

标准字的设计造型应与标志造型风格一致，融为一体，以完整传达企业的形象。同时，标准字的设计应便于推广和应用。它们应适用于在各类媒体上进行放大、缩小、反白和边框处理。不同材料和空间位置的处理都应得体，甚至在不采用标志的情况下，也能独立发挥识别、象征等功能。

知识点

设计专家发现，“由细线构成的字体”易让人联想到纤维制品、香水、化妆品类；“圆滑的字体”易让人联想到香皂、糕点和糖果等；“角形字体”易让人联想到机械类、工业用品类产品。

4. 标准色选择

能刺激人们视觉的因素按程度深浅顺序依次是色彩、图形和文字。色彩的信息力量特别大，企业应选定适合自己的标准色，作为形象塑造的基本要素之一。标准色是企业经过特别设计选定的代表企业形象的特殊颜色，广泛用于标志识别、广告、包装、服饰、建筑物等应用项目中，它能使消费者产生固定的意识，在纷杂的信息竞争中起到聚焦消费者目光的作用。

企业对标准色的选择应注意色彩对社会公众具有的心理效应。色彩的心理效应在与商品、情境、人的理解的相互关系中形成，然后辐射到对企业及其产品的认识和态度上，所以首先要了解色彩如何作用于人的思想与感情。结合色彩的心理效应，根据企业性质和风格来选择标准色。

实用链接：标准色的设计原则

- 标准色的设计应当突出企业风格，体现企业的性质、宗旨和经营方针。要表现高科技，选蓝色或暗色调；要有高雅的感觉，则选用淡色调。另外，标准色的具体设计，应注意颜色的搭配。标准色不宜选用太多，一般为 1~2 种，色彩之间主辅区别，搭配色和重点色的使用应谨慎，复合色彩应既有调和又有对比，才能增加色彩的律动，产生美的效果。
- 标准色的设计要有意制造差别，显示企业个性。只有选定与其他企业有差别的色彩，才能增强公众对本企业的识别性。
- 标准色的设计还应符合消费者心理，利于市场销售。
- 标准色的设计要符合民族色彩偏好。由于人们的思维形式受其民族文化的影响，不同的社会、环境、知识构成，使得不同民族之间存在一定差异，从而色彩的象征意义各不相同，每个民族都有自己独特的色彩偏好。

本章要点

- 企业形象策划是指以分析预测为基础，以形象目标的确定和形象定位为重点，确定企业形象塑造活动的战略和策略，并制订最佳计划方案的过程。
- CI 的最终目的就是不断地推进和开创企业新形象，是企业形象策划的核心内容。企业形象策划应遵循全方位推进原则、以公众为中心原则、实事求是原则、求异创新原则和两个效益兼顾原则。
- 企业形象系统主要由理念形象、行为形象和视觉形象组成。
- 企业形象策划的策略主要有 CI 导入策略、企业理念识别策略、企业行为识别策略和企业视觉识别策略。

练习题

（1）你知道什么是 CI 吗？请查找相关资料并加以综合，用自己的话进行描述，比较资料与教材上的异同。

（2）什么是企业形象？它与 CI 有什么样的关系？

（3）企业形象管理工作是否有效，在很大程度上取决于策划的成败。对此观点你是否赞同？企业形象策划应遵循什么样的原则？

（4）企业形象由哪几个层次组成？分别有什么特点与内涵？

实训项目：企业视觉识别

【实训目标】

（1）了解企业形象系统的组成；

（2）了解 VI 基本要素系统的设计与技巧；

（3）培养学生的实践动手能力。

【实训内容与方法】

两人比赛，每人准备一张 A4 纸和一支笔，在 5 分钟内，列举你所知道的品牌名称和标志设计，看谁列举得又多又准确，并且说明这些品牌让你印象深刻的原因。结束后全班同学就两位同学的表现再结合教材内容谈谈 VI 系统设计的方法和技巧。

经典案例赏析

麦当劳——全面导入 CI 策划

麦当劳公司是世界上最大的快餐集团，其著名的“M”形商标赫然闪耀，使人们很容易辨认。麦当劳已成为一种全球商品，在世界市场上形成一种快餐文化，其企业形象已在消费者心中扎下了根。麦当劳公司的成功很大程度上归功于它的 CI 策划。具体地说，有如下几个方面。

1．明确的企业理念

麦当劳的企业理念是“Q、S、C、V”，即向顾客提供高质量的产品，快速、准确、友善的优良服务，清洁优雅的环境，以及做到物有所值。麦当劳几十年来始终如一地遵守这个理念，并落实到每项工作和员工的行动中去。

（1）Q（Quality），即质量。麦当劳制定了一套严格的食物质量标准。麦当劳的食品达到了标准化，做到了无论国内还是国外，所有分店的食品质量和配料都一样。坚持不卖味道差的食品，所有食品时限一过，就马上舍弃不卖。

（2）S（Service），即服务。为了满足大批出门的旅客对休息和吃饭场所的需要，在美国，麦当劳在高速公路两旁和郊区开设了许多分店，在距离店铺不远的地方，装上许多通话器，上面标着醒目的食品名称和价格，外出游玩和办事的乘客经过时，只需要打开车窗门，向通话器报上所需的食品，车开到店侧小窗口，就能一手交钱一手取货，然后马上驱车赶路。如此周到的服务，使这种生意几乎被麦当劳一家独揽。

（3）C（Clean），即清洁。麦当劳对员工的个人卫生、行为及店堂卫生都有严格的执行标准。

（4）V（Value），即价值。麦当劳的企业理念，起初只有“Q、S、C”，后来又加上“V”。“V”表示价值，强调麦当劳“提供更有价值的高品质物品给顾客”的理念。

为了彻底贯彻企业理念，麦当劳在芝加哥的总部派出“地区巡回督察团”，每月不定期到各地经销店、公司直营店巡视，对全世界几千家连锁店一视同仁。督察团巡视完毕后，把审查结果向总公司或该地区的总部报告，如果审查结果不良，该店店长考绩就会受到影响。

2．严格统一的行为规范

为了使企业理念“Q、S、C、V”（质量、服务、清洁、价值）能够在连锁店贯彻执行，保持企业稳定，麦当劳将每项工作都做到了标准化、规范化，即“小到洗手有程序，大到管理有手册”。麦当劳的行为规范都详细写在了麦当劳营运训练手册、岗位工作检查表、袖珍品质参考手册及管理发展手册里，供企业人员遵守执行。

3．麦当劳的企业标志

麦当劳取其英文名称的第一个字母“M”为企业标志。标准色采用金黄色，标志用寓意和象征图形相结合的方法，“M”既是公司英文名称的第一个字母，又被设计成象征双臂打开的黄金双拱门，表示欢乐与美味，象征着麦当劳以“Q、S、C、V”像磁石一般不断地把顾客吸引进这座欢乐之门。

麦当劳叔叔是麦当劳的吉祥物，他亲切幽默，象征着祥和、友爱和欢乐，永远是顾客的朋友和社区的一分子，他时时刻刻为社区的发展贡献自己的一份力量。

4．麦当劳的广告公关

如果说运营是一门科学，那么促销就是一种艺术了。

自1959年开始，麦当劳公司开始与加盟者签约规定：必须把营业额的2.5%用于广告营销。麦当劳在美国每年要花6亿美元的广告费，其中大部分用在电视广告上。此外，参加公益活动也是麦当劳引起公众注意的重要方法之一。麦当劳总公司要求连锁店店主参加当地的公益活动，使之成为地方新闻报道的热点。由于公关宣传运作的成功，麦当劳的事业如日中天。

思考讨论题

（1）麦当劳成功的因素源于多方面，但有一条是最重要的，就是对顾客和市场的尊重，你认同这一看法吗？为什么？

（2）请你列出一个企业形象策划的失败案例，并与本案例进行对比分析。

（3）“策划决定成败”，结合本案例，你对这句话有没有更新的诠释？

CHAPTER 10

第 10 章　网络营销策划

学习目标

☑ 定义网络营销和网络营销策划　　☑ 定义电子商务及与网络营销的关系

☑ 描述网络营销系统开发的内容　　☑ 描述网络营销策划的内容和步骤

☑ 说明网络营销策划的策略与技巧

关键词：网络营销，网络营销策划，域名，搜索引擎，病毒式营销，电子商务，社交电子商务，饥饿营销，B2B，B2C，C2C，C2B，O2O

10.1　网络营销策划概述

互联网技术的发展在全球范围内掀起了一场新的经济革命，这场以高科技为主要突破口的技术革命，强烈地冲击着传统的生产方式和产业结构，将社会生产力推进到一个前所未有的发展阶段，网络营销也伴随着这场技术革命向更高层次发展。

10.1.1　网络营销的兴起

当今世界是一个充满营销的时代，只要人们所能触及的地方，就有营销活动。同样，作为信息交换平台的网络，其中的营销活动也正在频繁地进行着，并且呈愈演愈烈之势。

1. 网络营销的概念

网络营销（On-line Marketing 或 E-Marketing）是以互联网为基础，利用数字化的信息和网络媒体的交互性来辅助实现营销目标的一种新型的市场营销方式。狭义的网络营销是指组织或个人基于开放便捷的互联网，对产品、服务所做的一系列经营活动，从而满足组织或个人需求的全过程。广义的网络营销概念包括网上营销、互联网营销、在线营销等。网络营销不是几个弹出的广告，不是“百度+阿里巴巴”，不是“BBS 发帖”，而是一系列经营活动的整合，如网站建设、BBS 推广、竞价排名、网络新闻、网络专题、博客、视频、电子杂志、在线访谈、贴吧等。如何用一根“线”把零散的推广元素串成一条“链”，是网络营销的核心。

知识点

截至 2019 年 6 月 30 日，全球网民数量已达 44.22 亿，占全球总人口的 1/2 以上。庞大的网民数量，带来了巨大的商机。在欧美国家，90%以上的企业都建立了自己的网站；通过网络寻找自己的客户，寻找需要的产品，这已经成了习惯。国内大部分企业也开始建立自己的网站，客户想购买什么，特别是首次购买时，会先在网上进行初步的查找和选择，再进一步与供应者取得联系。网上庞大的消费群体及企业商务习惯的变化，给网络营销提供了广阔的空间。

数据更新：sohu.com/a/327650150_120209653

资料来源：冯英健. 网络营销基础与实践（第4版）. 北京：清华大学出版社，2013.

2. 网络营销的特点

（1）**交互性**。网络是一个双向沟通的媒体，对每个上网者而言都是平等的。在网络营销中，顾客可以在企业的网站上浏览，能够在线提交表单，在留言本上留下意见，从常见问题解答（Frequently Asked Questions，FAQ）中找到问题的解决方案，或者通过聊天室、BBS等形式与企业人员进行在线的交流与沟通。企业则可以通过这些方式及时了解顾客的需求，针对顾客的意见和建议做出反馈并进行相应的处理。

（2）**个性化**。在产品与服务更为发达的今天，顾客有了更多的选择机会。每个顾客都愿意选择那些最能满足自身需求的产品。在这种情况下，顾客可以通过网络方便地在多种备选产品中进行挑选，甚至还可以参与产品的设计过程，协助企业生产满足自身需求的产品。例如，在戴尔公司的网站上，顾客可以在网站的帮助下，挑选最适合自己的计算机系统。用户既可以选择戴尔的推荐配置，也可以根据自身的实际需求选择不同的部件，由戴尔完成机器的定制化生产。

（3）**低成本**。由于网络营销所采用的是互联网这一综合数字信息媒体，只要是数字化的信息均可以通过网络进行传递，并且这种传递延时几乎可以忽略不计，这从根本上降低了营销成本。

（4）**高度竞争**。网络极大地拓展了人们的思维空间，几乎所有想知道的信息都可以通过网络获得，这使企业想通过信息的不对称性牟取高利润变得越发不可能。同时，企业与企业间的差别也越来越小，提供同一种商品或服务的企业可能有许多家，消费者通过网络可以方便地比对各家的产品，从中选择最佳的，所以，企业要想生存，就必须不停地开发新产品，满足细分市场上顾客的需求。

10.1.2 网络营销策划的原则

所谓兵马未动，粮草先行，企业进行网络营销时最重要的是进行相应的准备和策划，在进行网络营销之前，很多企业都会首先进行网络营销策划，从而保证自己稳健地走好网络营销的每一步。

网络营销策划是为了达成特定的网络营销目标而进行的策略思考和方案规划，它是一项复杂的系统工程。网络营销策划属于思维活动，但它是以谋略、计划等理性形式表现出来的思维活动，可以直接用于指导企业网络营销实践。网络营销策划有以下几个原则。

1. 系统性原则

网络营销是以网络为工具的系统性的企业经营活动，是在网络环境下对市场营销的信息流、商流、制造流、物流、资金流和服务流进行管理。因此，网络营销方案的策划，是一项复杂的系统工程。策划人必须以系统论为指导，对企业网络营销活动的各种要素进行整合和优化。

2．创新性原则

网络为顾客对不同企业的产品和服务所带来的效用和价值进行比较带来了极大的便利。在个性化消费需求日益明显的网络营销环境中，通过创新，创造和顾客的个性化需求相适应的产品特色和服务特色，是提高效用和价值的关键。

3．操作性原则

网络营销策划的第一个结果是形成网络营销方案。网络营销策划方案必须具有可操作性，否则毫无价值可言。这种可操作性，表现为在网络营销方案中，策划人根据企业网络营销的目标和环境条件，就企业在未来的网络营销活动中做什么、何时做、何地做、何人做、如何做的问题都进行了周密的部署、详细的阐述和具体的安排。

4．经济性原则

网络营销策划必须以经济效益为核心。网络营销策划不仅本身消耗一定的资源，而且通过网络营销方案的实施，还可改变企业经营资源的配置状态和利用效率。网络营销策划的经济效益，是策划所带来的经济收益与策划和方案实施成本之间的比率。成功的网络营销策划，应当是在策划和方案实施成本既定的情况下取得最大的经济收益，或者花费最小的策划和方案实施成本取得目标经济收益。

5．协同性原则

网络营销策划应该是各种营销手段的综合应用，而不是各种方法的单独使用。诸如论坛、博客、社区、网络媒体等资源要协同应用才能真正达到网络营销的预期效果。

知识点

病毒性营销（Viral Marketing，也可称为病毒式营销）是一种常用的网络营销方法，常用于网站推广、品牌推广等。病毒性营销利用的是用户口碑传播的原理，在互联网上，这种“口碑传播”更为方便，可以像病毒一样迅速蔓延，因此，病毒性营销成为一种高效的信息传播方式，而且由于这种传播是用户之间自发进行的，因此是一种几乎不需要任何费用的网络营销手段。

案例 10-1　星巴克“猫爪杯”的饥饿营销

2019 年 2 月 26 日，星巴克推出春季版“2019 星巴克樱花杯”，“樱花杯”系列里的“猫爪杯”在网络上爆红，有关“星巴克猫爪杯”的百度指数和微信指数直线上升。

人们连夜排队购买“猫爪杯”的奇景使星巴克“猫爪杯”的热度更加上涨，一时间，社交网络上的“猫爪杯”成为“众矢之的”。

星巴克通过营造“猫爪杯”求过于供的感觉，使“猫爪杯”狠狠地火了一把。“猫爪杯”只能接受预定，且每天限量1 000～3 000个，这场饥饿营销的操作把一个普普通通的玻璃杯从原价199元炒到了600多元。

评述 “得不到的永远在骚动”，越是得不到的商品，消费者的心里就越是想得到。“千金难买”的商品切中的是消费者的求名心理、求新心理、好奇心理、从众心理。

10.2 电子商务及其与网络营销的关系

近年来，电子商务快速发展，对经济社会的影响不断增大，正成为我国经济发展的新引擎。利用好这个新引擎，对于启动消费、扩大内需、转变经济发展方式具有重要意义。数据显示，2019年1—11月份，全国网上零售额达到94 958亿元，同比增长16.6%。其中，实物商品网上零售额达到76 032亿元，增长19.7%，占社会消费品零售总额的比重为20.4%，直播电商新模式发展迅猛。

10.2.1 电子商务的概念与特点

电子商务通常是指在全球各地广泛的商业贸易活动中，在互联网开放的网络环境下，基于浏览器/服务器应用方式，买卖双方不谋面地进行各种商贸活动，实现消费者的网上购物、商户之间的网上交易和在线电子支付及各种商务活动、交易活动、金融活动和相关的综合服务活动的一种新型的商业运营模式。与传统商务形式相比，电子商务有以下几个特点。

（1）**市场的全球化**。凡是能够上网的人，无论在南非上网还是在北美上网，都将被包容在一个市场中，有可能成为上网企业的客户。

（2）**交易的快捷化**。电子商务能在世界各地瞬间完成传递与计算机自动处理，而且无须人员干预，加快了交易速度。

（3）**交易虚拟化**。通过以互联网为代表的计算机互联网络进行的贸易，双方从开始洽谈、签约到订货、支付等，无须当面进行，均通过计算机互联网络完成，整个交易过程完全虚拟化。

（4）**成本低廉化**。由于通过网络进行商务活动信息成本低，可节省交通费，且减少了中介费用，因此整个商务活动的成本大大降低。

（5）**交易透明化**。电子商务中双方的洽谈、签约，以及货款的支付、交货的通知等整个交易过程都在电子屏幕上显示，因此显得比较透明。

（6）**交易连续化**。国际互联网的网页，可以实现24小时服务。任何人都可以在任何时候向网上企业查询信息，寻找问题的答案。企业的网址成为永久性的地址，为全球的用户提供不间断的信息源。

10.2.2　电子商务与网络营销的关系

网络营销和电子商务是一对紧密相关又具有明显区别的概念，建立一个普通的网站不是开展电子商务，在网上销售商品也不是网络营销。冯英健在《网络营销基础与实践》一书中认为“网络营销不等于电子商务”，主要是基于以下两个方面的考虑。

1．电子商务与网络营销的相同之处

（1）**技术基础相同。**电子商务与网络营销都是借助计算机网络来进行的经济活动，两者都是依靠企业内联网来实现资源在企业内部的共享，完成管理信息在企业内部的上传下达，促进企业各部门之间的相互协调，实现企业内部高效率、低成本的信息化管理；都借助互联网的信息结构，实现与贸易伙伴、消费者之间的网络业务信息共享，有效地促进现有业务进程的实施，对市场等动态因素做出快速响应并及时调整当前业务进程，使网络交易顺利进行。而且，在这一过程中，两者都是基于网络信息技术，进行文本、图像、声音等数据传输，遵循 TCP/IP 协议和 Web 信息交换标准，采用相应的安全标准提供安全保密技术。

（2）**商务活动内容相同。**电子商务与网络营销都包括面向市场的以市场交易为中心的活动，即都包括促成交易实现的各种商务活动（如网上商品展示、网上公关、网上洽谈等活动）和实现交易的电子贸易活动（主要是利用互联网实现交易前的信息沟通、交易中的网上订单传递与支付、交易后的售后服务等），以及利用企业内联网进行人事、财务等信息化管理等。

2．电子商务与网络营销的不同点

（1）**两者内涵不同。**网络营销是企业整体营销战略的一个组成部分，无论传统企业还是互联网企业都需要网络营销，但网络营销本身并不是一个完整的商业交易过程，只是促进商业交易的一种手段。电子商务主要是指交易方式的电子化，它是利用互联网进行的各种商务活动的总和，我们可以将电子商务简单地理解为电子交易，它强调的是交易行为和方式。

（2）**两者关注重点不同。**“网络营销”的重点在交易前阶段的宣传和推广。无论传统企业还是基于互联网开展业务的企业等都需要网络营销，但网络营销本身并不是一个完整的商业交易过程，而是为促成交易提供支持，尤其在交易发生之前，网络营销发挥着主要的信息传递和推广作用。

“电子商务”完成的标志是实现了电子化交易。从定义来看，它强调的是交易行为和交易方式，注重的是电子与商务的结合。从某种意义上说，电子商务可以被看作网络营销的高级阶段，一个企业在没有完全开展电子商务之前，同样可以开展不同层次的网络营销活动，网络营销是基础，是前提。因此，下面将重点阐述网络营销策划的内容、步骤及策略。

知识点

社交电子商务（Social Commerce）是电子商务的一种新的衍生模式。它借助社交网站、SNS、微博等社交媒介和网络媒介的传播途径，通过社交互动、用户自生内容等手段来辅助商品的销售。在Web 2.0时代，越来越多的内容和行为是由终端用户来产生和主导的，如博客、微博的兴起。

10.3 网络营销策划的内容

网络营销与传统营销最主要的区别在于它是通过网络这一信息平台进行的营销活动。网络营销策划是一项系统的工程，一般可分成下述几大模块。

（1）**网络营销赢利模式策划**。主要解决通过什么途径来赚钱的问题。

（2）**网络营销项目策划**。此策划加上赢利模式就相当于一份商业计划书，主要解决我们是谁、我们做什么、我们的核心优势、我们靠什么赚钱、我们的目标是什么、我们应该怎样实现目标等一些宏观层面的问题。同时需要将具体的行动编制成甘特图，也就是行进路线和进度控制。

（3）**网络营销平台策划**。主要解决策划建设网站还是借助第三方平台的问题。如果选择建设网站，则要思考网站从结构逻辑、视觉、功能、内容、技术等方面怎么去规划？此策划要和赢利模式相匹配。

（4）**网络推广策划**。主要解决网站如何推广、品牌产品如何推广、如何广而告之、如何吸引目标客户、通过什么手段来传播推广、有什么具体的操作细节和技巧、怎么去执行等问题。

（5）**网络营销运营系统策划**。本书将网络营销策划的内容主要分为两大方面，一是网络营销系统的开发，二是网络营销“4P”策略的制订。

10.3.1 网络营销系统开发策划

网络营销系统的开发和建设涉及很多企业、部门和环节，因此，系统的开发和建设必须遵循一定的开发方式和建设步骤。

1. 网络营销系统的开发方式

（1）**购买通用商用系统**。购买通用商用系统是实施网络营销系统开发的捷径。

（2）**自行开发**。如果企业本身具有一定的技术能力，有一批开发信息系统所需要的复合型人才，往往希望自行开发系统，使其更好地满足需求。

（3）**委托开发**。大多数单位不具备自行开发系统的能力，这时可以考虑委托外单位开发网络营销系统。

（4）**合作开发**。与外单位合作开发系统，同时具备自行开发、委托开发两种方式的优点。

2．网络营销系统的开发流程

网络营销系统的开发流程如图 10-1 所示。其中，测试可细分为单元（模块）测试、集成测试和验收测试。实施与评价包括培训、转换、使用、评价和维护等项内容。通过测试后系统要进行一定时间的试运行来验证其质量。当然，还需进行培训和转换。培训是对系统维护人员和最终使用该系统的直接用户分别进行相关内容的指导。在旧系统向新系统过渡所需要的所有活动中应排出一个详尽的转换计划，以确保转换的平稳性与安全性。

网络营销系统开发策划包括网络搜索引擎策划和信息发布策划两种方式。

3．网络搜索引擎策划

搜索引擎是对互联网上的信息资源进行搜索整理，然后供访问者查询的系统，包括信息收集、信息整理和用户查询 3 部分，是一个为访问者提供信息检索服务的工具，帮助人们在茫茫网海中搜寻到自己所需要的信息。

在网络营销中，搜索引擎优化有利于提高网站排名和网站访问量，最终提升网站的销售能力或宣传能力。下面是进行搜索引擎优化时需特别考虑的问题。

（1）**关键词**。确定网站的核心关键词。

（2）**域名**。域名中最好含有企业的关键字，并且采用连字符“.”将该关键字单独凸显出来，以方便搜索引擎识别。

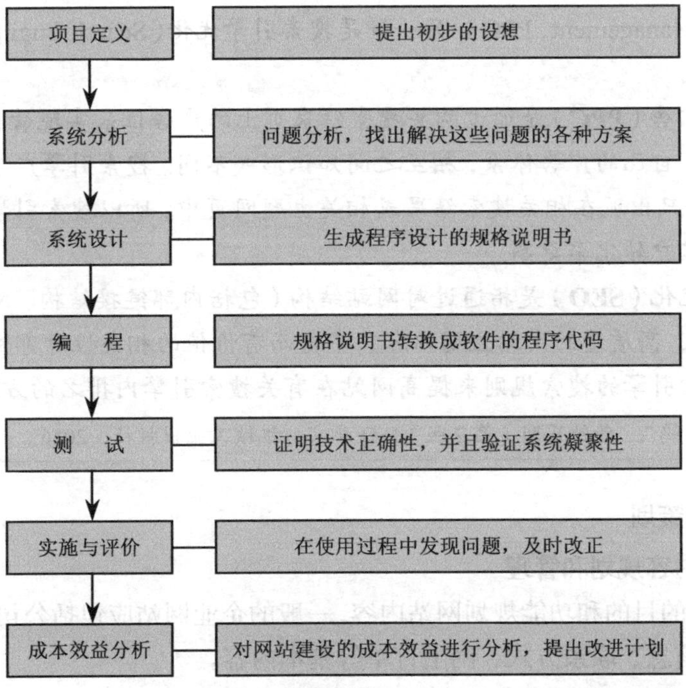

图 10-1　网络营销系统的开发流程

（3）**虚拟主机**。目前大都是多个中小网站共享一台虚拟主机，拥有同一 IP 地址。

（4）**网页文件目录**。有序合理地安排文件目录结构，规范命名。

（5）**外部文件存储**。把 JavaScript 文件和 CSS 文件分别放在其外部文件中。这样做的好处是把重要的页面内容放到页面顶部，同时能缩小文件，有利于搜索引擎快速、准确地抓取页面重要内容。

（6）**动态效果**。动态页面就是采用 ASP、PHP、CGI 等程序动态生成的页面。

（7）**框架结构**。如果网站一定要用到框架，则应正确地使用 No ~ ame 标签，在区域中包含指向框架页的链接或带有关键词的描述文本，同时在框架以外的区域也出现关键词文本。

（8）**图片**。在图片的代码中运用 Alt 属性标签进行说明，含关键词，同时在图片旁边也加上含关键词的文本注释。

（9）**网站地图**。基于文本的网站地图内含网站所有栏目和子栏目。

（10）**链接**。尽可能多地让其他与主题相关的网站链接。有了这些网站的链接，即使不向搜索引擎提交网站，搜索引擎也会找到网站并给予好的排名。

（11）**网站内容**。需要注意的是，搜索引擎优化不能只考虑搜索引擎的排名规则，更重要的是要为用户获取信息和服务提供方便，搜索引擎优化的最高目标是为了用户，所以搜索引擎优化还需重视网站内容的优化。

知识点

搜索引擎营销目前主要有两大模式：一种是竞价排名广告模式，也称点击付费广告（Pay Per Click Management，PPC）；另一种是搜索引擎优化（Search Engine Optimization，SEO）推广模式。

点击付费广告（PPC）是通过购买搜索结果页上的广告位来实现营销目的。各大搜索引擎都推出了自己的广告体系，相互之间知识形式不同。搜索引擎广告的优势是相关性的，由于广告只出现在相关搜索结果或相关主题网页中，所以搜索引擎广告比传统广告更加有效，客户转化率更高。

搜索引擎优化（SEO）是指通过对网站结构（包括内部链接结构、网站物理结构、网站逻辑结构）、高质量的网站主题内容、丰富而有价值的相关性外部链接进行优化，使网站利用搜索引擎的搜索规则来提高网站在有关搜索引擎内排名的方式。

资料来源：马鸿飞．营销策划（第 2 版）[M].北京：机械工业出版社，2016

4．信息发布策划

（1）网站的内容规划和管理

① 根据网站的目的和功能规划网站内容，一般的企业网站应包括公司简介、产品介绍、服务内容、价格信息、联系方式、网上订单等基本内容。

② 电子商务类网站要提供会员注册、详细的商品服务信息、信息搜索查询、订单确认、

付款、个人信息保密措施、相关帮助等。

③ 如果网站栏目比较多，则考虑采用专人负责网站编程相关内容。网站内容是网站吸引浏览者最重要的因素，无内容或不实用的信息不可能吸引匆匆浏览的访问者。可事先对人们希望阅读的信息进行调查，并在网站发布后调查人们对网站内容的满意度，以便及时调整网站内容。

④ 注重网页设计。用户界面是帮助用户浏览站点和控制与站点交互的重要工具。好的界面应该能帮助用户很顺畅地找到他们所需要的信息。因此，应尽量采用熟知的、已经约定俗成的惯例来设计用户界面。

在这一环节，要做好以下工作：将企业文化很好地与界面融合，并合理分配版面来确保信息的传达，美化界面以使其更吸引人，确保它能给用户带来舒适的站点体验。例如，中国石油天然气集团公司的主页，就很好地把石油资源和保护生态结合起来，给人一种愉悦的感受，如图 10-2 所示。

（2）信息发布渠道管理

常用的网络营销信息发布媒介包括：门户网站的广告、新闻；行业网站、专业网站的供求信息平台；网络社区论坛、二手市场；公司网站、个人网站、微博、微信等。

图 10-2　中石油天然气集团公司主页

注意点

（1）网页美术设计一般要与整体形象保持一致，要符合 CI 规范，要注意网页色彩、图片的应用及版面规划，保持网页的整体一致性。

（2）在新技术的应用上要充分考虑主要目标访问群体的分布地域、年龄阶层、网络速度、阅读习惯等。

（3）制订网页改版计划，如投入半年到一年时间进行较大规模的改版。

10.3.2 网络营销“4P”策略的制订

1. 网络产品策划

（1）网络营销产品的特点

① 以无形的服务产品为主。服务产品和实体产品有着质的差异。绝大多数服务产品的生产过程与消费过程是同时进行的，且一般由消费决定生产。另外，服务产品的交易不存在所有权的转让，即只有服务的交换过程而无物流过程。服务产品的这些特征非常适合网上交易，因为生产者无须预先备有库存，需求者却可随时从网上直接获取产品，无须实物交割和中间媒介。因此，服务产品，尤其是提供信息服务和数字化服务的产品，已成为网络营销的主体。

② 以匀质商品为主。匀质商品是指像书籍、计算机、机票和股票之类的产品，其特点是购买决策的做出无须经过对产品的尝试和直接观察，即商品的物理外表无关紧要，商品的内容和品牌才是其核心，消费者只要在网上了解了它们的品牌或内容，就可做出购买的决策。

（2）网络营销产品开发策划

① 网络营销新产品构思与概念的形成。网络营销新产品开发的首要前提是新产品构思和概念的形成。新产品的构思有多种来源，但最主要还是依靠顾客来引导产品的构思。网络营销的一个最重要特性是与顾客的交互性，它通过信息技术和网络技术来记录、评价和控制营销活动，掌握市场需求情况。网络营销通过其网络数据库系统处理营销活动中的数据，并从中发现顾客的现实需求和潜在需求，从而形成产品构思。通过对数据库的分析，可以对产品构思进行筛选，并形成产品的概念。

② 网络营销新产品研制。顾客可以全程参与概念形成后的产品研制和开发工作。顾客参与新产品研制与开发不再是简单地被动接受测试和表达感受，而是主动参与和协助产品的研制与开发工作。与此同时，与企业关联的供应商和经销商也可以直接参与新产品的研制与开发。通过互联网，企业可以与供应商、经销商和顾客进行双向沟通和交流，最大限度地提高新产品的研制与开发速度。

③ 网络营销新产品试销与上市。网络市场作为新兴市场，消费群体一般具有很强的好奇性和消费领导性，比较愿意尝试新的产品。因此，通过网络营销来推动新产品试销与上市，是比较好的策略和方式。

案例 10-2 《知否，知否，应是绿肥红瘦》产品营销，打造爆款

作为热播大剧，《知否，知否，应是绿肥红瘦》（下文简称《知否》）在优酷播放量突破2亿，而《知否》火热的背后，除了原著的影响力，还与自身的营销手段也密切相关。

（1）赵丽颖与冯绍峰婚讯

随着官宣体的火热，《知否》的热度也获得了再一次的提升，毕竟该剧的男女主正是赵丽颖与冯绍峰，这也为该剧带来了很多流量与曝光率。

（2）知否体

2019 年第一天，冯绍峰发了一条微博："知否知否，应是一家三口"，还附上了期待、爱心的表情，正式向外界宣布赵丽颖怀孕的消息。言简意赅却又一箭双雕，借机宣传了一波新剧。随着"知否体"的火热，网友们也纷纷开发脑洞，开始造句。

（3）高流量宣传

在电影《海王》热播时，有网友发现，《知否》的宣传片段竟然也植入其中，这次植入宣传给《知否》又带来了一波热度。

（4）IP 衍生方面

近两年，IP 这个词汇出现得越来越多，作为超级 IP 的《知否》将衍生品授权给阿里影业旗下衍生品授权与开发平台阿里鱼独家代理。阿里鱼与淘宝网红尝试直播带货新模式，"知否款"牛仔裤上线 5 000 套 1 秒被抢断，首批直播 13 500 件售罄，累计销售额达 200 万元。

资料来源：https://mp.weixin.qq.com/s/c5szjSgsyX3L_Lkjaa7N9Q

评述　从上面各种营销方式看来，无论是借势也好，造势也罢，其实都是在引流。毕竟在这个流量为王的时代，我们无论采取哪些方式，第一要素都是要紧紧抓住流量，然后再采取其他方式。

2．网络价格策划

（1）**网络价格的特点**。价格策略一直是营销理论研究中的一个难题，因为价格对企业、消费者乃至中间商来说都是最为敏感的问题。互联网和网络营销的发展，为人们解决这一难题找到了一条出路。与传统市场的产品价格相比，网络营销中的产品价格体现出下列新的特点。

① 价格水平趋于一致。在互联网环境中，需求者和竞争者可以通过网络获得相关产品的价格信息，并与其他企业的同类产品进行比较，经过买卖双方的多次博弈，价格的差异将不再明显，这对采用差别化定价的公司来说将会产生重要的影响。

② 自由竞争化。互联网使企业进入了一个新的自由竞争时代，通过垄断获得超额利润的机会会越来越少，技术进步的速度则越来越快。

③ 价格趋低化。网络营销使企业的产品开发、促销等成本降低，因而企业可以进一步降低产品价格；另外，由于网络扩展了用户的选择空间，消费者的议价能力增强，这也是迫使企业不断降低产品价格的原因之一。

④ 弹性化。网络营销的互动性使用户可以与企业就产品的价格问题进行协商，实现灵活的弹性价格。

⑤ 智能化。企业通过网络不仅可以完全掌握产品对用户的价值，而且可以根据每个用户对产品的不同需求，生产定制产品，由于在产品的设计与制造过程中，数字化的处理机制可以精确地计算出每件产品的设计制造成本，因此，企业完全可以在充分信息化的基础

上建立起智能化的定价系统，根据每件产品的定制要求制定相应的价格。

（2）**网络营销产品定价目标。**企业的定价目标一般分为生存定价、获取当前最高利润定价、获取当前最高收入定价、销售额增长最大量定价、最大市场占有率定价和最优异产品质量定价。企业的定价目标通常与企业的战略目标、市场定位和产品特性相关。企业在制定价格时，一般是依据产品的生产成本，这是从企业局部来考虑的；企业价格的制定更主要的是从市场整体来考虑，它取决于需求方的需求强弱程度和价格接受程度，再者是来自替代性产品（也可以是同类的）的竞争压力程度；需求方接受价格的依据则是商品的使用价值、商品的稀缺程度及可替代品的机会成本。

（3）**网络营销定价基础。**从企业内部看，企业产品的生产成本总体呈下降趋势，而且成本下降的趋势越来越明显。

在网络营销战略中，可以从降低营销及相关业务管理成本和降低销售成本两个方面分析网络营销对企业成本的控制和节约。

① 降低采购成本。首先，利用互联网可以将采购信息进行整合和处理，统一从供应商处订货，以求获得最大的批量折扣。其次，通过互联网实现库存、订购管理的自动化和科学化，可最大限度地减少人为因素的干预，同时能以较高效率进行采购，节省大量人力，并可避免人为因素造成的不必要损失。最后，通过互联网可以与供应商进行信息共享，可以帮助供应商按照企业生产的需要进行供应，同时又不影响生产，不增加库存产品。

② 降低库存。利用互联网将生产信息、库存信息和采购系统连接在一起，可以实现实时订购，企业也可以最大限度地降低库存。

③ 生产成本控制。一方面，利用互联网可以实现远程虚拟生产，在全球范围寻求最适宜的生产厂家来生产产品；另一方面，利用互联网可以大大缩短生产周期，提高生产效率。

3. 网络渠道策划

（1）**网络营销渠道的功能。**以互联网作为支撑的网络营销渠道也应具备传统营销渠道的功能。一个完善的网上销售渠道包括三大功能：订货功能、结算功能和配送功能。

（2）**网络营销渠道建设。**由于网上销售对象和企业自身经营特点的不同，网上销售渠道与传统销售渠道有很大区别。一般来说，网上销售有如下几种方式。

① B2B，也就是企业与企业之间进行的商务活动模式。例如，工商企业利用计算机网络向它的供应商进行采购或利用计算机网络进行付款等。

② B2C，也就是企业与消费者之间进行的商务活动模式。例如，目前在国际互联网上已出现许多大型超级市场，所出售的产品一应俱全，从食品、饮料到电脑、汽车等，几乎涵盖了所有的消费品。这种模式下每次交易量小、交易次数多，而且购买者非常分散，其改进了传统多层次渠道的缺点，缩短了企业与消费者的距离。

③ B2G，是企业与政府之间通过网络所进行的交易活动的运作模式，比如电子通关，电子报税等。比较典型的例子是网上采购，即政府机构在网上进行产品、服务的招标和采购。供货商可以直接从网上下载招标书，并以电子数据的形式发回投标书。同时，供货商

可以得到更多的甚至是世界范围内的投标机会。由于通过网络进行投标，所以即使是规模较小的公司也能获得投标的机会。

④ C2C，是消费者个人对个人的一种商务活动模式。

⑤ C2B，是消费者个人对企业的一种商务活动。C2B 全称 Consumer To Business，是指消费者聚集起来进行集体议价，把价格主导权从厂商转移到自身，以便同厂商进行讨价还价。这种商业模式等于由公司提供产品或服务给消费者的传统商业模式的 180°大逆转。经典案例“七格格 TOP 潮店”是淘宝公认的畅销女装店之一，它的发展速度足以证明 C2B 必定成为未来有力的竞争模式。

⑥ O2O，是最新的电子商务模式，即线上对线下的电子商务模式。互联网为线下交易的前台，消费者能够快捷地从线上获得产品信息、下单、追踪交易及分享体会，同时消费者可以去线下实体店亲身体验产品和服务。线上线下双管齐下，既破除了网络销售的虚拟性给消费者带来的不信任感，同时减少了消费者去实体店购物所产生的物理成本及心理成本。

总之，在选择网络销售渠道时还要注意产品的特性，有些产品易于数字化，可以直接通过互联网传输。而对于大多数有形产品，还必须依靠传统配送渠道来实现货物的空间转移。对于部分产品依赖的渠道，可以通过对互联网进行改造来最大限度地提高渠道的效率，减少渠道运营中的人为失误和因时间耽误造成的损失。

案例 10-3　“极致性价比”+高密度创新式社交营销，完美日记铸造行业神话

据聚美丽报道，2018 年，成立仅 2 年时间的完美日记销售额已逾 20 亿，2019 年销售额有望达 30 亿以上。

完美日记的定价策略是“极致性价比”，产品平均售价不到知名国际品牌的三分之一。完美日记大部分产品售价都不到 100 元，人气爆款哑光唇釉的实际售价仅为 39.9 元。

完美日记与探索频道 Discovery 合作推出十二色眼影盘，打造爆款风靡网络，成为社交营销的经典案例。截至 2019 年 8 月底，完美日记的全渠道曝光量已经超过 10 亿，是小红书 APP 上粉丝最多的彩妆品牌。据资料显示，2019 年 1~7 月，完美日记在小红书 APP 上投放的 KOL 数量增长 175%。

评述　社交平台的崛起使营销从中心化内容生产过渡到“众包创意”，品牌商通过跨平台、跨圈层的营销布局使新品能够迅速成为大众爆款。

4．网络促销策划

（1）**网络促销的特点。**网络促销是指利用现代化的网络技术向虚拟市场传递有关产品信息，以引发需求、引起消费者购买欲望和购买行为的各种活动，突出表现为以下 3 点。

① 通过网络传递有关信息，如产品和服务的存在、产品的功效等。

② 网络促销活动是在虚拟市场上进行的，由于互联网聚集了广泛的人口，融合了多种文化成分，所以从事网上促销的人员必须分清虚拟市场和实体市场的区别，跳出实体市场

的局限性。

③ 互联网虚拟市场的出现，将所有的企业推向了一个世界统一的市场。全球性的竞争迫使每个企业都必须学会在全球统一的大市场上做生意，否则，这个企业就会被淘汰。

（2）**网络促销的实施**。网络促销是伴随互联网的发展而出现的一种新兴的促销方式，所以对任何企业来说，如何实施网络促销都是一个新问题。根据知名企业的网络促销经验，网络促销的实施程序可以分为6个步骤，即确定网络促销对象—设计网络促销内容—决定网络促销组合—制订网络促销预算方案—衡量网络促销效果—网络促销过程的综合管理和协调。

10.4 网络营销策划的步骤

网络营销策划作为营销策划的一部分，其操作流程和步骤与营销策划基本上是一致的，但由于网络营销策划是通过网络这一虚拟平台进行的特殊营销策划活动，所以，在具体内容上，它和传统的营销策划又不尽相同，其一般步骤如下。

1. 确立策划目的

策划目的部分要对本次网络营销策划所要实现的目标进行全面的描述。既然投入大量的人力、物力和财力进行网络营销策划，就要解决一定的问题。通常情况下，公司在网络营销上可能存在这样或那样的问题，一般表现在以下几个方面。

① 公司还未涉足网络营销，尚无一套系统的网络营销方案，因而需要根据市场特点，策划出一套可遵循的网络营销方案。

② 公司发展壮大，原有的网络营销方案已不适应新的发展形势，因而需要重新设计。

③ 公司经营方向改变与调整，需要相应地调整网络营销策略。

④ 企业原网络营销方案严重失误，需要对原方案进行重大修改或重新设计网络营销方案。

⑤ 市场行情发生变化，原网络营销方案已不适应变化后的市场。

⑥ 企业在总的网络营销方案下，需要在不同的时段，根据市场特征和行情变化，设计新的阶段性方案。

2. 拟订策划书

（1）**策划进程**。策划进程大致分为如下4个阶段。

① 准备阶段。这一阶段是为正式策划所进行的前期准备，包括物质准备、人员准备和组织准备等。此阶段时间不宜太长。

② 调查阶段。这一阶段是为正式的策划收集相关资料。虽然调查阶段不是策划的核心，也不是策划的目的和结果，但它是全面策划工作的基础，也是决定策划成功与否的第一个环节。

③ 方案设计阶段。方案设计是基于大量调查，借助理论知识和实践经验所进行的思考

和创意过程，这是网络营销策划的核心。

④ 方案实施阶段。策划方案实施阶段的时间长短，由网络营销方案的性质来定。

（2）**预算策划经费**。一般而言，用于策划的费用包括以下几项。

① 市场调查费。市场调查费的多少，取决于调查规模的大小和难易程度。规模大、难度高，费用必然高；反之，则费用低。

② 信息收集费。信息收集费主要包括信息检索费、资料购置费、复印费、信息咨询费、信息处理费等。其数量由收集的规模来决定。

③ 人力投入费。策划过程要投入必要的人力，其所需费用的多少可以通过预计投入人力的多少来计算。

④ 策划报酬。这是支付给策划人的报酬。如果由公司内部的人员来策划，就没有这笔开支。如果是外聘策划专家，就要支付策划报酬，其金额多少，由双方协商而定。

（3）**效果预测**。在拟订网络营销策划书时，必须对网络营销策划方案实施后的可能效果进行预测，主要包括以下两个方面。

① 预测直接经济效果，即预测方案实施后可能产生的直接经济效益。

② 预测间接经济效果，即预测方案实施后企业可能因此而提高的知名度、美誉度等。

3. 市场调查与预测

当网络营销策划书被公司认可后，一般就开始市场调查了。市场营销调查渗透于网络营销策划之中，具体表现在以下几个方面。

① 对网络市场本身的研究（消费者、竞争者、市场细分、市场潜力、市场定位等）；

② 新产品研究；

③ 定价研究；

④ 广告研究；

⑤ 分销渠道研究；

⑥ 促销策略与方法的研究；

⑦ 制订网络营销技术方案。

针对公司上述几个或某个亟待解决的问题，通过周密的调查、收集、整理和分析，做出有关预测和报告。

在市场调查与预测的基础上，根据策划目的，分析市场环境，寻找市场机会。网络营销策划是对市场机会的把握和利用，因此正确地分析市场机会，是网络营销策划的关键，找准了市场机会，网络营销策划就成功了一半。

4. 编写策划方案

编写策划方案的过程，实际上与策划的过程是重叠的。策划方案不可能凭空而来，也不可能一蹴而就。随着策划人在市场调查与研究的基础上对最初策划的不断修改、完善，策划方案才逐渐接近它的最终形式。因此，可以说策划的全过程就是针对公司营销中存在的问题和所发现的市场机会，提出具体解决问题的战略方案和战术性方案，并实施日程设计的过程。

5. 方案实施

经过公司决策层的充分论证（一般为战略策划）或批准（多是战术策划），最终定稿的网络营销策划方案即成为网络营销活动的指导纲领，经过细化后成为公司不同阶段的努力目标与行动计划，指导公司的网络营销活动。

6. 效果测评

方案实施后，应对其效果进行跟踪测评。测评的形式主要有以下两种。

（1）**进行性测评**。这是在方案实施过程中进行的阶段性测评。其目的是了解前一阶段方案实施的效果，并为下一阶段更好地实施方案提供一些建议和指导。

（2）**终结性测评**。这是在方案实施完结后进行的总结性测评。其目的是了解整个方案的实施效果，为以后制订网络营销方案提供依据。

此外，策划方案的效果测评还应与市场营销控制和审计有机地结合起来。

10.5 网络营销策划的策略

10.5.1 网络营销的产品策略

1. 新产品开发策略

网络环境下，新产品的开发策略具有新的特点。

（1）**充分利用互联网实现产品市场定位**。互联网提供了一个方便快捷的信息查询途径，通过搜索引擎，可以在短短的几秒钟内搜索到大量相关的资讯，由此，企业可以迅速把握市场动态，了解竞争者情况，找准自身的最佳切入点。

（2）**按照以用户为中心的策略进行新产品开发**。由于互联网降低了信息的不对称性，企业可以通过网络直接了解客户的需求，客户也可直接向企业提出自己对产品的各种要求，这种以用户为中心的产品开发策略，使生产出来的新产品更易于为用户所接受。

（3）**采用敏捷制造系统，实现柔性生产**。为了满足消费者的个性化需求，企业的生产过程就必须从大批量生产转向定制化生产，因此必须有先进的生产制造系统作为支撑。在信息技术环境下，企业采用敏捷制造系统，就其本质而言是实现了生产智能化和快速化。通过信息技术的采用，使企业由刚性生产变为柔性制造，从而可以根据市场的变化灵活地调整经营战略。

（4）**借助网络实现新产品市场的开拓**。借助网络推广可大大降低某些产品的市场开拓成本。例如，可以通过公司的网站或访问量较大的门户网站发布产品的消息；对软件等可以通过网络进行直接传播的产品而言，企业可以免费发放试用版本，这对企业来说，既是检验新产品的一种方式，又是一个将产品快速推向市场的重要渠道。

2. 品牌管理和开发策略

随着网上市场的不断拓展，域名（Domain）这一网络商标的作用日趋凸显，发挥域名的商业价值，在网络环境下进行品牌的管理与建设，是提高企业市场竞争力的重要手段。

（1）**企业域名商标的开发与管理。**域名对企业的作用相当于企业在网络上的“商标”，全球的用户都可以通过企业的网址访问企业网站。网络品牌是传统品牌在网络上的延伸，一个易于识别、朗朗上口的网络域名可以为企业带来更高的知名度。在明确企业的域名价值之后，就必须采取相应的措施保护企业的域名资源，加强其发展与规划，使域名这一营销资源和企业的发展战略保持一致。

（2）**网络品牌的建设。**随着网络商业环境的形成，网络品牌将不再遥远。国内的知名企业纷纷建设站点，以进一步创建和巩固自己的品牌资产，为用户提供更好、更方便的服务。网络品牌的建设可以从以下几个方面进行。

① 借鉴传统品牌营销方式，向传统媒体投放广告是重要的手段。例如，搜狐当初就在全国主要的大城市做了大量的车身广告，公交车上随处可见鲜艳的红色狐狸尾巴，重复的刺激使人们很快记住了“sohu.com”的品牌。

② 借助专业的品牌管理策划人。创建网络品牌的基础是建设企业的网站，但它的开发与运作却不应完全由技术人员来实施，因为品牌的创建、维护与管理更需要专业的商业知识。

③ 借助原有的品牌优势。由消费者行为分析可以知道，虽然网上市场可以让消费者更方便地购买到相同品质与数量的商品，但消费者仍愿意花更高的价格购买日常生活中熟悉的品牌商品，而这些商品品牌往往是传统从业者通过经年累月的广告投入树立起来的。因此，为了在网络中取得竞争优势，企业除需制定一些特殊的品牌策略，让用户认识到网上市场的优越性外，还必须与既有品牌的传统从业者合作，发挥原有品牌的优势，让用户通过网上市场获得与原有品牌相同的产品及服务。

案例 10-4 香奈儿就是“我想要”的品牌理念

2018 年 12 月，香奈儿 J12 与姜思达工作室合作推出了短片“我想要”，延续了“非黑即白”的理念，片中姜思达对话马思纯、陈粒、蒋方舟和范湉湉，让她们分别用不同字数的词语来阐述自己想要的人生，引起了大量女性网友的情感共鸣，使香奈儿的品牌形象更加深入人心。

香奈儿在中国的营销方式更加注重创意性和本土性，打破了过往奢侈品牌冷漠和遥不可及的形象。

2019 年 6 月，香奈儿在上海 K11 购物中心，打造了一个以街机为主题的美容空间，为其香水和化妆品顾客提供了一种游戏化的品牌体验。

评述 香奈儿通过真实的访谈及实验形式弱化广告痕迹，将品牌想传递的理念很自然地输出，引起消费者的情感共鸣。

④ 以自己的经营特色创建品牌。亚马逊是网络营销的一面旗帜，其成功有多方面的因

素，但其核心策略是以服务和广告迅速创出品牌，并产生品牌效应，进而占领市场。凭着这种品牌效应，亚马逊扩大售书之外的营业范围，销售礼品、CD和录像带，并在CD的销售方面超过对手，成为网上最大的CD销售商。亚马逊的经验提示人们：要注重培养品牌。在网络营销中，每个企业都应该建立自己的特色，不能把做到“大而全”当成唯一的目标，而是要在自身的核心业务上下功夫，使企业在某个专业领域发挥其专长，形成专业化的品牌效应。

10.5.2 网络营销的定价策略

由于企业面对的是全球网络市场，因此，在制定产品和服务的价格策略时，必须考虑各种国际化因素，针对国际市场的需求情况和同类产品的价格情况，确定本企业的价格策略。

1. 按满足用户需求程度定价策略

网络营销摆脱了传统营销的成本加成定价方法，转而从市场竞争环境考虑，以用户所能承受的心理价格进行定价。

现代营销定价理论是根据消费者和市场的需求来计算满足这种需求的产品成本，而由这种成本开发出来的产品和制定出来的产品价格风险相对是较小的。这种满足需求定价的过程可表示为：“用户需求+产品功能+生产与商业成本+市场可接受的性价比”。

这种新的价格策略正在网络营销中得以充分的运用。它创造了价格优势，主要体现在以下两个方面。

（1）**由于满足了用户的特定需求，可以在某种程度上降低用户对价格的敏感度。**网络营销的特点使用户逐渐认识到，合理的价格不仅仅表现为较低的价位，还包括为完善的服务体系和强大的技术支持所支付的价格。

（2）**完全按用户的需求定制生产。**这意味着减少了企业的库存压力，较低的库存可以使企业把降低库存成本所带来的利益以其他方式与用户共享，从而获得价格优势。

2. 新产品定价策略

针对新产品的开发和市场投放，可以采用撇脂定价、渗透定价及满意定价的策略。每种策略针对的是不同的产品，因此需要针对不同的情况使用。撇脂定价适用于市场上的领先者，没有同类产品可以参照，并且企业的研发实力较强，如高科技企业；而采用渗透定价的企业主要是为了新产品能一上市就快速地抢占市场份额，适用于市场上存有替代品、竞争激烈、需求弹性大、销量大、市场寿命周期长的产品。

3. 折扣价格策略

在网络营销中，价格往往是最为有力的武器，物美价廉的产品更容易受到关注。企业可以利用顾客的这种心理来争取顾客，如京东商城、当当网等大型网络购物中心。

4. 免费价格策略

在网络营销中，一些企业往往通过实施免费策略来达到营销的目的。在网上，人们普遍使用免费的电子邮件，获得各种免费软件、免费电子报刊等，这种行为在传统的营销中是不可想象的。而在网络营销中，由于顾客的注意力成了稀缺的资源，企业为了能够获得这一资源，就必须付出一定的成本，而这一成本就体现在了各种各样的“免费”产品和服务上。

10.5.3 网络营销的渠道策略

1. 网络直销策略

网络直销是指生产企业通过网络分销渠道直接销售产品。网络直销策略是提高企业竞争力的良方，但是真正实现预期的目标仍然需要外部环境的改善，主要的障碍体现在企业与个人的信用水平、金融支付体系及物流配送体系的完善方面。

戴尔是最典型的网络直销案例，但其成功还需要有一个强大的品牌后盾和一定的客户群体，不可简单复制。对我国众多的中小型企业而言，由于信息化程度仍然较低，无法将大企业的模式直接套用，所以，必须切合企业的实际，采用电子分销的渠道实现网络营销。

2. 网络间接渠道策略

为了弥补网络直销的不足，网络商品交易中介机构应运而生。这类机构成为连接买卖双方的枢纽，使得网络间接销售成为可能，如当当、易趣和淘宝等都属于这类中介机构。虽然这一新事物在发展过程中仍然有很多问题需要解决，但其在未来虚拟网络市场中的作用却是其他机构所不能代替的。

专业中介机构的产生，有利于帮助企业进行网络营销，实现交易过程的简化，中介机构作为网络营销平台的提供商，聚集了大量的买方和卖方信息，成为连接生产者和消费者的纽带。网络中介机构是建立在互联网上的虚拟市场，可以以“7（天/周）×24（小时/天）”的方式运行，不必受时间和空间的限制，买卖双方共同在这样一个虚拟平台上交易，采用统一的规范和标准，减少了交易过程中大量的不确定因素，从而降低了交易成本，提高了交易成功率。

案例 10-5 微信营销——星巴克《自然醒》

2012 年 8 月 18 日，微信公众平台正式上线，很多互联网知名人士积极参与其中，“微信营销”也一度成为营销业内的热点话题，但对于微信所能带来的价值存在疑虑，也成为企业不敢尝试的重要原因。为此，微信首次以案例化形式推广公众账号，与星巴克合作，上线星巴克《自然醒》音乐电台微信活动，希望通过该活动全新的互动形式及良好的用户反馈，树立品牌数字化运营典范，以此来提升微信多元化、社会化价值。

星巴克全国微信活动《自然醒》音乐电台自 2012 年 8 月 28 日上线，用户只要在微信公众账号中搜索“星巴克中国”，或扫一扫二维码，就能添加星巴克中国为好友，只需发送一个表情符号，星巴克就可以及时回复你的心情，即刻享有星巴克《自然醒》音乐专辑，获得专为个人心情调配的曲目。在此活动传播期，“星巴克中国”在新浪热搜榜中持续高热度，达到半年内搜索发布第二峰值。其中大部分内容源于对 “星巴克微信电台”活动的讨论分享。

此次公关传播活动对微信公众号产生了直接影响，在8月28日至9月4日，仅仅8天的时间里，微信公众平台累计新增企业机构用户885家；参与生成个人微信二维码名片并发布微信公众号码的微博认证名人164位，其中包括凤凰科技、果壳网等众多一线媒体；联想、欧珀莱等一线产品品牌方；国家大剧院、北京青年学会等官方机构。本轮公关传播较好地推动了微信产品的用户转化，形成了多领域、多渠道、多层面的全民微信浪潮。

评述 只有聚集了人气，渠道销售才能发挥其巨大的作用。

10.5.4 网络营销的促销策略

1. 网络销售促进策略

网络销售促进就是在网上市场利用销售促进工具刺激顾客对产品的购买和消费。互联网作为交互的沟通渠道和媒体，具有传统渠道所不可比拟的优势。在刺激产品销售的同时，还可以与顾客建立互动关系，了解顾客的需求和对产品的评价。一般而言，网上销售促进主要有以下4种形式。

（1）**有奖促销**。消费者总是喜欢免费的东西，但是在网上开展有奖促销时，要注意考虑促销的产品是否适合在网上销售和推广。对一些目前不适合网上销售的产品，虽然通过有奖促销可以吸引网民访问网站，但会有两种情况出现：一是只产生很少的购买量，没有达到最初的网络促销目标；二是购买量虽然达到预期的目标，但促销产品不适合在网上销售，导致营销费用大幅度增加。目前适合网络促销的多半是技术服务类产品和新上市的产品。另外，在互联网上进行有奖促销时，要充分掌握参与促销活动的消费者群体特征、消费习惯及对产品的评价，这样在网络促销的同时也可完成一次很好的购买行为调查。

（2）**拍卖促销**。网上拍卖是新兴的一种拍卖形式，由于快捷方便，吸引了大量用户参与。

（3）**免费促销**。互联网的开放性和自由性，使一些易于通过互联网传输的产品非常适合在网上促销，如许多软件厂商为吸引顾客购买软件产品而允许顾客通过互联网免费下载产品，在试用一段时间后再决定是否购买。还有一种形式是免费资源促销，主要目的是推广网站。所谓免费资源促销就是通过为访问者无偿提供各类资源（主要是信息资源）来吸引访问者访问网站并从中获取收益。例如，提供搜索引擎服务的百度等，这类网站通过免费资源的吸引力，扩大网站的吸引力，从而增加网站的访问量，使网站具有传统媒体的作用，并通过发布网上广告来获得赢利。

（4）**积分促销**。积分促销在网络上的应用比起传统营销方式要简单和易操作。网上积分活动很容易通过编程和数据库等来实现，并且结果可信度很高，操作起来较为简便。积分促销一般设置价值较高的奖品，消费者可以通过多次购买或多次参加某项活动来增加积分以获得奖品。积分促销可以增加上网者访问网站和参加某项活动的次数，进而增强上网者对网站的忠诚度并提高活动的知名度。

2. 网络公共关系策略

近年来，网络的飞速发展及其在商业领域的广泛应用，为企业带来了前所未有的机遇和空前严峻的挑战，也为企业公共关系活动开拓了新的领域，提出了新的要求。如何把握网络公共关系的优势、特点及活动规律，利用网络有效地开展公共关系活动，是企业公共关系活动人员所面临的现实问题。

在网络上开展公共关系活动有多种形式，主要包括以下几个方面。

（1）**网上新闻发布**。网上新闻发布完全消除了传统新闻发布需要花费大量的人力、物力、财力进行筹划和安排的缺点，可以以较少的费用、最快的速度将新闻传播出去。

（2）**栏目赞助**。由企业对网站的某些栏目提供赞助，访问者可以通过赞助页面直接链接到企业的页面，从而扩大企业页面的知名度。

（3）**参加或主持网上会议**。各网络服务商的网络论坛经常举办一些专题讨论会。有的网络会议吸引了许多消费者参加。网络会议的参加者可以看到其他人提交给会议的发言，同时自己的发言也处于许多人的关注下。参加与企业有关的专题论坛并积极发表意见，可以提高本企业的形象和知名度。企业也可利用网络服务商提供的网络会议服务，自己组织网上会议，有条件的话，可邀请一些著名的专家作为客串主持，利用专家的名气吸引公众，从而树立企业在公众心目中的良好形象。

案例 10-6 蒙牛纯甄冠名《奇葩说》第四季——整合推广营销

继冠名《全员加速中》《我们的挑战》等电视综艺节目后，2017 年 Q2 蒙牛纯甄联合赞助了全网最红网络综艺《奇葩说》第四季。

《奇葩说》之所以受人喜爱，是因为其在传播年轻人内心真正主张的同时，一直在传递积极的正能量。纯甄品牌主张“奶后吐真言”恰好和《奇葩说》辩论类节目特点非常吻合，将产品与辩论内容强关联，让辩手在辩论中多次引用品牌主张并饮用纯甄，用情感打通消费者，将观众转化为品牌粉丝。针对《奇葩说》易引发话题讨论的特点，蒙牛纯甄在微博上加大了推广力度，并购买新浪话题#奇葩说 4#、#奇葩说第四季#，为品牌赢得更多的关注度。同时，蒙牛纯甄针对节目中两期品牌魔性小片，购买新浪品牌速递推广位置，利用大数据做好精准营销。

对《奇葩说》第四季的赞助，使蒙牛纯甄实现了品牌声量的爆发，其宣传效果远超其他赞助品牌，“奶后吐真言”成网友热议话题，大大提升了消费者的品牌认知度和互动参与度。

评述 通过节目本身深度植入、“双微”联动、线上线下粉丝深耕等一系列立体的整合推广营销，形成了节目—传播—用户—产品—销售的“闭环”。

网络公关是通过网络维护企业公共关系，塑造企业良好形象的方式之一。网络危机公关是指利用互联网对企业的相关品牌形象进行公关，尽可能避免在搜索企业的相关人物与产品服务时出现负面信息。其特点包括以下几个方面。

① 意外性。危机爆发的具体时间、实际规模、具体态势和影响深度，是始料未及的。

② 聚焦性。进入信息时代后，危机的信息传播比危机本身发展要快得多。媒体的传播对危机来说，就像大火借了东风一样。

③ 破坏性。由于危机常具有“出其不意，攻其不备”的特点，不论什么性质和规模的危机，都必然不同程度地给企业造成破坏，造成混乱和恐慌，而且由于决策的时间和信息有限，往往会导致决策失误，从而带来不可估量的损失。

④ 紧迫性。对企业来说，危机一旦爆发，其破坏性的能量就会被迅速释放，并呈快速蔓延之势，如果不能及时控制，危机会急剧恶化，使企业遭受更大损失。

网络危机公关的对策如下。

- 发送新闻。通过在企业本身网站、有影响力的门户网站或与传统媒体相结合发送新闻来实施网络公关。通过传统媒体发布新闻时，应注意与新闻记者建立友好关系，原则是开诚布公，成为其可依赖的有效信息来源，因为记者利用网络更容易查清组织公布的信息是否真实。
- 利用论坛。论坛是网络上一种广泛应用的信息交流工具，不论是公开浏览方式还是管理严格的远程登录方式，对公共关系而言，都具有特殊的传播沟通功能。首先是信息发布功能，企业和公众都可以通过论坛发布信息；其次是非实时讨论功能，组织可以将要发表的信息写成文章后，以比较条理和完整的方式发表在论坛相应的讨论区；最后是实时讨论功能，企业可与公众在“聊天区”进行实时交流，从而拉近企业与公众之间的距离。一则新闻在论坛的新闻库里保留很长时间，选择在与企业相关的论坛上发布新闻，可能会带来长达几年的效益。

企业还应建立危机评估系统，包括信息监测（每天的网站和论坛的信息监测）；信息和媒介影响评估体系；应对口径（提前资料准备）；与代理公司或网站多加联系，统一产品的划一宣传等。对危机信息中涉及的管理问题必须及时处理，这样才能在日常运作中防患于未然。

案例 10-7 海底捞的“3 小时危机公关”

素来以“服务好”被人称道的海底捞在北京劲松店、北京太阳宫店后厨脏乱等食品卫生安全事件爆发 3 小时后，迅速做出反应，涉事门店逐一关门，组织所有门店立刻排查，惩罚相关负责人，同时发表了致歉信。2 个多小时后，它又对这一危机发布了 7 条处理通报。

海底捞没有按照惯例，将事件发生概率尽可能以最小值公布，反而承认，“每个月我司都会处理类似的食品安全事件”。接下来，海底捞进一步表示，往常该类事件的处理结果会公之于众，消费者们可以通过其官网或者微信平台对此进行查证——为自己对食品安全问题的重视找证据。

上午，海底捞沦陷；下午，海底捞逆袭。有人将海底捞的反应归纳为三个词：这锅我背、这错我改、员工我养。

恰恰就在海底捞事故前一天，全季酒店因“客用毛巾擦马桶”事件发布了相关声明，与 1 个月前美团失败的危机公关一样，他们都错失了将危机转变为契机的良机。

评述 错了就是错了，承认并道歉，然后整改。这就是这次海底捞的危机公关思维。

3. 网络广告策略

无论传统广告还是网络广告，最大化的出镜率都是建立品牌形象的保证。然而网站要做到人流量多实在不太容易。国外一家叫 Forrester Research 的公司专门就品牌和访问量做过调查，结论是品牌知名度与网站访问量并没有必然联系。显然，网络空间已有了自己全新的价值体系。品牌要在网上被人接受，至少在网上的表现应该像在现实中一样优秀。此外，还需要像在现实中一样对网站品牌进行广告推广，才会达到理想的营销目标。

案例 10-8 Nike 广告：网络爆击成为另一种营销

美国 Nike 在 2018 年 9 月发布了他们最具争议的广告《Dream Crazier》。他们选用了一个在美国具有重大社会议题争议的代言人，甚至美国总统特朗普也公开表达对他的不屑。在广告播出后，Nike 的股价下跌了 3%，很多人还竞相销毁 Nike 的产品。

然而没过几天，Nike 的社交媒介 Instagram 上的粉丝却增加了 17 万，它的网络销售数据上涨了 31%，股价还上涨了很多。

有人分析 Nike 在广告发出之前做了精密的计算，承担了风险。这是因为他们的消费群定位在对社会议题感兴趣的 18~29 岁的年轻人。Nike 广告中的思想得到了他们的认同，建立了品牌忠诚度。它成功地吸引了很可能是下一个十年最主要的运动用品消费族群。

风险越大，收益越大。Nike 笃定了年轻人有对社会议题的深刻关注之心，发布了与特朗普政府意见相左的言论表达。最后它成功地在一片喧嚣之中，提升了公司的营业额。

评述 当我们看一个企业如何销售产品的时候，要看其是否满足了客户群的价值观及需求。

10.5.5 网站推广及网页策略

1. 网站推广策略

一个网站建设完成后，如果不做宣传，就没有人访问。即使设计得再好，也没有任何意义。因此，一个好的网站推广计划对企业网站来说是极为重要的。

（1）客户寻找网站的途径

美国佐治亚州技术学院曾经发表了一份关于客户寻找网站途径的调查表格（见表 10-1），在 3 291 名被调查者中，有 88.3%的人表示是通过一个网页（链接或在线广告）发现另一个网页的。表 10-1 中的数据说明，要使企业的网页有尽可能多的访问量，建立与他人网页的链接和在世界主要搜索引擎中注册登记是两个最主要的方法。前者的可操作性有一定难度，后者则需要很强的专业技巧。

表 10-1 客户寻找网站途径的调查

找到一个网页的方法	百分比（%）
互联网网页	88.3
搜索引擎	84.8
朋友介绍	64.7
报纸杂志等印刷媒体	62.6
目录	58.0
特别兴趣新闻组	35.9
电视	32.1
新闻组	30.4
书籍	27.6
其他	29.0

（2）网站推广常用的方法

① 搜索引擎推广法。搜索引擎推广是通过搜索引擎优化、搜索引擎排名及研究关键词的流行程度和相关性在搜索引擎的结果页面取得较高排名的营销手段。好的搜索引擎排名不但可以获得6倍于条幅广告的客户，还可以在互联网上建立起良好的品牌形象。

② 交换链接推广法。网站之间的资源合作也是互相推广的一种重要方法，其中最简单的合作方式为交换链接。另外，网站还有其他合作方式，如内容共享、资源互换、互为推荐等，尽管形式和操作方法各不相同，但是基本思路是一样的，即在自己拥有一定营销资源的情况下，通过合作达到共同发展的目的。

- 传统推广法。传统的推广模式对企业的网站推广来说仍然有效，在某些方面甚至可以起到意想不到的效果。常见的传统推广媒介有：公众出没的地方、媒体、印刷品、公司对外联络、产品附件和礼品等。在合适的时间和场合，向合适的人宣传你的网址，从而让他人像背英语单词一样记住你的网址。
- 其他推广策略。包括邮件推广和网络广告等。

总之，网站推广可能是一场精心策划的活动，也可能是一种崭新的营销理念，或者只是一个简单的创意。它需要的不仅是技术、资本和实力，更多的是创意思维。

2. 网页策略与技巧

网页是一个网站给消费者最直观的印象，因此，网页设计的好坏，直接影响网站的访问量。

（1）**主页宜体现企业形象。**在主页中应概括企业的主要信息，同时网站的主页应有一个清晰、简洁的站点内容导航系统，这能够给网站的访问者一个站点的全貌描述，以保证他们能迅速到达目的地而不至于在发现“宝藏”前失去兴趣而离开网站。

（2）**网站的网页设计要具有鲜明的个性，以充满人情味的内容来吸引网民。**

（3）**企业站点自身的软硬件配置应尽可能高，以避免下载时间过长等问题。**

（4）**应将企业站点视为信息的“终点站”，而不是中间途径。**只要浏览者愿意，就可直接从站点以磁盘存储、网络打印等不同形式获取信息而不需要通过其他环节。

（5）**设计渐进显示的页面，每个图标都应配有文字说明。**显示时，图标的文字说明先显示，图标随后显示，这样做可缓解等待时不耐烦的心情。

（6）**如果你的站点很庞大，建议设计站点内的“交通图”。**此图应包括站点内的链接关系和各链接的内容，便于浏览者迅速地找到所需要信息的位置，尽量减少浏览者在站点搜寻信息的时间。

（7）**在站点首页的文字内容中及早提示站点中“互动特性”的内容。**如游戏、竞赛、搜索、数据库查询、浏览者可控制的三维虚拟画面、讨论等，这样能抓住浏览者的心理。

（8）**专门设计一个网页来进行企业背景资料的介绍，内容最好涉及企业成立的时间、在行业内的排名、目前的生产能力、良好的信誉度等。**这一点对那些知名度不是很高的企业来说尤为重要。

建立网站的技巧很多，非信息技术领域的厂家建站上网时应该善于汲取成功者的经验，如果经济条件允许，尽可能请一家专业的服务商参与其中，这对提高网站质量意义重大。

10.6 区块链风口下数字广告营销的发展

2016 年《哈佛商业评论》载文指出：在接下来的十年里，区块链是最有可能对经济社会产生深远影响的技术。被称为“数字经济之父”的唐塔普斯科特（Don Tapscott）预言，定义未来十年商业世界的科技不是大数据、云计算、机器人，或者人工智能，而是区块链。数字广告行业结盟大数据、人工智能和新现实技术的广告主和广告公司也在加紧追随区块链的步伐，努力寻求数字广告营销领域新的突破。

10.6.1 区块链定义及其技术价值特征

从广义上说，区块链是由数据链路、通信网络、共识算法、激励机制、智能合约和应用场景等要素共同组成的新技术框架及由此衍生出的新兴产业和生态系统，这种新技术框架能够利用加密链式区块结构来验证与存储数据、利用分布式节点共识算法来生成和更新数据、利用自动化脚本代码(智能合约)来编程和操作数据，是一种全新的去中心化基础架构与分布式计算范式。

1. 去中心化

去中心化即去中心化的分布式结构，整个网络无中心化硬件或机构，没有中心核心系统，在现实中节约大量的中介成本，这也是区块链得以广泛应用的最重要的原因之一。区块链技术又称为“分布式记账”技术，它不是将数据存储在一个中心化的位置，而是将其分散开来，分别存放在数以万计的节点上，在去中心化的区块链网络中，各个相关主体都能自主沟通，实现点与点之间的直接交互。这种“去中心化”的思想使信息本身的价值得以凸显，各主体之间可以平等地进行信息交换和储存共享，有相同的权利和义务，使得数据信息不会受到单方面的强制操控。

2. 安全性

区块链技术的智能合约技术能够确保信息安全透明，所有用户均可知晓智能合约的内容和作用且不能修改。如果智能合约中任何一份文件被改动，其他文件则会同步更新，每份协议、每个流程、每项任务和每次付款，都会有一份可识别、验证、保存和分享的数字记录和签名。因此，和深埋地下的银行金库类似，高价值数据一直在专用机房、专有网络和全方位的安全软件组成的“铁桶阵”的严密防护之下，API/访问接口则是在“铁桶阵”上开出的一个个专用进出通道，任何人都必须进行身份认证才可以进行数据的读取或者其他记录。

3. 高可信度

区块链的优势在于在一个没有中间机构的多方交易场景下的一种信任机制的建立。区块链系统在隐私保护基础上将数据读取方式公开透明化，并且将区块链链条数据以零成本向全体节点进行公开化，全部节点信任成本降低，可信度高。区块链作为信任经济的基础，担任信任把关人，使得所有参与其中的行为和数据都透明可查询。

10.6.2 数字广告营销发展瓶颈

1. 虚假流量和广告欺诈

《2018年中国区块链产业白皮书》显示，2016年中国广告市场规模为6 489亿元，同比增长8.6%，其中数据营销的占比不断提高，2016年中国数字营销市场规模达到2 903亿元，同比增长 32.9%，数字营销行业虚假流量和广告欺诈现象已是众人皆知。包括谷歌和脸书同样面临严峻的流量作弊和点击作假，2017年“视频点击门”将脸书推向作假的风口。WPP旗下的The&Partnership公司的数据调查表明，2017年由机器广告作假带来的损失增加了40亿美金。广告主和广告代理商之间的信任日益缺失。

2. 用户隐私和用户许可问题

针对数字广告行业的用户数据收集，一方面广告主需要耗费大量的时间和财力，得到的数据种类不全而且存在偏差；另一方面可能侵犯了用户的隐私权。此外，日益规范的用户隐私保护政策使得品牌对用户数据的获取难度不断加大，即使品牌获取了用户的信息，用户也能够通过使用 Adblock 等工具来拒绝广告信息的接触，尤其是很多平台推出免除广告提升用户体验，更是给用户和品牌之间增加了距离。

3. 广告主正在集体抛弃数字营销

联合利华曾在2018年2月的一项声明中表示，如果谷歌和脸书不能在广告透明度等方面做出一定改变，他们将撤下所有投放在这些平台上的广告，据统计，该公司2017年数字广告投放约24亿美元。宝洁公司2017年减少了2亿美元的数字广告投放，品牌曝光率和到达率却增加了 10%。数字营销中的虚假行为如不透明、注水作假、中间商过多和差价过大等频频再现。可口可乐前全球首席营销官在 2018 年 2 月卸任之前坦承："所有的广告渠道中，电视依然拥有最好的投资回报率，相比较数字媒体，电视的回报率高出近七成。"

10.6.3 基于区块链技术下数字广告营销的发展

1. 重构广告主和广告公司的信任链条

2017 年上半年广告点击的无效流量占比高达 29.6%，传统的监测无效流量的方法主要有两种，一是依赖第三方的监测报告来鉴定投放效果；二是通过深入分析广告各指标数据，排除掺水数据，而排查和分析需要消耗大量的人力、物力、财力。区块链的出现，能够使广告点击数据变得透明，并且摆脱了第三方或许不够客观的数据监测，区块链允许广告主清晰地进行追踪，透彻了解用户点击、观看和转化等信息，并能够通过数据分析广告触达用户是否为目标用户，数字营销行业中的广告欺诈、流量作假等问题得以解决，企业营销成本大为降低。通过区块链，不仅可以对同一篇文章、同一段视频或同一则广告的受众观看数量和受众停留时间进行精确计算，更关键的是可以实现更公平可信的流量测算，建立信任度高的传播价值评价体系，从而重构广告主和广告公司之间的信任链条。

2. 建立奖励机制，调动用户积极性

目前，社交网络 PGC 和开发者作为内容贡献和社区建设的最主要群体，缺乏激励机制，存在回报递减、交易定价不透明、收取高额交易费用等问题，并且容易为开发者利用，以欺诈交易或虚假行为获得平台的推荐流量。此外，商业定价也不透明，广告主作为社交网络主要的收入提供者，通常需要高额的广告费用来获取曝光，虽然用户贡献了广告效果，但并未收到回报。2018 年，智能合约广告（i Very One）走进了公众的视野，智能合约广告意味着每个用户都有权用自己手中的 VRY 向其他用户投放自己个人主页的广告，每个人都可以对自己的数据资产和服务定价，通过智能合约达成与其他人的交易或合作，如购买、分销、广告、投资等，每一个浏览到广告的用户都可以获得向自己支付的广告费。

3. 简化交易流程，提升广告效率

工业 4.0 时代，定制化和智能化广告成为主流，传统的广告投放逐渐失去优势，面对日益增多的传播渠道，企业也急需更为有效的传播方式来收获精确的传播效果。区块链可以控制交易活动的成本，降低单位时间内金钱和人力的投入，从而提高效率。区块链加密货币技术能够有效地实现内容货币化，也能够赋予广告流程更高的精准性，由于整个区块链条安全透明，广告主可以很容易确定谁在看广告和目标受众的特征，进行基于大数据基础上的精准营销和人工智能技术下的精准投放，量化用户注意力，让用户注意力真正变现。根据 Forrester 分析师的调查，如果在数字广告产业链上去掉中间商，广告平台的千人展现成本（CPM）的收入将从 1 美元提升到 5 美元，换句话说，以往品牌需要花 5 美元做成的事情，其实只要 1 美元就可以做到，分布在数字广告产业链条上的各级各类中间商赚取了 4 美元的差价。

4．重塑生产关系，改善利益分配模式

区块链技术不断挑战并颠覆着数字广告营销行业的利益分配模式。传统数字营销，中心化广告平台通过流量和数据来获得巨额广告收入，全球社交平台脸书 2017 年第四季度来源于广告业务的营收为 127.79 亿美元，在全部营收中达到 98.5%的比例，在这个利益分配过程中，用户付出时间成本比如等待广告播放，或者付出金钱直接去除广告，缺乏激励机制的广告观看模式使得用户反感心理增加，而区块链的 Token 激励机制则恰恰鼓励用户主动点击广告并获得收益，用户的抵触心理减轻的同时体验感增加，注意力消费的收益也能够通过支付平台回归用户，数字营销行业的生产关系借助区块链得以改善。

5．合法收集用户愿意分享的信息

2018 年 3 月《广告周刊》特别报道：根据 GDPR 法以及各州已有的隐私法，营销广告人在定位消费者的时候，会发现合法地收集用户信息变得越来越难。区块链则通过搭建区块链数据交易平台，广告主直接面对用户进行收集他们愿意分享的信息，数据维度更加全面，信息更加真实，用户画像也更为清晰和立体，广告主的广告投放效果更好。从用户角度而言，数据的分享还能够获得奖励，隐私权并未被侵犯。用户、广告主和广告公司三者互相独立，依赖区块链技术进行智能匹配，用户看到想看的广告和内容，广告主实现广告的精准投放，广告公司也从中获取收益，在某种程度上而言，区块链技术帮助用户控制和管理自己的数据从而保证隐私不被侵犯。

数字广告营销即依靠互联网和社交媒体使得消费者和品牌之间进行信息和价值的交换，区块链技术支撑下的数字广告营销将帮助品牌实现资产和价值的真正传输，以区块链技术为基础应用的价值物联网将为数字营销开辟新的天地。区块链作为价值互联网的底层技术，创新性有目共睹。但其应用层面仍有待探索，整体上依然处于测试完善阶段，技术上存在操作风险，智能合约需要继续寻求平衡安全性和稳定性的进一步提高，不断突破区块链的技术障碍才能使之不断完善。

本章要点

- 网络营销是借助于互联网和其他通信媒体，采用数字化多媒体技术进行的一种营销方式，以开拓市场、增加收益，并充分满足顾客需求的经营过程。
- 网络营销策划的内容主要包括网络营销系统的开发和网络营销“4P”策略的制订。
- 网络营销策划的策略应重点关注基于网络营销特点的实际应用，如网站推广及网页设计技巧等方面。
- 作为一种新兴产业和生态系统，区块链技术支撑下的数字广告营销将帮助品牌实现资产和价值的真正传输。

练习题

（1）什么是网络营销？它与传统营销的联系和区别有哪些？

（2）收集有关网络营销策划的案例，分析这些网络营销策划的特点和内容，并比较其与教材上的是否一致。

（3）你在网上买过东西吗？你所接触的网络营销渠道采用的是哪种方式？你还知道其他什么方式吗？对其进行分析。

（4）网络营销策划应当使用什么样的策略与方法？

（5）什么是区块链？区块链的价值特征体现在哪里？

实训项目：网络营销策划

【实训目标】

学生自由组合，3～4 人为一组，为一个现有的采用传统营销方式的企业（公司）或准备创业的新企业（公司）设计网络营销策划方案，并实施网络营销。

【实训内容与方法】

实训的内容主要包括网上调研和网络营销策划。

（1）**网上调研**。学生首先进行网上调研，通过调研确定网络营销的项目。主要采取网上调研的方式，在互联网上搜索相关信息。要求设计一份网上调查问卷，设计 3～5 个问题，收集第一手资料；通过搜索引擎等收集二手资料，也可以采用传统调研方式予以必要的补充。最终形成一份简要的调研报告。

（2）**网络营销策划**。通过调研，学生确定网络营销的项目，并进行网络营销策划。注意，这里所做的不是网站策划，而是一份完整的、涉及企业各项营销策略的网络营销策划。

提示：可从市场概述、企业简介、企业网络营销目标确定等方面展开。

经典案例赏析

“套路”满满的拼多多营销

2015 年 9 月，一款名叫拼多多的 APP 上线，踏入看似早已饱和的电商“红海”。拼多多采取“农村包围城市”策略，以迅雷不及掩耳之势大举抢占三四线城市及农村市场，仅用一年时间，拼多多在订单数和用户数方面已经赶上了唯品会。很少有人能预见，在淘宝、京东、苏宁等巨头的夹击下，拼多多还能生存下来，并快速实现超越。

如果以 1 000 亿元 GMV（网站成交金额）作为里程碑的话，京东用了 10 年完成，淘宝用了 5 年，而拼多多只用了 2 年零 3 个月。这就是拼多多野火般的扩张速度。目前，拼多多的活跃用户数也达到3.44亿，超过了美国人口总数（3.27亿），所占市场份额约为5.2%，遥遥领先于身后的追赶者。

不过，围绕拼多多的争议很多，如低价劣质，让人诟病的病毒式社群营销模式等。然而，拼多多能取得今日的成绩，其营销模式可以说是功不可没。

1．错位竞争法则

按照创始人黄峥的说法，拼多多是错位竞争，争夺的是用户的不同场景。与淘宝的主动搜索模式截然不同，拼多多更强调通过熟人间的分享，来刺激用户购物欲望；这是因为在移动互联网时代，用户使用习惯碎片化，天然增加了很多消费场景，长期看，用户的需求会被切割成不同的场景。

目前，大家都在讲消费升级，觉得中产阶级越来越多了，对生活品质的要求也越来越高了。所以，天猫、京东等电商巨头都在摆脱低价形象，打造品质消费平台。然而，实际的情况是中国的新中产阶级人数还太少，在三线以下城市，分布着中国55%的网民，他们大多是低收入人群，属于价格敏感型客户。正是这批被淘宝、京东“轻视”的三四五线城市“能用就行”的人群，给了拼多多机会。根据极光大数据的统计，截至2018年2月，拼多多在三、四线城市的渗透率（分别为21.38%、35.34%）甚至超过手机淘宝（20.31%、31.50%）。拼多多的成长，是移动互联网第三波人口红利的必然结果。第三波网民主要来自三四五线城镇人口，数量有五六亿之多。

拼多多的错位竞争法其实就是从产品、市场、消费者、价格等各方面进行差异化定位，最终在早已是一片红海的电商中杀出了血路。

2．病毒式社群营销模式

拼多多最成功的营销方法当属拼团砍价的病毒式社群营销，这也是最简单，最有效的拉新方式。

这种拼团砍价其实就是批发和微分销的概念。借助腾讯QQ、微信流量，利用社交圈进行传播，诱导用户产生裂变效应消费，进一步扩大影响。如今，拼多多已经将这些玩法操作得非常熟练，打开拼多多APP，各种促销活动眼花缭乱。免费、红包、宝箱、抽奖，游戏中屡见不鲜的设计思路被运用得炉火纯青，前提都是要扩散到社交圈。因此，拼多多的获客成本是极低的，2017年拼多多的获客成本仅11元/人，远低于京东和阿里高于200元/人的获客成本。在流量越来越贵的今天，拼多多就是通过这种病毒式社群营销低价获得客户，从而后来者居上。

3．“疯狂”的广告投放

拼多多现在在加大力度做广告投放，在2019年第一季度，短短3个月的时间，拼多多的市场营销就烧掉了12.17亿人民币，而2018年一整年也不过花了13.45亿。真金白银的投入让拼多多成为当下国内声量最大的广告主。疯狂的广告投放，让拼多多以势不可挡的姿态走进大众视野。

从2017年6月到2018年6月，微信活跃用户规模从8.7亿人增至9.3亿人，增长已经严重放缓。因此，拼多多并没有完全依赖微信，而在很早就开始进行广告投放了。2016年

10 月，拼多多开始在广州线下投入地铁及公交站牌广告，这是拼多多投放户外广告的第一站，随后拼多多在全国主要城市都开始了广告投放。

另外，电视广告也迅速跟进，拼多多投资抢占王牌综艺节目毫不手软，2019 年就赞助了湖南卫视《中餐厅》和《我家那小子》两档节目。而 2018 年，拼多多更是“霸屏”了多个娱乐综艺节目，横跨几个热门卫视，包括《快乐大本营》《中国新歌声》《极限挑战》及《奔跑吧》第六季。

4．公益事件营销

2017 年以来，拼多多一直在帮助果农销售滞销水果，实现精准扶贫。拼多多在扶农扶贫领域做出的努力和成效是显而易见的，自身的口碑也获得了极大的提高。2017 年 2 月 6 日，由中国经济网、中科院预测科学研究中心共同举办的 2017“中国时间”年度经济新闻盘点暨颁奖盛典上，拼多多凭借在助农精准脱贫上的成绩荣获“脱贫优秀奖”。

通过公益事件营销，拼多多在三四五线目标人群中积累了一定的口碑，从而带动品牌传播。

总结：拼多多能在短时间内快速崛起，并成功上市，可以说是天时地利人和的结果。其创新性的营销模式，虽然颇受争议，但是它的目标用户却很受用。如今，拼多多也在努力的摆脱低价、劣质的形象，毕竟假货泛滥不但会受到相关部门的监管，还会受到消费者的谴责。要成为真正优质的网购平台，拼多多还有许多工作需要做。

资料来源：https://mp.weixin.qq.com/s/IrRZmj8Q1xNzzGWTanisWQ

思考讨论题

（1）请说明网络营销策划的内容。

（2）结合本案例，编写一份完整的电子商务网络营销策划方案。

参考文献

[1] 菲利普·科特勒，等. 营销革命 4.0：从传统到数字[M]. 王赛，译. 北京：机械工业出版社，2018.

[2] 王锦华. 从囚徒困境理论角度解析“双十一”电商大战[J]. 经济研究导刊，2016(29): 104.

[3] 曹虎，等. 数字时代的营销策略[M]. 北京：机械工业出版社，2017.

[4] 洛夫洛克，等. 服务营销（第 8 版）[M]. 韦福祥，等译. 北京：中国人民大学出版社，2018.

[5] 马尔科姆·麦克唐纳，彼得·莫里斯. 图解营销策划[M]. 高杰，译. 北京：电子工业出版社，2019.

[6] 萧潇. 创意文案与营销策划撰写技巧及实例全书[M]. 天津：天津科学技术出版社，2017.

[7] 程宇宁. 整合营销传播——品牌传播的策划、创意与管理（第 2 版）[M]. 北京：中国人民大学出版社，2019.

[8] 张存明，陈超，李娟. 市场营销策划[M]. 北京：清华大学出版社，2018.

[9] 周齐敏，刘倩雯. 企业营销策划：知识·案例·策划案[M]. 杭州：浙江大学出版社，2014.

[10] 丁姝月. 社交化电子商务营销策略研究[D]. 郑州：河南大学，2019.

[11] 刘俊冉. 区块链风口下数字广告营销的发展[J]. 青年记者，2019(12):87-88.

[12] 区块链改变品牌营销的三种方式[J]. 成功营销，2018(Z1):94.

[13] 小卡尔·麦克丹尼尔，罗杰·盖兹. 当代市场调研（第 10 版）[M]. 李桂华，等译. 北京：机械工业出版社，2018.

[14] 叶万春，叶敏. 企业营销策划（第 4 版）[M]. 北京：中国人民大学出版社，2018.

[15] 唐纳德·R·莱曼，拉塞尔·S·温纳. 营销策划分析（第 6 版）[M]. 王永贵，译. 北京：北京大学出版社，2008.

[16] 孟韬，毕克贵. 营销策划：方法、技巧与文案（第 3 版）[M]. 北京：机械工业出版社，2016.

[17] 泽丝曼尔，等. 服务营销（第 7 版）[M]. 张金成，等译. 北京：机械工业出版社，2018.

[18] 洛夫洛克，等. 服务营销（第 8 版）[M]. 韦福祥，等译. 北京：中国人民大学出版社，2018.

[19] 艾·里斯，杰克·特劳特. 定位[M]. 谢伟山，范爱东，译. 北京：机械工业出版社，2011.

[20] Kotler P. *Marketing Management*（*12th*）[M]. New York: Prentice Hall Press，2006.

[21] Gill Ringland. *Scenarios in Marketing- From Vision to Decision*[M]. Hoboken. John Wiley & Sons，2006.